Giuseppe Bruno

# Der Zug in die Fremde

Giuseppe Bruno

# Der Zug in die Fremde

## Ein Leben als Bauernjunge und Gastarbeiter

EDITION 6065

Bibliographische Information Der Deutschen Bibliothek

Die Deutsche Bibliothek verzeichnet diese Publikation in der Deutschen Nationalbibliographie; detaillierte bibliographische Daten sind im Internet über http:/dnb.ddb.de abrufbar.

*Lektorat*
Géraldine Forßbohm

*Satz, Layout, Gestaltung des Einbands*
Géraldine Forßbohm

*Druck und Bindearbeiten*
Druck Team KG, Regensburg

*Bildnachweis*
Privatarchiv Giuseppe Bruno



ISBN 3-9808639-8-0

# Vorwort

Dieses Buch ist eine Erzählung aus meinem Leben, angefangen vom Tag meiner Geburt bis zum Tag, als ich Vater wurde. Meine Erlebnisse erscheinen mir heute wie aus einer anderen Welt. Und doch: Alles ist wahr, alles habe ich genau so erlebt.

Ich erzähle von Menschen, von denen einige gar nicht mehr leben, von Menschen, die arm waren, so wie ich. Ich beginne mit meiner Kindheit in Butera, einem sizilianischen Bergdorf. Wir Kinder arbeiteten sehr hart und bekamen oft Schläge. Uns war nicht bewusst, dass wir ein so schweres Leben hatten, auch wenn wir spürten, etwas war nicht gerecht. Diese Sitten zu durchbrechen oder gar zu ändern war ganz unmöglich, denn wir bekamen das alles von unseren Eltern vorgelebt. Wenn dann aber einer so wie ich aus der Reihe tanzte, bekam er es auf eine unangenehme Art und Weise zu spüren. Damals merkte ich schon, dass ich mehr Verstand hatte, als man mir zugestehen wollte. Alle sagten mir immer, ich sei ein dummer Bauernjunge. Warum? Weil ich schon mit acht Jahren 1,83 m groß war - in Sizilien ein Zeichen für Dummheit. Dafür hatte ich das „Glück, in einer so reichen Familie geboren zu sein" (Zitat meiner Eltern). Die Jahre meiner Kindheit in diesem kleinen sizilianischen Bergdorf haben mich sehr geprägt, und es war ein steiniger Weg davon loszukommen. Viele im Dorf wanderten aus und so auch ich! Mit gerade mal 16 Jahren nahm ich den Zug in die Fremde - nach Deutschland. Dort habe ich langsam gelernt, meine eigenen Wege zu gehen und mich von meinen Eltern zu befreien. Sie hatten mich nie Kind sein lassen. Vor allem aber hatte mir mein Vater sehr früh verboten in die Schule zu gehen und verhindert, dass ich aus meinem Leben das mache, wozu ich imstande gewesen wäre. Dabei wollte ich so gerne lernen, denn ich war sehr wissbegierig. Ich möchte auch betonen: Meine Erziehung und die Lebensumstände, unter denen ich in Butera aufwuchs waren kein Einzelschicksal, nur: Ich habe sie als besonders erniedrigend empfunden.

Deshalb habe ich mich hingesetzt und alles ohne Beschönigung niedergeschrieben. Ich wollte meine Erlebnisse aufarbeiten. Und ich will verständlich machen, weshalb sich das Zusammenleben der verschiedenen Kulturen und verschiedenen Generationen in Deutschland mitunter schwierig gestaltet. Wir Gastarbeiter, die wir aus den entlegensten Bergdörfern Italiens, Spaniens, der Türkei oder sonst woher stammen, kamen mit der modernen Welt, in der wir plötzlich lebten und arbeiteten, oft nicht zurecht.

Bei all diesen Erlebnissen und abenteuerlichen Reisen zwischen Frankfurt und Butera habe ich auch verstehen gelernt, was Liebe ist. Ich war ein junger Kerl, im „heiratsfähigen Alter“ und alle Welt erwartete, dass ich mich der Tradition nach in meinem Heimatdorf verheirate. Aber es ist ganz anders gekommen ...

Mein besonderer Dank gilt meiner Frau Erika, denn ohne deren Liebe und Unterstützung hätte ich dies alles nicht geschafft –, wäre ich nicht der, der ich heute bin. Dies ist auch als eine erneute Liebeserklärung an meine Frau zu verstehen!

Für die Erstkorrektur meines Manuskripts möchte ich mich bei Frau Christiane Schultze ganz herzlich bedanken.

Giuseppe Bruno

Frankfurt am Main im August 2005

# Bis das Muli vor Kummer starb ...

## Kindheit und Jugend in Butera

Ansicht von Butera (Sizilien)

Anna Termine und Luigi Bruno, die Eltern von Giuseppe Bruno, 1938

**UNSERE LÄNDEREIEN HABEN ALLE IHREN NAMEN:**

| | |
|---|---|
| San Nicola | Sankt Nikolaus |
| Piro | Birnbaum |
| Aulia | Nadel |
| Strada | Straße |
| Cinque Grana | Fünf Körner |
| Fontana del Piano | Brunnen in der Ebene |
| Santa Bella | Schöne Heilige |
| Pidocchio | Floh |
| Cravacca | Aufsitzen |
| Urbazzi | Zum Blinden |

## Wo ich geboren bin

Ich bin im schönsten Dorf der Welt geboren: Butera liegt 485 m über dem Meeresspiegel und etwa 4 km Luftlinie vom Meer. Und ich bin auch in einer sehr „reichen" Familie geboren. In unserem Haus hatten wir zwei Stunden am Tag Wasser. Der Wasserhahn war links neben der Tür. Unser Zimmer war etwa 25 qm groß. Eine Treppe hatten wir auch: vier Stufen draußen. Und ein großes Bett für die ganze Familie. Unsere Toilette war im Zimmer: Wir waren ja reich! Es war ein Loch im Boden mit einem Terracotta-Rand, ohne Spülung. Dafür haben wir immer gebrauchtes Wasser genommen – aber bitte sparsam! Wir hatten ja nur zwei Emaille-Eimer (die Emaille musste man sich aber denken) und eine große Wanne, die auch zur Mandel- und Olivenernte gebraucht wurde. Da war auch eine Leiter, die führte in einen Abstellraum, etwa halb so groß wie das Zimmer. Wir hatten auch einen Stall unterm Zimmer, mit 13 breiten Stufen, darin standen ein Muli[1] und ein Pferd, denn mein Vater war ja ein toller Reiter!

Mein Bett hing an der Decke und die war nicht aus Beton, sondern aus Blütenstielen von Agaven. Die gingen längs durch die ganze Decke und quer dazu lagen Bambusstämme, mit Gips versiegelt und obendrauf Lehmziegel. Ratten und Ungeziefer gab es reichlich – ich ekelte mich fürchterlich davor!

Unsere Nachbarn links waren sehr arme Leute. Sie hatten keinen Stall, kein Wasser und keinen Abstellraum und sie waren zu sechst: Zio Angelo und Zia Agnese[2], Vito, geboren 1944, Agata, geboren 1945, Anna, geboren 1946 und Zia Agneses Bruder Ciccio. Die hatten gerade mal einen Esel: arme Leute!

Rechts war die Familie Gallo. Die hatten auch nur ein Zimmer und ein Stall, aber sie waren sehr intelligent. Sie hatten einen „Professore", der mich später konfirmiert hat.

## Meine Familie

Ich war ein sehr kränkliches Kind und man befürchtete, ich würde sterben. So war es schon drei Geschwistern vor mir ergangen: Pino starb drei Monate nach der Geburt, Rocco kam tot auf die Welt und Concetta starb im Alter von neun Monaten. Bei uns in Butera gab es ja keine Eselsmilch, nur Chinin und Holzkohle. Mich hat meine Mutter zum Glück gestillt – das hat mich vor ungewaschenem Gemüse und Obst bewahrt. Mein Spielzimmer war die Straße, natürlich ohne Spielzeug, denn mir hat keiner was geschenkt. Der Bruder meiner Mutter soll mich oft genommen haben, aber er ist 1948 leider an Lungenentzündung gestorben. Im gleichen Jahr kam auch meine Schwester Concetta auf die Welt. Sie gefiel mir nicht, denn sie hatte immer Angst.

Giuseppe Bruno als Kleinkind

Meine Mutter, Anna Termine, war immer schwarz angezogen. Ihr Vater, Opa Rocco, war 1938 gestorben und da trägt man eben zehn Jahre Schwarz. Mein Vater, Luigi Bruno, war ein schöner Mann: eiskalte blaue Augen und blond. Concetta kam ganz nach ihm. Meine Mutter war dunkel. Sie hatte schwarze Augen wie eine Maus und war sehr schmuddelig. Freunde hatte sie nicht nötig, denn sie war ja reich und intelligent. Schließlich hatte sie drei Jahre Schule gehabt. Mein Vater nur ein Jahr, aber dafür hatte er einen Freund, den Finanz-Maresciallo[3], dessen Zimmermädchen, Zia Nuccia, sehr gut kochen konnte: Spaghetti mit viel Tomatensoße und Käse.

Ich musste mit drei Jahren in den Kindergarten, aber schon nach zwei Tagen bin ich rausgeflogen. Ich hatte einem Spielkameraden einen schönen Knopf gestohlen. Daraufhin bin ich von meinem Vater und meiner Mutter verkloppt worden: Mein Vater hat getreten, meine Mutter gepetzt[4]: an den Oberarmen, bis es anfing zu bluten; denn so eine Schande, einen Dieb im Hause zu haben, kann man nicht unbestraft lassen.

### So essen „reiche Leute"

Mein Teller hatte ein kleines Pferd auf dem Grund eingebrannt. Es war mit der Zeit grün geworden, von dem Wildgemüse, das es bei uns immer gab. Ich hatte Angst vor dem Pferd, denn dort sammelte sich der Sand, den Mama nicht abwusch. Beim Essen knirschte er uns in den Zähnen. Und die Löffel! Die gaben so eine braune Farbe ab, wie Blei. Wir hatten drei davon, die gleiche Menge Gabeln und ein Messer – gefärbt haben sie alle.

Ich habe mich immer auf das frische Brot gefreut. Wir hatten in unserem Wohnraum auch einen Backofen, rechts neben dem Eingang. Mama hat einmal die Woche gebacken. Am ersten Tag war das Brot noch frisch und duftete nach Olivenöl und Salz. Aber die nächsten sechs Tage gab es hartes Brot, Gemüse und Nudeln - mal kurze mal lange - mit sehr wenig Soße, denn Mama hat ja überall gespart. Das Brot von den anderen Kindern war immer frisch, nicht wie unseres.

Wenn gebacken wurde, konnte man das Zimmer nicht mehr betreten. Meine Mutter hatte alles mit Brennholz, das heißt mit Zweigen von unseren Bäumen, belegt. Dann wurde bei uns alles schwarz, denn der Kamin zog nie richtig. „Kamin", so nannten wir ein Rohr, das ohne Krümmung nach oben ging. Die Asche ist natürlich immer runter gefallen, und zwar nicht nur in den Backofen, sondern auch in die Kochtöpfe. Jetzt hatten wir drei Farben in den Tellern. Mama sagte: „Das ist doch gesund." Die Löffelfarbe und den Sand vom ungewaschenen Gemüse habe ich trotzdem gehasst.

### ... WORAN MÄNNER IHRE FREUDE HABEN

Am schönsten war der Sonntag. Da tanzte Angelo, Vitos Vater, mit seinem Esel die „Calabrisella"[5] um ihm die „Tinturia", die Faulheit, auszutreiben. Morgens gingen die Erwachsenen in die Kirche und danach gab Zio Angelo dem Esel Wein zu trinken, bis das arme Tier betrunken war. Der Esel musste im Kreis laufen, wobei auch Zio Angelo nicht mehr ganz nüchtern war.

Mein Vater holte, genau wie der Zio Angelo, sonntags unsere Ziege aus dem Stall. Er band sie auf der Straße an um anzugeben. Jetzt sah es so aus, als hätten wir einen richtigen Bauernhof. Das Tier war aber mehr ein Bock als eine Ziege. Es wollte immer alles besteigen - nicht nur Ziegen, sondern auch Mädchen. Einmal kam eines vorbeigelaufen, da riss sich der Bock vom Seil los und ist ihr hinterher gerannt, vier Straßen weiter bis in die erste Etage eines Hauses. Es hat eine Weile gedauert, bis wir ihn eingefangen hatten. Am selben Tag kamen die Carabinieri und haben angeordnet, dieser Bock hätte im Stall zu bleiben. Nun war es vorbei mit dem Angeben. Mein Vater hat den Bock an den Schlachter verkauft und dafür ein kleines weißes Lämmchen angeschafft.

Während die Ziege draußen war, säuberte mein Vater den Stall vom Mist und brachte ihn in zwei großen Körben weg, die dem Muli aufgezurrt wurden. Unser Pferd durfte nichts tragen, das hatte immer Bauchschmerzen. Vater hat den Mist irgendwo abgekippt und dafür

Holz mitgebracht. Dann ging er in die Kirche zur Messe. Die Männer durften sich dort nicht setzen – sie standen immer hinten. Vorne saßen die Frauen – fast alle schwarz angezogen – und in der ersten Reihe wir Kinder. Sobald die Messe zu Ende war, liefen die Männer raus und formten ein Spalier, an dem die Frauen vorbeidefilierten. Mein Vater machte da natürlich auch mit. Er war ja schön blond und hatte blaue Augen, das musste er ausnutzten.

Bis er nach Hause kam, waren Zio Angelo und sein Esel betrunken und tanzten die Calabrisella im Kreis herum. Das war so gegen 13 Uhr. Es gab wie jeden Sonntag Mamas rußgeschwärzte Spaghetti. Danach musste sich Vater bis 16 Uhr hinlegen. Wenn er ausgeschlafen hatte, trieb er sich bis 23 Uhr oder Mitternacht im Dorf herum. Er ging auf die Piazza spazieren, aber niemals lange, denn er hatte ja den Maresciallo und das schöne Zimmermädchen, die er besuchte. Da wurden die Bauern richtig neidisch auf ihn. Von der Piazza hat er mir nie etwas mitgebracht, denn wie er sagte, ihm hatte auch nie jemand was geschenkt: Mein Opa starb 1919, da war mein Vater sechs Jahre alt. Sein Großvater und seine Mutter haben ihn groß gezogen.

### Alte Geschichten

Mein Vater musste auch mit acht Jahren schon arbeiten und meistens auf dem Feld übernachten. Er hat immer gruselige Geschichten erzählt, zum Beispiel, wie ihnen damals das Muli gestohlen wurde und sie es wieder fanden. Die Cousine meiner Mutter war der Dieb gewesen. Sie wurde später von den Faschisten festgenommen und fast zu Tode gefoltert, was meine Oma gerecht fand. Ihre Tochter aber hat sich gerächt. Großmama wurde 1943 zu sechs Monaten Gefängnis verurteilt, weil sie in den Weinfässern Getreide statt Wein hatte. Sie hätte es an die Behörde abgeben müssen. Meine Oma wohnte auf der anderen Seite des Dorfes in einem „großen" Haus: Es hatte drei Zimmer im Erdgeschoss, drei oben, mit einer Treppe im Haus (wahrer Luxus!) und einen großen Abstellraum mit Terrasse. Neben der Haustür war sogar eine Toilette in die dicke Gipswand eingebaut. Man saß mit den Füßen auf der Treppe und mit dem Gesäß auf einem runden Porzellanring. Spülung und Toilettenpapier waren nicht vorgesehen. Wenn überhaupt wurde so was wie Einwickelpapier benutzt.

Bei meiner Großmutter wohnte auch Tante Grazia. Die Leute hielten sie für verrückt, weil sie nicht geheiratet hat. Eine Zeit lang war ein Tagelöhner, der Zio Graziano, an ihr interessiert, aber mein Vater hat die Heirat verhindert: Sonst, dachte er, gab es weniger zu erben. Erst nach Omas Tod sollte sich zeigen, dass er die Tante schlecht kannte.

Großmutter war reich. Sie hatte 80 Hektar Land um das gesamte Dorf herum verteilt und jeder Acker hatte einen eigenen Namen. Man sagte immer, sie bewahrte ihr Geld in einem Wasserschlauch auf. Sie war auch sehr groß.

Giuseppe Bruno mit seiner Schwester

Ich hörte, ein Tagelöhner hätte sich bei meiner Oma unterm Rock vor der faschistischen Polizei versteckt. Das war kein anderer als besagter Zio Graziano, der die Tante verehrte! Er entkam den „Camicie Nere"[6] und war ihr ewig dankbar. Mir fiel es etwas schwer das zu glauben, aber jetzt denke ich: Es stimmt, denn damals waren die Menschen in Sizilien noch kleiner als heute. Meine Oma dagegen soll fast zwei Meter groß gewesen sein und dazu sehr dick.

### Die beiden Stotterer

Zio Graziano stotterte so schlimm, dass er im Dorf immer „Graziano, der Stotterer" gerufen wurde. Bei uns kannte man sich nur unterm Spitznamen - ich habe meinen bis heute: „Pfannekuchen" - „Mastazuolu".

Ich habe mit sechs Jahren erlebt, wie dieser Graziano einen anderen Stotterer mit dem Gewehr bedroht hatte. Er wollte mit dem Zug nach Gela fahren und löste am Bahnhofsschalter eine Fahrkarte, wobei er ins Stottern geriet. Da fing der Beamte auch an zu stottern und die beiden warfen sich die übelsten Beleidigungen an den Kopf. Jeder warf dem anderen vor, dass er ihn beim Stottern nachmachte. Zio Graziano vergaß vor Wut seinen Zug. Er lief auf die Piazza, wo ich gerade spielte. Da ging plötzlich ein Raunen durch die Menge, denn Zio Graziano war mit einem Gewehr (ohne Waffenschein) bewaffnet und drohte wild gestikulierend den Bahnhofsvorsteher zu erschießen. Da Zio

Graziano an der rechten Hand keinen Mittel- und Ringfinger hatte, dachte der Bahnhofsvorsteher, Zio Graziano zeigte ihm die „Hörner“[7], eine Geste, die bei uns eine tödliche Beleidigung war und ist. Zum Glück kamen die Carabinieri: Sie nahmen Zio Graziano fest – wegen des Waffenscheins, den er nicht hatte – und beide wurden aufgeklärt, dass der andere auch stotterte.

### Ein altes Rezept rettet mein Leben

Mit fünf Jahren nahm mein Vater mich nach „San Nicola“ mit. Dort wächst weit und breit kein Baum, weil der Boden aus Lehm ist. Damals bekam ich zum ersten Mal einen Sonnenbrand – mit bedenklichen Konsequenzen. Er war so schlimm, dass alle dachten, ich würde sterben. Das Chinin wirkte nicht. Nach vier Tagen, in denen ich keinen Urin lassen konnte, legte man mich ins große Bett mitten ins Zimmer. Alle warteten auf meinen Tod. Schon kam Cucuzzedda[8] der Dicke, unser Pfarrer, um mir die Beichte abzunehmen. Vom Bett aus kam er mir riesig vor. Dann kam das gesamte Dorf angelaufen, um mich zum letzten Mal zu sehen. Es war sehr schön im Mittelpunkt zu stehen, beziehungsweise zu liegen. Nur Vater machte mir Konkurrenz. Ich hörte die Kommentare der Nachbarn: Was für ein Pech für meinen Vater, der hätte nun keinen Stammhalter mehr. Anstatt um mich zu trauern, bedauerten die meinen Vater!

Da kam meine Oma auf die Idee, mir gekochte Zwiebeln auf den Bauch zu legen. Der Geruch sollte mich heilen. Das ging drei Tage lang, dann leerte sich die Blase ohne Chinin. Nun begann eine schöne Zeit, denn ich bekam gutes Essen. Ich habe sogar Eier bekommen, die Mama sonst für Vaters zahmes Frettchen[9] reservierte. Vater war nämlich auch Jäger und hatte – wenn schon keinen Jagdhund – wenigstens ein Frettchen. Mamas Hühner, mindestens zehn, waren nachts in einem Käfig im Stall, tagsüber auf der Straße und in der Wohnung.

### Teuflische Mitbewohner

Diesen Sommer hatte mein Vater Sojabohnen und Weizen gepflanzt, die wurden immer abwechselnd gesät. Der Weizen wurde im Sommer verkauft, aber die Sojabohnen wurden für unsere zwei Mulis und das Pferd aufgehoben. Meine Eltern lagerten sie unterm Dach. Und im September, meinem Geburtsmonat, geben sie eine Säure ab, von der man einen so schlimmen Juckreiz bekommt, dass man nachts nicht mehr schlafen kann. Außerdem schlüpfen Mücken aus ihnen, meistens nachts. Diese verdammten Viecher fliegen überall hin. Eines Nachts wollte sich eines in meinem linken Ohr einnisten. Es bohrte sich immer tiefer. Ich dachte, ein Zug fährt durch meinen Kopf (so laut stellte ich mir Züge zumindest vor!). Da sagte mein Vater, ich soll mich bloß nicht so anstellen und weiterschlafen. Er verpasste mir eine Backpfeife und legte sich wieder aufs Ohr. Ich jammerte weiter. Irgendwann konnte er sich das nicht mehr anhören. Er legte meinen Kopf auf die Seite und spuckte rein. Das war ein schlimmes Gefühl und dieses Vieh ging immer noch nicht raus!

Da rückte meine Mutter mit einer Flasche Olivenöl an und guck mal: Dieses Sojabohnen-Vieh kam raus gekrochen! Und das wiederholte sich fast jährlich. Es dauerte immer drei Wochen, dann war der Spuk vorbei.

### Beim Maresciallo

Ich bekam mit, dass der Maresciallo auch einen Sohn hatte, den Riccardo. Er war ein Jahr jünger als ich und man erzählte mir, er wäre vielleicht mein Bruder. Da mein Vater jeden Tag die Zia Nuccia und den Maresciallo besuchte und der nicht mehr der Jüngste war, sollte mein Vater verständlicherweise bei der Zeugung des Kindes nachgeholfen haben.

Ich habe den Unterschied zwischen meinem und Riccardos Zuhause immer als extrem erlebt. Dort, bei Zia Nuccia war alles so sauber, die Nudeln schmeckten am besten und es gab immer viel Soße. Eines Tages fragte ich meine Mutter, warum wir keine Lorbeerblätter und Rosmarin in die Soße tun. Sie erklärte mir, nur die Leute aus dem Norden machen solche Dummheiten. Die seien so dumm, dass sie alles essen würden. Und damit war das Kapitel für sie erledigt.

Beim Maresciallo machte es mir immer großen Spaß, vom Balkon auf die Piazza runterzupinkeln, auf die Köpfe der Leute, beziehungsweise auf die „Diebe". Für den Maresciallo waren unsere Dorfbewohner nämlich allesamt Kriminelle und Dummköpfe. Er sagte: „Die Buteresser haben lange Schuhe, aber ein kurzes Gehirn." Er meinte damit die Bauern, nach meiner Schätzung gut 97%. Ihn störte vor allem das endlose Hufgeklapper vor seiner Haustür. Da unser Dorf auf einem Berg liegt, gibt es nur eine Straße rein und eine raus. Bei 10 000 Einwohnern fand jeden Tag so eine Art Prozession statt. Sie setzte nachts um 3 Uhr ein und dauerte bis etwa 8 Uhr. Nachmittags, ab 16 Uhr ging der ganze Zug wieder zurück ins Dorf. Alle Leute hatten Mulis, sporadisch gab es Pferde und vielleicht fünf Autos. Die Straßen sind sehr eng, aber die Piazza kam mir sehr groß vor. Vor allen Dingen war es schmutzig, denn die Leute schmissen abends den Mist und Abfall einfach an die Straßenecke. Erst am nächsten Tag brachte der Straßenkehrer alles fort, es stank fürchterlich. Die Hunde und Katzen waren auch immer auf der Straße. Das Gejaule und Gebelle nachts und das Eselsgeschrei – da konnte man doch nicht schlafen!

### Kinderspiele und das grosse Tabu

Wir haben immer auf der Straße und am Steilhang unterhalb des Dorfes gespielt. Wir haben uns Figuren aus Lehm gemacht – Jesus, Maria und alle möglichen Heiligen.

Einmal fanden wir eine Bombe von 50 kg. Wir brachten sie bis vor meine Haustür. Da war aber was los! Sogar die Carabinieri[10] haben sich für mich interessiert. Aber als die Polizei weg war, hat mich Mama ihrer Spezialkur unterzogen: petzen und immer wieder petzen, bis es geblutet hat. In dieser Zeit war ich gerade mal vier Jahre alt. Am Abend kam dann mein Vater dran. Der hat drauf los getreten, was das Zeug hielt, natürlich mir den Arbeitsschuhen, die waren so schön schwer. Ich fragte mich, ob es mein Freund Vito besser als ich hatte: Er bekam zwar den Gürtel seines Vaters zu spüren, aber wenigstens kein Petzen.

Wir Buben spielten auf der Straße an der „Porta Reale", dem Königstor. Daran war aber nichts königlich. Außer einem Wappen gab es vor allem Schmutz und Kot, denn anstatt auf die Toilette gingen wir dorthin, um unsere Bedürfnisse zu erledigen. Wir hatten kurze Hosen an, keine Unterhose und einen Schlitz am Popo. Da konnten wir uns einfach hinhocken. Viele hatten gar keine Toilette, zum Beispiel unser Nachbarsjunge Vito. Die Mädchen und Frauen machten in einen Eimer, der nachts auf der Straße entleert wurde.

Meinen Freund Vito nannten wir alle „Vespa". Er glaubte, die Wespen wären seine Freunde und er nahm oft welche in die Hände ohne gestochen zu werden. Eines Tages haben sie uns dafür so schlimm erwischt, dass wir ins Krankenhaus mussten. Mich hatten die Biester sogar in den Penis gestochen. Ich schämte mich schrecklich! Unter der Gürtellinie war bei uns alles Tabu – besonders in der Familie.

Einmal ist mir beim Essen etwas Schreckliches passiert. Jeden Morgen und Abend gab es Milch von unserer Ziege. Wir hätten sie auch kaufen können – der Schäfer kam jeden Tag mit mindestens 30 Ziegen vorbei. Er hat die Milch an Ort und Stelle gemolken und verkaufte schon ab einem viertel Liter. Leute wie wir hatten das aber nicht nötig. Wir hatten unsere eigene Milch, und die bekam ich gekocht mit Brot – tagein, tagaus, immer auf meinem Teller mit dem Pferd. Einmal ist mir dieser Teller auf den Schoß gefallen und natürlich habe ich mich verbrüht. Ich habe mich so geschämt, dass ich die Hosen erst runterließ, als meine Mutter hinausging. Ich war sehr verklemmt. Sie und meine Schwester habe ich nie nackt gesehen.

### Die verhinderte Kommunion

Ich wurde mit fünf Jahren zum Katechismus geschickt, denn, wie meine Mutter sagte, ich war sehr gut im Lernen. Als ich die Prüfung bestanden hatte, kaufte Mama mir einen weißen Anzug und begann, alle möglichen Vorbereitungen für die Kommunion zu treffen. Dann endlich war der große Tag da. Mama hat mir eine leuchtend rote Mütze aufgesetzt. Dann bin ich mit ihr in den Dom zum Üben. Für mich war er sehr groß und schön mit den vielen Seitenaltären. Zuerst haben wir geübt, uns am Weihwasserbecken zu bekreuzen und bei jedem Seitenaltar zu knien. Aber, oh Gott! Vor lauter Aufregung hatte ich vergessen die Mütze abzusetzen. Das sah Cucuzzedda, unser dicker Priester. Er verbot mir, dass ich am nächsten Tag zur Kommunion kam. Mama hatte alles umsonst vorbereitet! Ich hätte ihn umbringen können, so wütend war ich. Jedes Mal, wenn er nun bei uns vorbeikam, habe ich ihn mit Steinen beworfen. Aber ändern konnten wir natürlich nichts. Ich musste bis zum nächsten Jahr mit meiner Kommunion warten.

Der fünfjährige Giuseppe

### Neue Spiele

Ich habe mich immer auf den Sommer gefreut, denn dann brachte mein Vater das Stroh für die Tiere ins Haus. Einen Teil lagerte er in einer Scheune auf dem Landstück „Piro", der Rest kam in den Stall. Das Stroh wurde in großen Netzen auf die Mulis gepackt, eines rechts, eines links und dann ins Dorf transportiert. Diese Netze fassten etwa zehn Kubikmeter, das war eine Menge Stroh. Wir Kinder durften dann darauf tanzen und spielen, sogar Mädchen und Jungs zusammen – Hauptsache das Stroh wurde fester gedrückt. An so einem Tag habe ich zum ersten Mal den Unterschied zwischen Frauen und Männern gesehen. Elena war schon 14 Jahre alt. Sie war zwar ziemlich hässlich, aber wir spielten Doktor zusammen und sie zeigte mir, wie es alles funktioniert.

Ich habe auch neue Freunde gefunden, Giovannino, Alfonso und Lino. Der Alfonso hatte immer eine laufende Nase, die er mit der Hand oder mit dem Ärmel abwischte. Lino war ein halber Verrückter. Er wollte immer Zytalen, ein explosives Gas kaufen, das es in kleinen Portionen für 10 oder 20 Lire gab. Wir haben ein Loch in den Boden gebohrt, Zytalen reingeblasen und dann reingepinkelt. Jetzt wurde es spannend: Eine Dose wurde umgedreht in die Erde gesteckt. Nach oben hin hatte sie ein Loch. Wenn man das Gas jetzt mit einem Streichholz anzündete, ist die Dose mindestens 20 m hoch geflogen. Einmal klappte der Trick aber nicht. Lino ging nachgucken. Da flog die Dose plötzlich doch hoch und hat ihn voll an der Nase erwischt! Die Narbe kann man heute noch deutlich sehen.

Dann begann ein richtiges Schleuder-Fieber. Da war ich, versteht sich, der Erste im ganzen Dorf. Wir schossen mit Steinen, aber auch mit Bleistücken, die wir beim Schmied klauten.

### Ich bettele um ein bisschen Zuwendung

Der Bruder meines Vaters war fast immer als Tagelöhner bei uns beschäftigt. Er hatte eine sehr gemütliche Natur. Seine zwei Kinder, Giuseppe und Concetta, hießen genau wie meine Schwester und ich – man vererbte immer die Namen der Großeltern. Er hatte auch ein Muli, ein sehr wildes Vieh: Jeden Morgen beim Satteln trat es um sich. Ich weiß noch, wie mein Vater eines Tages mit dem Onkel vom Feld heimkam. Da es regnete, waren sie früher als sonst zurück. Was für eine Überraschung! Ich freute mich. Die beiden Männer blieben auf den Mulis bis sie vor der Haustür standen. Sie waren in schwarze Regenmäntel gehüllt, die so groß waren, dass nur ihre Füße und die Köpfe der Mulis herausschauten. Ich lief auf meinen Vater zu und fragte ihn, ob er mir etwas mitgebracht hätte. Seine Antwort war, er hätte Fische für mich.

Sie haben die Mulis in den Stall gestellt und kamen ins Haus. Die Arbeitsschuhe, sie waren voller Lehm, und die verdreckten Klamotten behielten sie natürlich an. Der Schmutz fiel weiter nicht auf, wir hatten ja sowieso Lehmplatten auf dem Boden. Mama machte das auch nichts aus. Sie ließ Vater das Wildgemüse, den Raps und die Zichorie[11], immer so, wie es war, mitten ins Zimmer kippen: nass und voller Schlamm und Ungeziefer. Mein Vater spuckte auf den Boden. Das hat mich schon immer gestört. Warum machte er das? Aber auf die Fische, die er mir versprochen hatte, freute ich mich trotzdem.

Mein Onkel hat sich seines Regenmantels entledigt und ich sah, wie ihm Schnecken aus den Taschen krochen. Ich wollte eine haben, aber er erklärte mir, die wären für seine Tochter - er sagte wörtlich: „für meine Prinzessin". Da bin ich zu meinem Vater wegen der versprochenen Fische. Der holte aus und scheuerte mir eine Backpfeife, dass mir heute noch der Kopf schmerzt, wenn ich daran denke. Aber damit nicht genug. Er verpasste mir einen Tritt mit seinen schweren Schuhen, so dass ich durch die Tür auf die Straße flog. Ich bin so schnell ich konnte zum Vito gelaufen. Nach zwei Stunden haben sie mich zum Essen geholt: Es gab mal wieder grünes Gemüse.

## Ein Unfall beim Spielen und die Strafe dafür

Wegen dem Regen blieb mein Vater am nächsten Tag daheim. Die Mulis wären auf dem Acker ständig im Boden stecken geblieben. Im Schlachthof wurden Schweine geschlachtet und wir Kinder bekamen wie immer die Blasen geschenkt. Die haben wir dann aufgeblasen und Ball damit gespielt. Sie waren sehr strapazierfähig! Plötzlich ist mir dieser „Ball" weggerollt, und zwar die steile Straße runter. Ich bin nichts wie hinterher. Aber es war rutschig. Ich bin hingefallen und habe mir ein Stück Zunge abgebissen! Es fehlt mir heute noch. Mein Vater kam aus dem Haus gerannt, hat mich geschnappt - aber nicht etwa um mir zu helfen. Anstatt mich ins Krankenhaus zu bringen, hat er mich verhauen, dass mir Hören und Sehen vergingen. Irgendwann kam Zia Agnese, Vitos Mutter, herüber und hat meinem Vater geraten, mich ins Krankenhaus zu bringen. Danach könnte er mich immer noch verhauen. Und so ist es dann auch geschehen. Ich war voller Blut, denn ich konnte nicht alles schlucken. Aber Angst hatte ich nur vor meinem Vater. Seine Hiebe taten mir mehr weh, als die Wunde an der Zunge.

Im Krankenhaus bin ich genäht worden. Lange Zeit konnte ich nicht richtig essen. Meine Mutter hat mich jeden Tag mit Gemüsebrühe und sehr vielen Kräutern aufgepäppelt. Bei uns gab es die „Erba bianca"[12], das in Sizilien wild wächst. Man kocht es und trinkt dann die Brühe mit Zucker. Angeblich soll es Wunden heilen und gut für den Magen sein. Ich bekam auch oft Tee aus Minze. Mama hatte ein paar Tontöpfe voll davon und meine Oma, die hatte ihre ganze große Terrasse voll mit Heilkräutern. Oft wünsche ich mir, es gäbe dieses Kraut auch in

Deutschland, denn es bewirkt tatsächlich Wunder. Genau wie die Kapernpflanzen. In Deutschland kennt man nur die Früchte, aber die Blätter sind viel gesünder und schmecken besser. Sie wachsen übrigens nur in Südsizilien, im Norden Siziliens ist es schon zu kalt für Kapern.

### Landarbeit

Bei uns ist es so warm, dass schon im Mai alles vertrocknet ist. Weit und breit wächst kein Baum, nicht nur auf San Nicola, das fast am Meer liegt, sondern auch in Caltanissetta[13], unserer Provinz-Hauptstadt. Im Frühjahr trocknet das gesamte Gebiet aus. Überall liegt Stroh, weil die Bauern den Weizen mähen - mit den Händen, versteht sich, Maschinen hatten wir keine.

Mein Vater hat immer erzählt, er hätte in seiner Militärzeit in San Remo in Norditalien Traktoren gesehen. Das war für uns unvorstellbar: Bei uns machten die Bauern alles mit den Mulis, meistens mit einem einzigen. Wir waren sogar reich, denn mein Vater arbeitete mit zweien. Sie wurden genau wie Ochsen angespannt: ein Querbalken hielt sie zusammen und ein Längsbalken führte zum Pflug. So haben wir von Oktober an die Felder gepflügt.

Ab dem 1. Dezember wurde gesät. Das war ein Theater! Der Arbeitstag fing nachts um zwei Uhr an: Mein Vater hat wie alle Bauern die Weizensamen mit Phosphor gemischt, um das Ungeziefer fernzuhalten. Da war es natürlich vorbei mit Schlafen. Sobald ich oder meine Schwester zu weinen begannen, gab es Ärger. Es endete fast jede Nacht mit Schlägen, meistens für mich. Ich sollte Vaters Ehre hochhalten und konnte immer nur Schwäche und Dummheit beweisen. Ein intelligenter Junge weint nicht, hieß es immer (ich bin heute immer noch dumm, denn mir kommen sehr oft die Tränen). Um 3 Uhr etwa ging Vater endlich weg. Bis San Nicola brauchte er etwa zwei Stunden. Ein Tagelöhner war auch immer dabei. Der hatte die Aufgabe, mit einem Korb voll Weizen hinter meinem Vater herzulaufen und die Körner zu säen. Die Körbe hatte meine Mutter selbst geflochten: aus Bambusblättern. Ich kann das natürlich auch.

Das Säen dauerte meistens den gesamten Monat Dezember. Morgens, beim Aufladen ging es auch auf der Straße sehr laut zu, denn die Tiere hatten beschlagene Hufe und hielten weiß Gott nicht still. Zuerst kam der Sattel, der war ganz zerschlissen, weil mein Vater nicht nähen konnte. Die Samen wurden in zwei Säcke rechts und links vom Sattel befestigt. Dann erst kam der Pflug. Mama packte uns auch ein Stück Brot

Arbeit auf der Tenne

ein und viel zu trinken, denn auf San Nicola gab es nur Salzwasser. Schon damals war der Boden dort völlig ausgedorrt. Auch für die Mulis mussten wir Futter mitnehmen, etwa 10 Kilo Sojabohnen. Und sein Gewehr hatte Vater auch immer dabei, denn in Sizilien traute man keinem.

### Jagdbeute

Geschossen hat mein Vater sehr gut: Er konnte gut zielen und treffen, aber Jagen, dafür war er zu faul. Ab und zu brachte er ein oder zwei Wachteln mit. Viele Leute jagten nach Hasen oder Tauben, mein Vater meistens Wachteln. Auf San Nicola gab es viele davon, weil dort keine Steine und Felsen sind und Wachteln mögen anscheinend freie Felder.

Eines Tages nahm mich mein Vater mit zur Karnickeljagd. Ich hatte lange auf diesen Tag gewartet. Aber leider war es alles andere als abenteuerlich. Mein Vater setzte sich auf einen Felsen, schickte sein Frettchen in einen Karnickelbau und wartete. Erst, wenn die Karnickel raus kamen, kam er angelaufen. Das Frettchen hatte immer ein Glöckchen um den Hals. Daran konnte er hören, wo es ist. An diesem Tag passierte gar nichts. Anscheinend hatte das Frettchen ein Kaninchen getötet und ruhte sich nun im Bau aus. Vier Tage dauerte es bis das Tier wieder Hunger verspürte und raus kam. So lange saß auch mein Vater dort. Danach war er so verärgert, dass er das Frettchen verkaufte. Einmal kam mein Vater mit einem Fuchs heim. Es heißt, dass man sein Fleisch nicht essen kann, aber dem ist nicht so. Der Fuchs wurde an die Leiter gehängt, mit dem Kopf nach unten. Nach zwei Tagen konnte meine Mutter ihn ausnehmen und in einem großen Topf kochen. Den hatte sie sich extra dafür ausgeliehen. Sie gab ein paar Kartoffeln dazu und schob alles in den Backofen, mit Zwiebeln und ohne Lorbeerblätter, weil auch mein Vater fand, nur dumme Norditaliener essen das.

Von solchen Reden wurde ich auch beeinflusst. Alles, was nicht aus Butera war oder wenigstens aus Sizilien, war dumm. Intelligente Menschen wurden nur in unserem Dorf geboren – und anständige Frauen, was die Moral betrifft! – auch.

### Ich bin nicht, wie ein Junge sein soll

Im Jahr 1951 – ich war sechs Jahre alt – kaufte mein Vater ein Stück Land mit vielen Johannisbrot-Bäumen. Es hieß „Cravacca". Dort säte er Erbsen. Die boten ein leichtes Geschäft, denn einer im Dorf kaufte allen Buteresern die Erbsen ab, um sie teuer in Catania zu verkaufen. Unser größtes Problem war nun, die vielen Raben von Februar bis März von den keimenden Pflänzchen fernzuhalten. Manchmal war der Himmel schwarz von ihnen. Es war eine richtige Plage. Die Gemeindeverwaltung vergab sogar Abschussprämien: Für jeden Raben bekam man 50 Lire. Einmal brachte mein Vater 30 Raben mit, er war wirklich ein guter Schütze. Das Geld haben sie ihm sofort bar ausgezahlt.

Schon im Februar hat mich mein Vater zum ersten Mal abkommandiert die Raben zu verjagen. Ich musste den ganzen Tag auf dem Feld herumrennen, um die Viecher von den Erbsen fern zu halten. Nach Cravacca braucht man gut ein bis zwei Stunden. Es liegt auf einem Berg direkt gegenüber von unserem Dorf. Morgens bin ich im Dunkeln weg und abends im Dunkeln wieder zurück. Mein Vater war währenddessen auf den Feldern mit dem Jäten beschäftigt. Alle zwei Wochen kamen die gesamte Familie und andere Kinder als Tagelöhner mit aufs Feld zum Erbsenpflücken. Ich freute mich, an diesem Tag war ich nicht allein. Denn ich hatte Angst – auch wenn ich gelernt hatte sie nicht zu zeigen. Vater konnte keine Schwächen ertragen. Wenn er merkte, ich fürchtete mich, hat er mich sofort verkloppt. Leider musste er sich nicht nur damit abfinden, einen Schwächling als Sohn zu haben. Denn ich wurde groß. So groß, dass ich mit meinen 6 Jahren an Vaters Nase heranreichte. Für meine Eltern war es eine Strafe Gottes: Bei uns im Dorf gelten hoch gewachsene Menschen als dumm. Aber es sollte noch viel schlimmer kommen. In wenigen Jahren war ich der Längste des gesamten Dorfes und der Dümmste weit und breit. Ich verstehe heute noch nicht, warum die Sizilianer alle so klein sind. Mein Vater nahm mich nie in Schutz, im Gegenteil. Er erklärte allen Kindern: „Der Pino (so wurde ich in der Familie genannt) ist so dumm, weil er so groß ist". Da hatte ich natürlich meinen Ruf weg. Trotzdem ahnte ich, dass ich doch nicht so dumm war, wie alle sagten. Ich konnte nämlich die Gedanken der anderen Kinder lesen und manchmal auch der Erwachsenen - wahrscheinlich, weil die Butereser sehr einfach gestrickt sind.

Mit den Kindern hatte ich es nicht leicht. Ein beliebtes Spiel von ihnen war es, eine enge Gasse abzusperren. Wenn ich durchs Dorf ging und bei so einer Kindersperre mitmachen wollte, ließen sie mich nicht durch, bis ich sagte: „Ich bin dumm". Da war einer, der Beppe, mit einem Gesicht voller Pickel, der bestand immer auf diesem Spruch. Was sollte ich denn machen? Ich sagte es und hatte meine Ruhe. Nur dass ich mit der Zeit daran geglaubt habe. Ich kam mir sehr dumm vor und ich wurde immer größer.

## Feste

Früher gab es im Dorf ein Fest, bei dem man ein Huhn jagte. Die Leute versammelten sich um die Kirche. Dann wurde das Tier in einer Ecke versteckt, so dass nur sein Kopf von Zeit zu Zeit rauskuckte. Das Spiel bestand nun darin, so lange mit Steinen auf das Huhn zu zielen, bis einer es traf: Der so genannte „Tiratore"[14] durfte die Beute dann mit heim nehmen. Dass das alles im Namen der Kirche geschah, verwundert mich heute etwas. Das Hühnerfest hat sich mit der Zeit verloren. Aber die Schlangenfeier fand jedes Jahr statt. Sie war einer der Höhepunkte beim Fest für den Schutzpatron unseres Dorfes, San Rocco, am 15. August („Ferragosto").

Das gesamte Dorf war voller Gaukler und Verkaufsstände mit Spielsachen, wie eine Kirmes. Die Schlange „kroch" durchs ganze Dorf: Sie ging in die Geschäfte und zu den Gauklern und klaute Lebensmittel - natürlich im Namen der Kirche! Sie packte die Sachen mit ihrem Maul und verschlang sie. Wir Kinder hatten natürlich Angst vor ihr, dabei war sie nur aus Sperrholz. Sie hatte eine grünliche Farbe, wie eine richtige Schlange - aber drunter steckte ein Mann, der sie auf den Schultern trug. Ihr Maul machte er mit einer Kordel immer auf und zu. Er musste sehr viel Kraft haben und Ausdauer, denn im August wird es bei uns glühend heiß. Um 16 Uhr kam endlich die Schlange auf die

Piazza. Dort war ein großer Tisch aufgebaut, auf dem ein Mann stand. Über ihm ist ein Seil gespannt, an dem verschiedene Gegenstände aufgehängt werden. Die muss der Mann fangen. Zuerst eine Bratpfanne mit einem Loch im Boden, in das eine Geldmünze eingepasst ist. Sie muss mit dem Mund rausgeholt werden. Das wird dadurch erschwert, dass zwei Männer das Seil immer hoch und runter bewegen. Vor allem aber stört ihn die Schlange. Von der rußigen Pfanne, wird der arme Kerl kohlrabenschwarz. Dann werden kleine Blumentöpfe mit Papier zugedeckt und aufgehängt. Die muss der Mann schnappen, indem er nach dem Seil springt. Zur Belohnung findet er mal eine Krawatte, mal eine Taube, mal eine Brille und so weiter. Dann kommt der nächste Höhepunkt: die Entenjagt. Ein Erpel wird mit Schmierseife eingeschmiert, damit der Mann ihn nicht so schnell fassen kann und los geht's!

Zum San-Rocco-Fest gehören bis heute auch die Mulis. Die Bauern schmücken sie mit Blumen, Glöckchen und bunten Schleifen bis nur noch die Nüstern herausschauen. Dann reiten sie mit ihnen durchs Dorf und sammeln Spenden für den Heiligen. Die Leute geben ihnen das „San-Rocco-Brot", das es nur an diesen Feiertagen gibt, aber auch Olivenöl und Weizen. Die Gaben werden der San-Rocco-Kirche gespendet. Früher hat sie unser schlauer Priester wieder an die Leute verkauft. Das war ein gutes Geschäft!

Nicht nur für unser Dorf, sondern auch für Gela waren diese Feiertage ein großes Ereignis. Alle Welt reiste an und hatte viel Spaß. Nur für mich war's nicht immer lustig. Ich bekam an diesem Tag viele Schläge, da ich immer was haben wollte: Spielsachen! Bekommen habe ich nie was - oder doch, in einem Jahr. Da nahm mein Vater mich und meinen so genannten Bruder mit. Er kaufte uns Tonpfeifen - und natürlich! - Mir fiel meine auf den Boden und zerbrach. Das war für meinen Vater der letzte Beweis für meine Dummheit. War das wirklich sein Sohn? Er schenkte Riccardo 50 Lire, dann gingen wir zum Maresciallo. Dort beklagte er sich darüber, wie intelligent der Riccardo und wie dumm ich wäre. Er nahm mich nie mehr mit zur Piazza.

### Nichts Schönes für meine Mutter ...

Meine Mutter habe ich nie spazieren gehen sehen. Damals durften die Frauen nicht mal über die Piazza laufen. Wenn meine Mutter überhaupt weggegangen ist, dann um die Oma zu besuchen. Sie lief nur durch die Seitengassen. Von dem Verhältnis, das Vater mit Zia Nuccia hatte, wusste sie. Aber wie bei allem, was gegen die Moral verstößt, verschloss sie auch hier lieber die Augen. Ein paar Mal wollte ich wissen, warum die Leute sagten, ich sähe genauso aus wie der Riccardo. Sie meinte dazu nur, die Leute seien blöd und sollten sich besser um ihre eigenen Angelegenheiten kümmern.

Meine Mutter hatte immer nur ein Kleid: ein schwarzes, versteht sich. Und zwei Unterhosen, die mehr wie kurze Hosen ausgesehen haben. Die hatte sie sich aus Bettlaken zurechtgeschnitten und genäht. Einmal kam ein Straßenhändler ins Dorf, bei dem sie sich ein bisschen Stoff für noch ein paar Unterhosen kaufte. Sie machte den Fehler ihn meinem Vater zu zeigen. Da habe ich zum ersten Mal bewusst gesehen, wie er sie verhauen hat. Aus Wut hat er auch noch die Glasscheibe an unserer Kommode kaputt gemacht. Meine Mutter hatte die Kommode zu ihrer Hochzeit bekommen. Vater hat den Stoff den Mulis vor die Füße geschmissen. Von da an kaufte sich Mama nichts mehr zum Anziehen. Ich weiß noch, wie Vater sie immer schikaniert hat: „Guck dich doch an, wie du aussiehst!", hieß es immer. Er selbst war sehr gut angezogen, seinem Äußeren maß er sehr viel Wert bei. Mama, meine Schwester und ich hatten keine richtig warme Kleidung, obwohl es im Winter in Sizilien sehr kalt werden kann. Nur Vater, der hatte einen Mantel mit Gürtel, der seine Figur betonte.

San-Rocco-Fest in Butera 1954

### ... und kein Mantel für mich

Einen Mantel zu haben, wurde bald mein größter Wunsch. Aber jedes Mal, wenn ich davon anfing, bekam ich Schläge. Ich versuchte meinen Vater zu überzeugen, schließlich war ich mittlerweile genau so groß wie er. Mein Vater wusste meinen Wunsch auszunutzen. Er versprach mir einen Mantel, wenn ich statt in die Schule zu gehen – es war die erste Klasse – jeden Tag in Cravacca die Vögel vom Feld scheuchte. Da war ich nicht mehr zu bremsen. Jede Nacht bin ich um 4 Uhr losgelaufen und passte auf, dass die Raben keine Schoten anfraßen. Dann, nach der Ernte, bekam ich doch keinen Mantel, weil Vater selber einen neuen Anzug brauchte. Ich bohrte weiter, bis er ausrastete. Ich bekam Schläge, weil ich so stur war und einfach nicht hören wollte. Auch Mama war wütend. Sie petzte mich in die Arme bis es blutete, weil ich Vater verärgert hatte. Ich wollte das nicht verstehen. Damals als Kind glaubte ich noch ans Ehrenwort. Er hatte mir den Mantel doch versprochen!

### Erste Erforschung der Frauen

Sexuelle Aufklärung gab es bei uns in keinerlei Beziehung. Niemand wollte darüber reden und die Verbindung mit der Außenwelt war problematisch. Ein Kino bekam Butera erst 1956. Radios hatten wir nicht, von Fernsehern hatten wir gerade mal was gehört. Die sollte es in Norditalien geben. Aber keiner in Butera konnte sich vorstellen, wie ein Fernseher funktionieren sollte. Wir kannten nur Don Pasquale, unseren alten Fotografen. Der konnte mit solchen Geräten umgehen – es hieß, weil er aus Gela stammte, wo die Leute etwas moderner sind. In Butera war angeblich keiner im Stande, einen Fotoapparat zu bedienen. Aber um die Bilder zu entwickeln, brauchte Don Pasquale mindestens zwei Monate.

Mit meinen sieben Jahren hatte ich also keine Ahnung. Dann, beim Erbsenpflücken, machte ich eine schreckliche Entdeckung. Um auf das Feld zu kommen, mussten wir durch unseren Bach (es gibt nur einen in Butera). Im Sommer ist er trocken, aber im Winter kann er zum reißenden Fluss werden. Dieses Jahr trug er ziemlich viel Wasser – meine Mutter sollte aufs Muli. Es war ein Drama, bis wir sie oben hatten. Da sah ich zu meinem Entsetzen, dass ihr Blut die Beine runter lief! Was war da los? Die Antwort war eine Backpfeife von meinem Vater und die Mahnung nie wieder hinzusehen.

Später habe ich erfahren, die Frauen haben die Periode. Ich habe aber auch erfahren, dass sie Binden benutzen können. Warum taten das die Frauen bei uns nicht? Ich passte nämlich von nun an genau auf und beobachtete, auch den anderen lief das Blut die Beine runter.

Am selben Abend habe ich mich mit einem Mädchen namens Lucia – etwa in meinem Alter – unter einem Korb versteckt. Eigentlich brachte mein Vater den Mist damit weg. Jetzt habe ich versucht, auch bei ihr Blut zu finden. Aber das Ergebnis war negativ, als ich ihr unter den Rock schaute. Just in diesem Moment kam mein Vater in den Stall, um die Mulis reinzustellen. Er sah, der große Korb bewegte sich – und was machte er? Er holte alle Leute von der Straße, auch Lucias Mutter und hob den Korb hoch! Mein Vater freute sich. Endlich hatte ich gezeigt, dass ich auch etwas kann. Aber Lucias Mutter war überhaupt nicht begeistert: Sie nahm ihre Tochter und auch mich mit zu sich. Lucia hat sie eingesperrt und mich schlug sie grün und blau. Später habe ich erfahren, dass das Mädchen Nonne geworden ist - genau wie ihre zwei Schwestern, die Concetta und die Maria.

### Einschulung

Ich wurde eingeschult und kam zur Maestra Rosa in die erste Klasse. Wir waren mindestens 35 Kinder, nur Buben. Ein Schulhaus hatten wir nicht, den Unterricht hatten wir bei der Lehrerin zu Hause. Leider waren Buben und Mädchen getrennt. Wir wurden vormittags unterrichtet - die Mädchen nachmittags oder umgekehrt. Zum ersten Schultag bekam ich keine Schultüte, sondern ein neues Paar Strümpfe, die mir meine Mutter selber gestrickt hatte. Sie waren so grob gestrickt, dass meine Füße immer wund waren. Die Schule machte mir Spaß, aber daheim durfte ich keine Aufgaben machen, weil kein Platz war. Ich setzte mich immer auf die Straße. Und fragen durfte ich auch niemand, meine Mutter hatte keine Zeit. Sie war mit meiner Schwester beschäftigt, mit ihrem ewigen Gemüse und dem Brotbacken. Ich hatte immer das Gefühl, wir wohnten auf einem Bauernhof, bei all der Wirtschafterei und den Tieren überall. Meine Noten waren trotzdem gut, immer zwischen acht und zehn[15].

Ich erinnere mich, dass uns in dieser Zeit - ich war gerade eingeschult worden - ein dicker Mann uns zu Hause besuchte. Er war mein Taufpate und ein Cousin von Mama. Aber Kontakt zu diesem Mann gab es nicht viel, weil mein Vater keinen wollte. Später erfuhr ich, das Taufgeschenk meines Paten hatte in einem Liter Wein bestanden, den er den Gästen einschenkte. Seitdem hatte er sich nicht mehr gemeldet. Jetzt fand ich ihn auch unsympathisch.

### Wie man bei uns gedroschen hat

In diesem Jahr lernte ich, wie man eine Tenne baut. Mein Vater brachte die Tiere auf einen ebenen Platz von etwa 15 qm und ließ die Mulis so lange im Kreis laufen, bis der Boden einigermaßen hart war. Jetzt holten wir Wasser und befeuchteten ihn. Wir streuten Stroh darauf - und so ging es abwechselnd drei, vier Mal. Auf die Strohschicht kam ein halber Meter Weizenähren. Nun ging der ganze Vorgang von vorne los: Mein Vater holte die Mulis und ließ sie im Kreis laufen. Am Ende mussten wir das Korn vom Stroh trennen, so dass nur der Weizen liegen blieb. Damit er sauber wurde, schleuderten wir Weizen und Spreu mit einer Holzschaufel in die Luft. Jetzt waren wir fertig. Wir konnten das Getreide mit den Mulis ins Dorf transportieren. Wenn es ein guter Jahrgang war, bekamen wir bis zu 20 Tonnen Getreide raus. Aber die Arbeit dafür konnte sich bis zu sechs Tagen hinziehen.

### Pipi zur falschen Zeit und am falschen Ort

Wir sind in die Via di Marco im San-Rocco-Viertel gezogen. Meine Eltern haben einer von Mamas Cousinen ein Haus abgekauft und offiziell 700.000 Lire bezahlt. Leider hat Mama ihrer Cousine aber 100.000 Lire mehr versprochen, was uns noch teuer zu stehen kommen sollte.

Im oberen Geschoss hatten wir ein zugedecktes Loch mit einem Seil und einem 10-Liter-Eimer, das war unsere Toilette. Ich hasste sie, weil ich mich geschämt habe, vor der ganzen Familie meine Bedürfnisse zu erledigen. Die andere Möglichkeit dafür war der Stall. Aber dorthin wollte ich auch nicht, weil ich zu faul war immer runter zu laufen. Es gab ständig Ärger.

Wir hatten in diesem Haus auch einen Balkon, von dem man auf ein kleines Sträßchen blickte. Es war so eng, dass die Ratten vom Haus gegenüber zu uns hüpfen konnten. Ich hatte fast das Gefühl, die machen das extra. Als ob sie wüssten, wie sehr ich mich vor ihnen ekle.

Einmal war es sehr spät und ich musste unbedingt mal. Eigentlich hätte ich runter in den Stall gemusst, aber ich war zu faul und zu müde. Ich bin einfach auf den Balkon und pinkelte auf die Gasse. Just in diesem Moment kam unser neuer Nachbar, Zio Rocco, heim. Er war sehr alt und lief langsam und gekrümmt mit seinem Stock aus Olivenholz. Es ist komisch, dass ich ihn nicht bemerkt habe, denn normalerweise konnte man jeden, der vorbeilief, hören. Ich aber zielte mit meinem Strahl nach unten – und machte ihn ganz voll. Da ging aber ein Theater los! Zio Rocco fing an zu schreien. Ich war sehr erschrocken, jetzt erst sah ich ihn. Mama kam und petzte mich gleich ganz brutal: Sie hatte mir extra gesagt, ich solle in den Stall gehen. Der Zio Rocco kam hoch. Er war fuchsteufelswild und wollte mich seinen Stock spüren lassen. Aber davon wurde er auch nicht trockener. Genau in diesem Augenblick kam nun auch mein Vater von seinem Spaziergang auf der Piazza heim. Er sagte, er wollte endlich einmal unter anständigen Menschen leben. Dann hat er mich verkloppt wie noch nie – zumindest hatte ich das Gefühl. Meines Vaters haushälterische Tätigkeit bestand darin, wenn er heim kam, durch den Stall zu gehen, das Muli zu füttern und besagten Eimer auszuleeren. Damals schon hatten wir nur noch das eine Muli; das andere und unser Pferd hatte Vater bereits verkauft. Es ging uns immer schlechter, finanziell. Durch den Hauskauf und die 100.000 Lire, die meine Mutter ihrer Cousine versprochen hatte, kamen wir nicht mehr von den Schulden runter.

## Der Ernst des Lebens beginnt

Eines Tages sagte mein Vater, nun würden andere Saiten aufgezogen. Ich verstand nicht, was er mit dieser Drohung meinte, aber schon am nächsten Tag merkte ich, was das heißen sollte. Er weckte mich um 4 Uhr nachts und nahm mich mit aufs Feld zum Jäten. Damals war ich sieben Jahre alt. In „Cinque Grana" musste ich den ganzen Tag Unkraut jäten, das heißt, den ganzen Tag gebückt arbeiten. Ich bin sehr oft hingefallen, weil mir die Kraft fehlte. Aber Vater sagte, er hätte mit sechs Jahren schon dran glauben müssen, da sollte ich mich nicht so anstellen. Schließlich sei ich auch viel größer als er damals.

Am nächsten Tag nahm er mich und zwei Tagelöhner nach „Fontana del Piano" mit. Dieses Jahr hatte er dort Sojabohnen angebaut. Der Boden war voller kleiner Steine, die mich völlig kaputt gemacht haben. Von morgens vor Sonnenaufgang bis in die Nacht rein mussten wir den Boden zwischen den Pflanzen mit Hacken lockern. Ich war einfach zu schwach dazu. Mir tat der Rücken schrecklich weh. Aber jedes Mal, wenn ich mich aufrichtete, schlug mich Vater mit dem Stiel seiner Hacke. Dann dachte ich, ein Blitz müsse vom Himmel stürzen und ihn zur Strafe treffen. Aber es kam keiner.

Die folgenden zwei Monate, bis Mai, ging ich nicht mehr in die Schule. Ich holte mir die Aufgaben bei meinen Freunden Giovannino und Alfonso. Die hänselten mich dafür als Bauern und „Schmutzpfote". Meine Hände waren ganz zerschunden und grün vom Gras. Dieses Jahr habe ich die zweite Klasse bestanden. Mein Vater schickte mich den letzten Monat vor den Ferien doch noch in die Schule, weil dann immer die Polizei nach Hause kam, um nach dem Rechten zu sehen. Mein Vater erklärte immer, es lohne sich nicht, einen so dummen Sohn wie mich in die Schule zu schicken.

Diese Einstellung meines Vaters hatte für mich schwere Folgen. Ich lernte, wie man Sojabohnen, Weizen, Linsen und Erbsen sät und kultiviert. Aber mit dem Lernen war es erst mal vorbei. Und so kam es wie es kommen musste. In der dritten Klasse bin ich durchgefallen. Da ich mindestens vier Monate in der Schule gefehlt hatte, sollte ich das

Examen im September nachmachen, vor allem in Grammatik. Damit ich die Prüfung schaffte, hat Vater einen Lehrer beauftragt, den „Professore“ Canotta. Der hatte sich gerade in Gela verlobt. Im Dorf war er bekannt dafür, ein sehr schlechter Lehrer zu sein. Mein Vater aber war froh, denn der war auch billiger als die anderen! Das merkte ich daran, dass der Lehrer lieber bei seiner Verlobten als bei mir war. Immerhin hat er mir aber den Unterschied zwischen Feld- und Stadtmäusen beigebracht. Dann, in der Prüfung, kam eine Frage über den männlichen Artikel, die ich nicht beantworten konnte. Ich blieb sitzen.

### Frauenarbeit

Wir haben auch Tomaten und Wassermelonen angebaut. Die Melonen sind nie dick geworden, weil es bei uns zu wenig geregnet hat. Sie wogen selten mehr als ein Kilo. Aber unsere Strauchtomaten waren immer gut. Wir haben sie wie die Trauben gepflückt. Zu Hause flochten wir einen Kranz aus Schnüren und hängten die Tomaten daran auf. Der volle Kranz kam an einen Deckenbalken, dort hielten sie sich am besten. Auf die Art hatten wir sogar im Winter frische Tomaten.

Aus unseren Tomaten stellte meine Mutter auch das „Astratto“, eine Art Tomatenpaste her. Die Tomaten wurden auf der Straße, vor der Haustür, gekocht, bis die gesamte Feuchtigkeit verdampft war. Meistens war zu diesem Zeitpunkt das gesamte Dorf mit dem Einkochen beschäftigt. Um die Schalen und die Kerne zu entfernen, wurden die Tomaten gesiebt. Die Soße wurde an der Sonne ausgetrocknet - nach drei bis vier Tagen hatten wir Tomatenmark. Es kam mit Basilikum und Knoblauch in Tongefäße und wurde mit Öl bedeckt.

Das Einkochen war eine sehr langwierige Angelegenheit. Unser Haus war wie immer voller Asche und Ruß. Meine Mutter machte alles mit Holzzweigen, die Vater und jetzt auch ich von den Bäumen gebrochen haben. Wenigstens davon hatten wir mit unseren 20 Olivenbäumen und mehr als 1000 Mandelbäumen genug. Was Holz anging, waren wir Selbstversorger.

Viel schlimmer als das Tomateneinkochen war es mit den Kichererbsen. In Italien isst man sie nicht nur gekocht, sondern auch als Knabberzeug. Dafür brauchte man Gips. Mama füllte den Topf damit halbvoll, gab die Kichererbsen dazu und stellte dieses Gemisch aufs Feuer. Dadurch wurden sie praktisch trocken gegart. Es dauerte fast den ganzen Tag und machte unglaublich Dreck!

Um das Getreide bündeln zu können, mussten die Frauen Seile herstellen, und zwar aus einer Art Bambusblätter. Wir haben etwa 5000

Landbesitz der Familie Bruno in der Nähe von Butera

Stück für all den Weizen und das andere Getreide gebraucht. Auf einem Land namens „Aulia" wächst der Bambus wild. Jeden Sonntag bin ich dorthin, um welchen zu holen. Für den Weg brauchte ich mindestens zwei Stunden. Mit einer Spezialtechnik habe ich das einzige Muli, das wir noch hatten, sehr schwer beladen. Zurück im Dorf, war meine Mutter an der Reihe. Bis spät abends saß sie dort und knotete Seile, bis mein Vater irgendwann von der Piazza und seinem Maresciallo heimkam. Denn egal wie viel er arbeitete, darauf verzichtete er nie.

### Ernte

Das Weizenmähen ist die schwerste Arbeit. Wir haben alles von Hand gemacht. Die Sense hielten wir rechts, um den linken Arm haben wir uns einen alten Jackenärmel gebunden. Auf Mittel-, Ring- und dem kleinem Finger haben wir Bambusstücke wie einen Drei-Finger-Handschuh befestigt, um die Hand vor der Schneide zu schützen. Das Beste war aber, es gab immer gut zu essen: Vater war schließlich Arbeitgeber und musste die Leute verpflegen. Das hieß Brot, Mortadella, Wein und, versteht sich, Wasser. Der Wein war immer in einem Holzfass mit einem Loch im Bauch, aus dem wir getrunken haben. Wir haben gemäht, Vater hat hinterher das Getreide mit Mamas Seilen gebündelt. Die Bündel legte er, zwei rechts, zwei links auf die Erde. Am Ende führten wir das Muli durch diesen „Gang", beluden es und brachten den Weizen in die Tenne zum Dreschen. Die Ernte dauerte bis Mitte Juli etwa, danach fingen wir mit der Mandellese an. Da wir über tausend Bäume hatten, dauerte es sehr lange, bis wir fertig waren. Wir haben die Mandeln mit sehr langen Stöcken – bis zu acht Meter lang – von den Bäumen geschüttelt. Leider haben wir mit unserer Klopferei sehr viel Schaden an den Bäumen angerichtet! Dann brachten wir die Mandeln ins Dorf. Dort mussten die Frauen sie von den Schalen befreien. Jede Mandel wurde einzeln geschält und in die Sonne gelegt, bis sie trocken war. Danach mussten sie geknackt werden. Das machten wir mit einem Stein auf den Knien und einem von der Eisenbahn gestohlenen Schienennagel – die waren sehr gut für diesen Zweck. Die geknackten Mandeln wurden wieder in der Sonne getrocknet – dann konnten wir sie verkaufen. Wir ernteten damals immer etwa 1000 Kilo Mandeln.

### Mit dem Muli auf der Mole

Eines Tages musste mein Vater nach Gela, um einen Waschtrog zu holen, den er in Gela bestellt hatte. Er war für meine Mutter gedacht. Wir haben das Muli vor eine Karre gespannt und sind nach Gela losgefahren. Es war das erste Mal, dass ich ans Meer kam. Bisher hatte ich es nur von unserem Dorf aus gesehen. Bis Gela sind es immerhin 23 Kilometer. Dort angekommen, war der Trog noch nicht fertig. Und so hatte mein Vater die Idee mir das Meer zu zeigen. Ich war erschlagen, so viel Wasser auf einmal zu sehen! Eine Mole führte etwa 300 Meter ins Wasser rein. Plötzlich wollte mein Vater mit dem Muli – und der Karre – da drauf fahren. Aber wir sind nicht weiter als 150 Meter gekommen. Das Meer war sehr unruhig und das Muli hat sich aufgebäumt. Es wollte unbedingt zurück an Land, aber auf der Mole gab es keinen Platz zum Wenden. Die Karre hing zur Hälfte ins Meer runter und ich bin fast vor Angst gestorben. Mein Vater dagegen wurde sehr wütend. Er verkloppte mich und das Muli abwechselnd. Wie immer war er der Meinung, ich sei ein Schwächling, für den er sich schämen müsste. Zum Glück kamen Leute um uns zu helfen. Die haben dem armen Muli eine Jacke über den Kopf gelegt, so dass es nichts mehr sehen konnte und sich beruhigte. Und nun ging es langsam zurück zum Ufer und damit in Sicherheit. Nach diesem Erlebnis ist mein Vater mit mir zur Bank. Dort habe ich zum ersten Mal mitbekommen, dass er sich Geld leihen musste, um die Schulden vom Haus weiter abzubezahlen. Er versicherte der Bank, er würde es nächstes Jahr mit der Ernte zurückzahlen. Aber das sollte nicht klappen: Ab dem Jahr 1956 hat es sehr wenig geregnet – die Ernten wurden von Jahr zur Jahr schlechter. In Zukunft mussten wir immer drauflegen. Es war ein verflixter Kreislauf. Im Sommer waren wir gezwungen die ganze Ernte zu verkaufen. Dadurch hatten wir auch keine Samen und mussten ihn im Winter für mindestens den vierfachen Preis kaufen.

### Selbst verdientes Geld

Im Jahr 1956 suchten sie bei uns im Dorf Tagelöhner zur Mandelernte bei Caltanissetta, etwa 60 km weit weg, für 15 Tage. Ich bin mitgegangen: Die Hoffnung, endlich einen Mantel als Belohnung zu bekommen, hatte ich noch nicht ganz aufgegeben. Wir mussten jede Nacht um 3 Uhr aufstehen und bis spät abends Mandeln pflücken. Der Bauer hatte sich bald einen Stock zugelegt, mit dem er die Kinder antrieb, die nicht mehr konnten. Um 9 Uhr Abends gab es in einem großen Hof Essen. Wir saßen an einem langen Tisch voller Mandeln. Mir hat der Nudeleintopf, den es immer gab, sehr gut geschmeckt, weil keine Asche im Teller war. Danach mussten wir bis Mitternacht Mandeln schälen.

Schlafen konnten wir nie länger als drei Stunden. Es hat aber trotzdem Spaß gebracht, endlich ohne meinen Vater zu arbeiten. Ich war größer als der Bauer selbst und das haben sie ausgenutzt. Ich durfte die Mandeln vom Baum runterschütteln. Die anderen Kinder in meinem Alter mussten die Mandeln vom Boden aufsammeln.

Ursprünglich sollten wir 15 Tage bleiben, aber es wurde ein Monat. Nach zwei Wochen kam eines Abends ein Erwachsener von Butera und hat uns frische Klamotten gebracht. Wir waren gerade vom Pflücken zurückgekommen und saßen vor unseren Tellern an dem großen Tisch. Ich bekam ein Paar Strümpfe von Mama geschickt. Nach zwei Wochen konnte ich endlich meine Socken wechseln! Wir waren von oben bis unten verdreckt, weil wir kein Wasser zum Waschen hatten. Auch mein Freund Giovannino zog seine alten Socken aus. Er hielt sie hoch und wedelte mit ihnen in der Luft herum. Sie stanken bestialisch! Da plötzlich flog ihm einer der Socken aus der Hand und im hohen Bogen in das Essen vom Zio Lillo, dem Besitzer!

Der Giovannino bekam schreckliche Prügel. Der Bauer versohlte ihm den Hintern bis es blutete. Als er das sah, wurde ihm mulmig und er hörte auf. Er wusste nicht, dass der Giovannino ein Abszess am Hintern hatte, das durch die Schläge aufgegangen war.

Von da an wollten wir abhauen. Aber es ist uns nicht gelungen, weil wir den Weg nach Butera nicht kannten. Die Bauern haben uns wieder eingefangen und zurück gebracht. Anstatt nachts zu schlafen, dachten wir uns nun Streiche aus. Wir kratzten Schmierfett von den Karren und schmierten den Erwachsenen die Gesichter damit voll. Danach sahen die wie Zorro aus! Jeden Tag gab es Ärger. Keiner von uns wollte die anderen verraten, und darum sind wir Kinder jeden Morgen alle zusammen verhauen worden.

Nach 30 Tagen durften wir endlich nach Butera zurück. Meine Mutter gab mir einen Kuss. Und ganz unerwartet gab mir auch mein Vater einen. Ich war sehr erstaunt, denn das hatte er noch nie getan. Er sagte, ich sollte jetzt Traktor fahren lernen. Da war ich Feuer und Flamme. Bei uns gab es mittlerweile drei davon.

Bilck auf das Wohnhaus der Familie Bruno

Am Sonntag darauf hat mein Vater meinen Lohn kassiert. Für die 30 Tage Arbeit bekamen die Kinder 6000 Lire, 200 Lire am Tag. Aber für mich hat der Bauer 250 Lire gegeben, weil ich so gut gearbeitet hatte. Daraufhin wollte ich ins Kino und wenigstens 100 Lire, damit ich mich nicht um den Eintrittspreis streiten musste. Das Problem war nämlich, die wollten immer den Erwachsenen-Preis von mir haben, denn ich war größer als die Kasse und daran wurde man gemessen. Und zweitens wusste ich mittlerweile, meine Eltern hatten kein Geld. Darum habe ich immer versucht schwarz rein zu kommen. Aber jetzt hatte ich so viel gearbeitet und mir das Kino verdient! Aber Vater war anderer Meinung. Als er meine Wünsche hörte, verpasste er mir eine Backpfeife mitten auf der Piazza.

Mir fiel auch der Mantel wieder ein, schließlich hatte ich dafür gearbeitet. Ich bohrte weiter in der Hoffnung, dass er sich vor seinen Freunden schämte. Aber nein! Er machte mich vor allen Leuten lächerlich, damit mir die Lust auf Kino und alles andere verging. Schon sechs Jahre war ich nun hinter einem Mantel her und wieder war nichts daraus geworden.

### Das fatale Erbe

Meine Oma ist gestorben und dadurch hat mein Vater endlich alles geerbt: 80 Hektar Land, das Haus und alles, was dazu gehörte. Er wollte sofort umziehen, aber das ging nicht: Tante Grazia hatte sich in Omas Haus verbarrikadiert. Sie erklärte, sie sei dort geboren und würde niemand anders dulden. Hätte mein Vater sie doch bloß Graziano, den Stotterer heiraten lassen!

Jetzt musste er gegen die Tante prozessieren. Das kostete viel Geld und wir waren gezwungen einen neuen Kredit aufzunehmen. Dabei waren wir schon völlig verschuldet, weil es drei Jahre nicht mehr geregnet hatte. Vorerst konnten wir nicht in dem geerbten Haus einziehen. Das folgende Jahr wohnten wir zur Miete in einem Haus, wo ein Freund von mir gewohnt hatte. Der Pino war mit seiner Familie nach Südamerika ausgewandert. In dieser Zeit gingen viele Familien von Butera weg, hauptsächlich nach Argentinien. Wir waren neidisch, denn die Leute erzählten, dass dort die Arbeit viel leichter war: ohne Muli und Esel. Und dabei verdiente man auch noch Geld - ohne eigenes Kapital! Das war für uns unvorstellbar.

### Pubertäre Verwirrungen - und mein erstes „Business"

Es mag komisch klingen, aber bei uns fing die Pubertät schon mit spätestens acht Jahren an. Wir Jungs waren ganz wild vor Neugierde auf Mädchen geworden. Schade, dass wir auch in unserem neuen Schulhaus getrennt unterrichtet wurden. Sobald wir aber eine weibliche Lehrerin hatten, ging die Fantasie mit mir durch. Dann gab es immer Ärger. So oft passierte das zum Glück nicht, weil ich ja nur ein paar Monate in die Schule durfte.

Wir beobachteten auch gern, wie meine Mutter und die Nachbarinnen den Hühnern den Finger in den Hintern steckten. Dann wussten sie genau, wie viele Eier es am nächsten Tag geben würde. Das war schlau, denn auf die Art konnten wir keine Eier klauen. Wir taten es aber trotzdem - beim Nachbarn!

Vaters weiße Ziege war mittlerweile groß geworden. Da hat Giovannino eine sehr gute Idee gehabt. Er schlug vor, die Ziege an Kinder zu vermieten, die auch nicht besser dran waren wie wir. Von da an habe ich die Ziege in der Schule vermietet. Wer sich mit meiner Ziege befriedigen wollte, musste 10 oder 20 Lire zahlen. Es wurde ein sehr lukratives Geschäft – an einem Tag nahm ich mindestens 200 Lire ein. Die Kinder mochten es. Nur meine Mutter wunderte sich, dass ich der Ziege plötzlich meine gesamte Aufmerksamkeit schenkte. Ich gab vor, ich brächte die Ziege zum Grasen aufs Feld – und sie glaubte mir! Dort warteten aber mindestens zehn Kinder auf mich und die Ziege.

Mein Vorteil war, diese Kinder verkloppten mich nicht mehr. Sie hatten sonst jede Gelegenheit genutzt um mich zu schlagen. Denn ich war groß – aber schwach. Sie brauchten mich nur ein bisschen zu stoßen und schon fiel ich hin. Da kamen sich alle so stark vor. Als ich elf Jahre alt war, konnte ich mich etwas besser verteidigen. Mit der Ziege aber waren diese Zeiten endgültig vorbei!

Wir waren eigentlich noch klein, aber wir wollten endlich wie die großen Jungs im Dorf masturbieren. Ein Nachbar, er war drei Jahre älter als wir, redete uns ein, es würde funktionieren, wenn wir uns die Schamhaare mit Essig einreiben. Sofort haben wir welchen bei mir zu Hause gestohlen. Wir versteckten uns in einer Höhle, die wir uns selbst am Hang unterm Dorf gebaut hatten und rieben uns ein. So eine Enttäuschung! Das Ergebnis war gleich null. Nichts haben wir unversucht gelassen, ich, der Alfonso, der Giovannino – und auch Luca. Den konnten wir nie so richtig leiden. Eines Tages ist er mit seiner Familie nach Genua ausgewandert.

### Schwerarbeit im Gewitter

Ich musste mit acht Jahren, wie schon erwähnt, voll ran an die Arbeit, auch bei der Olivenernte. Ähnlich wie die Mandeln wurden die Oliven mit einem langen Stock runtergeschüttelt und dann vom Boden aufgelesen – eine harte Arbeit. Ich hatte solche Schmerzen im Kreuz! Aber wie immer verbot mir mein Vater mich hinzusetzen. Er war der Meinung, das täten nur Weiber. Da wünschte ich mir eine Frau zu sein. Die blieben schön zu Hause, wie meine Schwester, durften in die Schule gehen und länger schlafen und spielen. Aber was soll's, ich war nun mal ein Mann und musste es jeden Tag aufs Neue beweisen. Mein Vater zeigte jedem, wie kräftig er war. Ich aber mit meinen 1,83 m war so ein Schwächling! Wenn ich nicht so viel Leistung wie er erbrachte, musste er sich meinetwegen schämen. Darum gab ich mir alle Mühe groß und stark zu sein.

Eines Tages waren wir mit der Tenne in Cinque Grana. Als wir fertig waren und das Getreide ins Dorf bringen mussten, fing es an zu gewittern. Es blitzte und donnerte, wie ich es bis jetzt nicht mehr erlebt habe. Ein Junge, etwa in meinem Alter, ist in diesem Unwetter vom Blitz getroffen worden. Trotz Gewitter sollte ich mit dem Muli zwischen Dorf und Feld hin- und her reiten. Zu Hause mussten die Tiere schnell abgeladen werden. Die Säcke wogen jeder mindestens 100 Kilo und ich musste immer fünf Stück davon unter unser Dach bringen, wo sie gelagert wurden. Dann bin ich wieder aufs Feld zurück. Ich war ganz aufgelöst vor Angst: Zweimal ist ein Blitz direkt vor dem Muli eingeschlagen! Als mein Vater mich ankommen sah, holte er mich vom Muli runter ohne zu fragen, warum ich weinte. Dann hat er mich fürchterlich verhauen. Vielleicht war es doch besser vom Blitz getroffen zu werden, als das noch weiter zu ertragen, ging es mir da durch den Kopf. Mich hat aber kein Blitz getroffen, wie man sieht. Und auch mein Vater ist verschont geblieben, leider.

### Kompromiss nach dem Prozess um das Erbe

In diesem Jahr gewann mein Vater den Prozess gegen Tante Grazia, aber das änderte nichts: Sie wollte trotzdem nicht raus. Da hat er sich vom Gericht eine Anordnung geholt, mit der er die Tante vor die Tür setzen ließ. Endlich konnten wir einziehen, während Zia Grazia mit ihren Habseligkeiten fast drei Wochen auf der Straße kampierte. Die Verwandten, die meine Tante bisher gegen uns aufgehetzt hatten, waren plötzlich nicht mehr da. Irgendwann musste mein Vater sie doch ins Haus nehmen. Bei all diesen Streitigkeiten hatte meine Mutter übrigens nichts mitzureden. Der Erbe war mein Vater. Er versuchte nun die Tante im Irrenhaus unterzubringen. Es gelang ihm zwar, aber nach zwei Monaten kam sie wieder raus, weil niemand die Unkosten bezahlen wollte. Da hat Vater ihr ein Zimmer unter der Küche gegeben, nicht größer als zehn qm, ohne Wasser, aber mit Toilette. Dort hat sie ihre letzten Jahre vor sich hin vegetiert.

### Mein Hundeleben

Einmal spielte ich mit meinen Freunden auf der Straße. Nach einer Weile habe ich mich auf die Treppenstufen gesetzt um mich etwas auszuruhen. Da kamen urplötzlich zwei Hunde, die zusammenhingen. Wenn sich Hunde paaren, kann es sehr lange dauern, bis sich der Same des Rüden in das Weibchen ergossen hat, bis zu 30 Minuten. Als die Kinder das Hundepaar entdeckten, liefen sie ihm hinterher. Die Hunde rannten davon, aber als sie an mir vorbeikamen, schnappten sie zu. Mindestens 200 Meter wurde ich mitgeschleift, mit dem Kopf am Boden. Die Biester sind den Hang herunter gerannt – das war sehr gefährlich.

Nach etwa 20 Minuten gingen sie endlich auseinander und ließen mich los. Alles in allem hatte ich Glück gehabt. Zu Hause gab es natürlich wieder Schläge von meinem Vater, aber auch von Mama. Sie waren sich einig, dass die Hunde das dümmste von allen Kindern erwischt hatten. Zu gar nichts war ich zu gebrauchen. Nicht mal spielen könnte ich, sagte mein Vater. Meine Mutter weinte dazu jede Menge Tränen, weil ich mein schwarzes Jäckchen zerrissen hatte. Zugegeben, es war mein einziges, aber so ein Theater deswegen, das habe ich nicht verstanden. Einmal hatte ich dieses verdammte Jäckchen in unserer Höhle vergessen und bin ohne heimgekommen - da war auch der Teufel los gewesen. Mama malträtierte mich mit ihrer Petzerei und dem Nudelholz. Das ist bei uns länger als ein Meter und sie fand es genau richtig für meine Größe. Bloß petzen reichte da nicht mehr. Als sie aber gerade auf mich losgehen wollte, erwischte sie die einzige Hängelampe, die wir hatten. Die ist kaputt gegangen und ich bin weggerannt, so weit die Füße mich tragen konnten!

Ich habe mir geschworen nie mehr heimzukehren. Ich wollte nach Mailand auswandern. Erst mal bin ich aber nach San Nicola. Dort blieb ich den ganzen Tag, bis spät in die Nacht. Ich habe wildes Gemüse gegessen - davon gab es reichlich. Als es dunkel wurde, bekam ich doch ein bisschen Angst. Anstatt nach Mailand, bin ich wieder ins Dorf zurückgelaufen. Da merkte ich, mein Vater, die Nachbarn und auch die Carabinieri suchten mich: Sie hatten Anzeige erstattet.

### Vom Regen in die Traufe

Von diesem Tag an haben mich meine Eltern nicht mehr zur Ruhe kommen lassen. Mama ließ mich nicht schlafen und Vater verbot mir in die Schule zu gehen. Jedes Mal, wenn die Polizei kam oder wir aufs Revier gerufen wurden, erklärte mein Vater, ich wollte nicht in die Schule. Mich zwang er das gleiche zu sagen. Er warnte mich: Wenn ich das Gegenteil behauptete, würde ich zu Hause ein Donnerwetter erleben. Vor lauter Angst, er könnte mich umbringen, denn er drohte immer wieder damit, tat ich brav, was Vater verlangte.

Einmal jedoch ist mir vor dem Schuldirektor herausgerutscht, ich würde eigentlich sehr gern in die Schule gehen. Damit ist alles noch schlimmer geworden. Es war gerade in der Jahreszeit, wo mich mein Vater auf den Feldern zum Säen brauchte. Damals säte er noch mit dem Muli und brauchte jemanden, der hinter ihm herlief, um den Weizen und die Sojabohnen zu säen. Jetzt musste er auf mich verzichten und das kostete viel Geld.

In diesen Wochen hatten wir in der Schule einen Lehrer aus Mazarino, einem Dorf um die 20 km von Butera. Er hatte die Angewohnheit uns Kinder mit einem Olivenstöckchen zu schlagen – das tat besonders weh – und uns an den Ohren zu ziehen. Bei mir hat er sich nicht getraut – vielleicht, weil ich viel größer war als er. Aber bei denen, die kleiner waren wie Giovannino und Alfonso, war er gefürchtet. Den Alfonso hat er einmal einen halben Meter an den Ohren hochgehoben. Man konnte sogar hören, wie es knackste. Ich musste zugeben: Der Lehrer war noch schlimmer als mein Vater. Mich hat er jedes Mal hinter die Tafel geschickt, wenn ich einen Tag in der Schule fehlte und das war bei mir die Regel. Dann musste ich dort drei oder vier Stunden lang die Hände hochhalten. Wenn mir die Arme weh taten und ich sie runter nahm, kam er mit seinem Stock und schlug mir damit auf die Beine. Ich konnte ihn ja nicht kommen sehen, weil ich hinter der Tafel stand.

Eines Tages habe ich mich bei meinem Vater beschwert. Das Ergebnis war, dass er mit dem Lehrer gesprochen und ihm erlaubt hat, mich wie die anderen mit seinem Stock zu verkloppen. Auf dieser Welt würde ich nur Probleme bereiten. Von da an wollte der Lehrer immer, wenn ich in der Schule war, sehen, ob wir unsere Hände gewaschen hatten. Dann konnte er mir auf meine schmutzigen Finger schlagen. Sie waren voller Dreck, weil ich jeden Tag nach der Schule aufs Feld musste. Zu Hause war das Wasser wie immer knapp. Meine Mutter sagte, ich sollte sparsam damit umgehen und: „Du bist doch kein Professor". Ich brauche mir nicht soviel einbilden. Es war ein dummer Kreislauf.

Ein anderer Lehrer hieß Termine. Ihm fehlten an der rechten Hand der Mittel-, der Ring- und der kleine Finger. Mit dieser amputierten Hand konnte er unwahrscheinlich fest zuschlagen. Da er ein Freund von meinem Vater war, hatte auch er die Erlaubnis mich zu verhauen. Oft schmiss er auch mit einem kleinen Glöckchen nach uns, das er auf dem Tisch stehen hatte. Mich hat er einmal an der Stirn erwischt, da habe ich heute noch eine Narbe.

Den anderen Kindern erging es nicht besser. Wir hatten auch einen Priester als Lehrer, der immer geweint hat, wenn wir nicht hörten. Gemein war er aber trotzdem. Damals spielten wir immer mit altem Geld: Zuerst brauchte man eine Tonscherbe, so groß wie eine Münze. Darauf legte jeder Mitspieler ein altes Geldstück. Aus etwa vier Meter Entfernung musste man jetzt mit einer anderen Münze drauf schießen. Sie wurde mit dem Daumen und dem Zeigefinger weggeschnippt, möglichst so, dass man das Häufchen traf. Ich war darin sehr gut und hatte mein Spielgeld immer in der Schule dabei. Bis mir der Priester eines Tages alles wegnahm. Ich habe meine Münzen nie mehr gesehen.

### Die Dreschmaschine

Mittlerweile gab es bei uns eine Dreschmaschine. Sie wurde an einem bestimmten Platz aufgestellt und dort haben die Bauern ihr Getreide hingebracht. Von da an haben wir in San Nicola keine Tenne mehr gebraucht. Das Korn wurde mit einem Laster ins Dorf gefahren, in Säcken von 100 Kilo. Da unsere Straße sehr eng war, mussten wir immer 200 Meter vom Haus entfernt abladen. Ich war mittlerweile zehn Jahre alt und musste mithelfen. Wir haben das Getreide bis in den ersten Stock von Omas, das heißt unserem Haus getragen. Es war das so genannte „Schlafzimmer". Ich war ganz kaputt vom Schleppen, aber sagen durfte ich nichts, sonst gab es auch noch Schläge.

Hinter dem berühmten Mantel war ich auch immer noch her. Ich machte den Vorschlag, an der Dreschmaschine zu arbeiten. Dort brauchten sie immer Leute, die das Getreide ans Förderband trugen. Es waren meistens 15 Leute. Mein Vater war einverstanden. Ich sollte endlich lernen, wie ein richtiger Mann arbeitet. Da bin ich losgezogen. Es war sehr interessant für mich mit fremden Leuten zu arbeiten. Sie wurden jedenfalls besser behandelt, als ich von meinem Vater.

Aber die Arbeit war sehr hart. Schon um 4 Uhr morgens wurde die Dreschmaschine angestellt um der Hitze zu entgehen. Im Sommer kann es bei uns auf den Feldern bis zu 60 Grad warm werden! Wir bekamen einen Sack, mit dem wir uns etwas vor dem Staub schützen konnten, denn davon gab es jede Menge. Dann ging es an die Arbeit. Einer, der Geremia, war Liliputaner. Er reichte mir nur bis zum Gürtel und war im Feld kaum zu sehen. Wir mähten immer noch mit der Hand. Mir reichten die Stoppeln bis an die Knie, aber dem Geremia bis an die Schultern. Wenn er dann das Getreidebündel auf dem Kopf trug, war nichts mehr von ihm zu sehen! Geremia, der Liliputaner und ich, der Größte und Dümmste des Dorfes, wir sollten noch gute Freunde werden.

Gegessen wurde sehr spät. Erst wenn es dunkel wurde, hat der Besitzer gekocht. Abends gab es wie immer und überall Nudeln und tagsüber trocken Brot mit Auberginen aus der Dose. Ich war damit sehr glücklich, das Essen schmeckte mir besser als bei meiner Mutter. Da war immer diese verdammte Asche im Essen - und neuerdings auch Würmer. Mein Vater kaufte die Nudeln im Sommer und da Mama alles auf dem Boden aufbewahrte, gab es bald Ungeziefer - im Essen und überall. Da war ich froh, wenn ich mal woanders essen durfte!

Dann war auch Vater mit dem Dreschen fertig. In diesem Jahr war die Ernte wieder schlecht ausgefallen, es hatte kaum geregnet. Da beschloss er in San Nicola - das sind etwa 16 Hektar Land - auch Baumwolle anzubauen. Von meinem Verdienst habe ich wieder nichts abbekommen, aber Vater versprach mir zur Baumwollernte einen Mantel und eine Uhr, wenn ich fleißig mithelfen würde. Er fing an mit dem Muli das Land zu pflügen, aber es ging nur sehr langsam, denn der Boden war sehr trocken. Erst nachdem er ihn drei Mal umgegraben hatte, konnte der Baumwollsamen gesät werden. Dann musste der Boden wieder glatt gewalzt werden. Wir hängten dem Muli eine 6 Meter lange Bohle um, stellten uns drauf und ließen uns ziehen - immer hin und her, und das drei-, viermal die Woche, bis Vater der Meinung war, der Samen sei genug eingedrückt. Das war sehr wichtig, denn nur so konnte er genügend Feuchtigkeit vom Boden aufnehmen. Dann warteten wir auf ein Wunder: Irgendwann musste es doch regnen! Aber es fiel kein einziger Tropfen. Nur ein paar vereinzelte Pflanzen sind raus gekommen.

Was wurde aber jetzt aus meinem Mantel? Eines Tages kam Vater mit einem Stück Stoff nach Hause, das ihm angeblich Zia Nuccia geschenkt hatte. Er ließ sich daraus einen Anzug nähen. Vom Rest machte mir meine Mutter eine kurze Hose, die ich nicht anziehen wollte (mit zehn Jahren hatte ich die Beine schon voller Haare). Aus meinem Mantel und der Uhr war wieder nichts geworden.

### „Besame mucho"

Hinter dem Dom wohnte eine „schlechte" Frau. Ich stellte aber fest, sie war nicht schlecht, sondern nur dumm. Wir waren alle solche geilen Böcke, die jeden Tag nur eines im Kopf hatten. Wie konnten wir es nur anstellen endlich zu einer Frau zu kommen. Mit den Mädels unseres Alters durften wir noch nicht mal sprechen oder spielen. Das einzige, was uns blieb, war, sich unter der Treppe zu verstecken und zu warten, dass irgendeine Frau zu Besuch kam. Dann konnten wir unter die Röcke sehen und unserer Fantasie freien Lauf lassen. Aber damit wollten wir uns nicht mehr zufrieden geben. Als wir hörten, diese Frau machte alles für Geld, konnte uns nichts mehr halten. Was für eine Vorstellung, dass wir mit dieser Frau alles machen dürften wenn, - ja wenn sie uns überhaupt rein ließ!

Aber wir hatten Glück. Ich war überrascht und dann geschockt: Es war unglaublich schmutzig. Da war es ja sogar bei meiner Mutter noch sauberer! Aber egal. Wir waren endlich drinnen und die fing an mit uns zu tanzen. Sie sang das Lied „Besame mucho"! Wir wurden immer lauter vor Übermut. Da hörten wir plötzlich Geschrei von draußen. Ein Nachbar machte so ein Theater, dass wir Angst bekamen und weggerannt sind. Aber der Mann hat mich erkannt, weil ich so groß war – und verriet mich bei meinem Vater. Der wollte die Namen der anderen wissen und hat mir mit dem Tod gedroht. Ich wusste, wie brutal er sein konnte und habe meine Freunde verraten.

Die Burg von Butera

### GRUPPEN-FANTASTEREIEN

Dann hat er Anzeige wegen Verführung Minderjähriger erstattet und wir Jungs haben meinen Vater mehr denn je verflucht. Wir setzten uns immer auf den „Belvedere", die Aussichtsterrasse, denn von dort konnte man bis zu 300 Kilometer weit sehen: das Meer, alle Dörfer und den Ätna, der immer rauchte. Diese Aussicht war für uns überhaupt nichts Besonderes! Wir konnten auch den Zug sehen, der durch unseren Bahnhof fuhr, aber nicht hören, denn er war zu weit weg. Da haben wir also gesessen und meinem Vater den Tod gewünscht. Durch Ertrinken, den Zug oder ein Erdbeben. Der Vulkan war nicht weit weg und da sollte er in der Lava schmoren, mein Vater. Aber unsere Wünsche sind nicht erhört worden. Die Frau ist nach Caltanissetta gezogen und wir waren traurig: Wir waren schließlich schon zehn Jahre und voller Männlichkeit. Jeden Tag malten wir uns aus, wie es sein würde erwachsen zu sein. In unserer Fantasie waren die Frauen alle willig und hatten so große Busen, dass im Dorf die Leute vor Neid erblassten. Unsere Frauen sollten immer Gürtel tragen, damit man die Brust genauestens sehen kann. Mit solchen Träumereien konnten wir Stunden verbringen. Der „Belvedere" wurde mit der Zeit unser heiligster Treffpunkt.

### Kriegspiele und Gottesdienst

Butera hat auch ein Schloss, das die Normannen erbaut haben. Es war damals noch bewohnt. Vor ihm stand eine schöne Palme, mindestens 100 Jahre alt, in die wir immer Nägel reingekloppt haben, weil sie uns im Weg stand. Wir führten Krieg gegen ein anderes Viertel, es wurden richtige Kämpfe ausgetragen. Unsere Waffen waren Agavenspitzen, die sind sehr gefährlich und Pfeil und Bogen, selbst hergestellt aus alten Schirmen und natürlich jede Menge Steine. Einmal waren bei so einer Schlacht mindestens 500 Kinder beteiligt. Ich habe mit einem Pfeil auf den Feind geschossen und wen traf ich? Ausgerechnet meinen Freund Vito! Er hat heute noch ein - unfreiwilliges - Loch in seinem linken Ohr.

Auf dem Platz vor dem Schloss steht auch eine Kirche, San Francesco. Dort durfte ich jeden Tag morgens um 5 Uhr Messdiener sein und die Glocken läuten, sonntags sogar stündlich. Im Läuten habe ich keine Konkurrenz geduldet, es war mir eine Ehre. Und ab und zu konnte ich Geld aus der Kollekte klauen, bevor der Priester es zählte.

Zu Ostern wird eine Statue der Muttergottes von dieser Kirche aus durch das Dorf bis zur Piazza getragen. In jeder Kirche, an der die Prozession vorbeikommt, läuten die Glocken. Ich bin immer voraus gerannt, um zuerst bei der nächsten Kirche zu sein. Und davon gibt es in Butera immerhin neun! Einmal war der Glockenturm der Marienkirche schon besetzt. Ein Kumpel und ich haben unsere Schleudern rausgeholt - die hatten wir in Kriegszeiten immer dabei -, und geschossen. Ich habe zum Glück nicht getroffen, aber der andere, der im Grunde nicht so gut wie ich schießen konnte, hat den Jungen, der oben die Glocken läutete, am rechten Auge erwischt. Seitdem hat der ein Glas-

Das mittelalterliche Butera

auge. Der Vater von meinem Kumpel musste die Prozesskosten und alle Operationen bezahlen. Ich hatte Glück gehabt: Normalerweise wäre es mein Schuss gewesen.

### Verunglückte Taubenjagd

Ich hatte einen ganz schönen Schrecken bekommen, aber die Schießerei konnte ich trotzdem nicht sein lassen. Eines Tages kam ich am Rathaus vorbei und sah eine Taube vor einem Fenster. Ich holte meine Schleuder raus und schoss drauflos. Leider habe ich nicht nur die Taube, sondern auch die Scheibe getroffen. Was ich nicht wusste: Im Erdgeschoss hatte die Polizei so eine Art Wache und dort saß ein Dorfpolizist. Dem fielen nun die Scherben samt Taube auf den Kopf. Er versteckte die Taube und war schneller als ich bei mir zu Hause. Der miese Kerl wusste, dass ich es gewesen war – im Dorf hatte sich mittlerweile herumgesprochen, nur ich wäre imstande eine Taube zu treffen. Ich kam also heim und da sitzt dieser fette Dorfpolizist mit meiner Mutter bei einem Glas Wein. Sie fing sofort an alle Heiligen zu fragen, warum sie einen so degenerierten Sohn habe. Als der Polizist meine Schleuder beschlagnahmen wollte, sagte ich, ich hätte keine. Die Pumphosen waren gerade modern und darin hatte ich meine Waffe versteckt. Leider hat sie der Polizist trotzdem gefunden. Später hat mir sein Sohn Ettore verraten, dass er die Taube gegessen hat. Mein Vater musste die Scheibe bezahlen und ich bin eine ganze Woche jeden Tag verhauen worden.

### Die Familie des Dorfpolizisten

Mit Ettore habe ich mich bald angefreundet und bin sehr oft bei ihm im Schloss gewesen. Er war in meinem Alter und hatte eine Krankheit, durch die er seine Haare verlor.

Im Schloss war auch das Dorfgefängnis untergebracht. Ettores Mutter war die Wärterin. Ihre 13 Schwestern hatten alle nationale Namen: Italia, Sicilia, Piemonte und so weiter – eine hieß sogar Milano! Die Mutter von Ettore gab uns zu essen: Fleisch! Das war für mich ein Festtag, ich hatte schon über drei Jahre keines gegessen. Später wurde mir klar, das Fleisch, das wir aßen, war eigentlich für die Gefangenen gedacht. Aber bevor die Mutter den Gefangenen das Essen durch ein Loch im Boden runterreichte, suchte sie die Fleischbrocken heraus.

Am liebsten hätte ich immer dort gegessen! Aber als meine Mutter das merkte, verbot sie mir den Umgang mit Ettore. Sie sagte: „Mit solchen Leuten wollen wir nichts zu tun haben!“ Ich konnte das nicht verstehen und bohrte weiter. Warum sollte dieser Umgang so schlecht sein? „Weil die Frau nicht aus Butera ist und obendrein arbeitet. Die kann ja noch nicht mal unseren Dialekt sprechen!", hieß es. Ihrer Meinung nach mussten solche Leute schlecht sein – das heißt, die Männer waren dumm und die Frauen unanständig.

Das weckte in mir die Hoffnung, diese Frauen und Mädchen, die nicht aus unserem Dorf kamen oder stammten, würden mit mir ins Bett gehen. Wie gesagt, ab dem achten Lebensjahr hatte ich nur das Eine im Kopf. Ich fing an, meinen Freunden davon zu erzählen, was die Mädchen mit mir alles tun und taten. Ich erzählte, die Italia sei die Beste und Erfahrenste im Bett und die Sicilia würde immer weiße Unterwäsche tragen, die sie, wenn sie mich sah, sofort auszog. Da war ich bei meinen Freunden der King. Leider haben sich meine Geschichten aber zu weit herumgesprochen. Dieser verdammte Polizist kam wieder zu uns nach Hause und das Theater fing von vorne an. Meine Mutter drohte mir, mich ins Gefängnis zu stecken. Da habe ich meine Geschichten schnellstens eingestellt, denn in dieses traurige Loch wollte ich auf keinen Fall. Dort hatte sich gerade ein Mann erhängt, den man erst nach vier Tagen gefunden hatte. Die Wärterin – also die Mutter meines Freundes – hatte es nicht bemerkt, obwohl sie jeden Tag das Essen runtergelassen hatte. Nach diesem Vorfall musste die Familie ausziehen. Das Schloss blieb seitdem geschlossen.

In dieser Zeit ist einer meiner besten Freunde, der Giovannino, nach Alessandria im Piemont ausgewandert. Unsere Fantasie ging nun völlig mit uns durch, weil wir hörten, die Mädchen in Norditalien gingen mit den Jungen zusammen in die Schule. Man durfte dort Freundinnen haben, ohne gleich verkloppt oder sogar erschossen zu werden, wie es in Sizilien Sitte war.

Ich habe mich in ein Mädchen verliebt, die Marina. Sie wohnte in unserer Straße und war mit meiner Schwester befreundet. Die Marina hatte sehr schöne Beine und ich naiver Junge sagte es ihr. Sie ist auf der Stelle heim gerannt und hat es ihrer Mutter erzählt. Hätte ich bloß nichts gesagt! Denn bald darauf kam die Mutter zu uns um sich zu beschweren. Jetzt verprügelten sie mich beide: Meine Mutter hat mich wie immer gepetzt auf Teufel komm raus und Marinas Mutter stellte sich auf eine Stufe, befahl mir still zu stehen und scheuerte mir so viele Backpfeifen, dass ich sie nicht mehr zählen konnte. Der Umgang mit der Marina wurde mir untersagt. Wenn sie meine Schwester besuchen kam, musste ich rausgehen. Eines Abends sah mich Marinas Vater im Dorf. Er rief mich beiseite und ohne mich vorzuwarnen, fing er an auf mich einzuschlagen. Das war nicht so einfach für ihn, weil er kaum an mich heranreichte. Ich solle bloß stehen bleiben, rief er! Ich merkte, wie klein er war. Endlich nutzte mir meine Größe! Nachher bin ich von meinen Freunden bewundert worden, weil der Mann nur zweimal mein Gesicht traf. Irgendjemand muss meinen Vater von der Piazza geholt haben. Denn da kam er schon vor Wut schnaubend. Ich wusste sofort, was mich erwartete - von wegen mich „verteidigen", wie einer von meinen Freunden glaubte! Er schnappte mich mit seinen 1,74 m und verkloppte mich vor den Leuten und meinen Freunden. Dabei schrie er, ich könnte unmöglich sein Sohn sein, dumm wie ich war. Von diesem Tag an habe ich immer einen Bogen um die Mädchen gemacht.

### Ich zeige, was ich kann

In der folgenden Nacht glaubte ich zu träumen. Um 3 Uhr weckte mich mein Vater. Ich sollte mit zu den Weinbergen kommen, die Reben müssten gepfropft werden. Er ging runter in den Stall, um die Ziege fürs Frühstück zu melken (in dieser Zeit konnte ich sie meinen Freunden leider nicht zur Verfügung stellen!). Meine Mutter war aufgestanden, ich dachte schon, um mich weiter zu verkloppen. Aber sie machte nur ihren berühmten falschen Kaffee: in der Bratpfanne geröstete Gerste mit Milch. Darein haben wir Brot gebröckelt. Nach dem Frühstück haben wir das Muli beladen. Vater ging los einen Nachbarn holen, der was vom Pfropfen verstand. Von allem, was Geschicklichkeit erforderte, ließ mein Vater lieber die Finger. Er konnte mit der Hacke und dem Muli umgehen, ansonsten hatte er zwei linke Hände.

Eigentlich war es meine Aufgabe die Tagelöhner zu wecken. Aber beim Pfropfen war es anders: Wer das konnte, wurde bei uns wie ein König behandelt. Da tauchte er mit Marinas Vater auf! Ich dachte, diesen Tag überlebe ich nicht. Sobald es mir gefährlich erschien, wollte ich nach Alessandria, zum Giovannino abhauen, wo die Leute freundlicher waren.

Der Weinberg liegt gegenüber von unserem Dorf. Wir nannten ihn „Strada". Ich habe den Weg dorthin immer gehasst, denn er war so steil, dass das Muli kaum hoch kam. Meinem Vater machte das nichts aus - er saß immer gemütlich im Sattel. Aber ich, ich musste hinterherlaufen. Manchmal habe ich mich an den Schwanz vom Muli gehängt und mich ein bisschen ziehen lassen. Aber diesmal blieb keine Zeit dafür. Ich musste bei fremden Leuten Zweige von den Weinreben klauen, die Marinas Vater aufpfropfen wollte. Er sagte mir immer, welche ich schneiden sollte und ich habe es sofort getan, aus Angst vor Schlägen. Am Weinberg angekommen, nahm ich mir vor, unserem Tagelöhner genau auf die Finger zu sehen und ihm sein Handwerk abzuschauen – das sollte meine Rache sein!

Ich habe den Tag ohne Blessuren überstanden. Am Abend waren 200 Reben gepfropft. Ich fand das nicht sehr viel und sagte meinem Vater, er brauche den Mann nicht mehr zu bestellen: „Ich weiß, wie es gemacht wird." Und – oh Wunder! – er hat sich überzeugen lassen. Am nächsten Tag gingen ich und mein Vater allein auf den Weinberg und ich schaffte 280 Reben! Mein Vater blieb trotzdem skeptisch. Er wiederholte: „Was zählt, ist das Ergebnis!"

Es kam erst zum Frühjahr. Von meinen 280 Reben kamen 250 raus – bei Marinas Vater waren es nur etwas mehr als die Hälfte. Obendrein waren bei ihm viele Trauben blau statt weiß oder umgekehrt. Mein größter Triumph war aber, meine ergaben viel mehr Most als seine. Es waren fast nur Tafeltrauben. Was habe ich mir da ins Fäustchen gelacht!

Nicht weit von den Weinbergen hatten wir etwa sechs Hektar Land mit Mandel- und Olivenbäumen. Im Winter brachten wir die Mulis immer zum Grasen dorthin. Das tat ihnen gut – sie sahen so gesund aus. Wir sind also diesen Berg hoch, mein Vater auf dem Muli und ich müde hinterher. Um etwas zu verschnaufen, hängte ich mich an den Schwanz und ließ mich ein bisschen ziehen. Da kam mir plötzlich ein Geschoss von flüssigem Mist entgegen! Die Mulis waren in der Graszeit nicht nur schön dick, sie hatten auch immer Durchfall. Es traf mich voll ins Gesicht, so dass ich nichts mehr sehen konnte. Ich wollte zurücklaufen, aber mein Vater meinte nur, das sei gesund, ich solle mich nicht so anstellen. Wir blieben den ganzen Tag auf diesem verdammten Stück Land und haben die Sojabohnen vom Unkraut befreit.

In der Nähe stand ein ziemlich heruntergekommenes Haus. Es gehörte einem Schuster, der den Spitznamen „Spadda-pipi"[16] hatte. Er hieß so, weil er immer rannte. Vor seinem Haus war ein Loch, bestimmt fünf Meter tief und nicht mehr als drei Meter breit. Darin hatte der Schuster Schweine, denen er die Augen ausgestochen hatte. Die armen Viecher hatten keine Bewegung, weshalb sie sehr fett wurden. Sie sahen mehr wie Kühe aus als wie Schweine! Mein Vater erzählte mir, der Schuster käme nur alle drei Tage um sie zu füttern. In diesem Loch sah es fürchterlich aus, denn der Kerl schmiss nur das das Futter rein, aber sauber machen tat er nie. Diese blinden Schweine taten mir schon etwas Leid. Aber dafür duftete es in der Schusterei nach Schweinefleisch. Das machte mich richtig neidisch, denn das gab es bei uns nie zu essen. Immer, wenn ich fragte, warum wir nicht auch Schweine wie der Schuster halten würden, damit wir auch Fleisch essen können, erklärte mein Vater: „Das ist bei uns im Dorf nicht üblich, dass ein Bauer Schweine züchtet." Der Mann solle sich lieber um seine Felder kümmern.

Meine Ideen waren immer zum Scheitern verurteilt. Damals war ich elf Jahre alt: zum Denken zu jung und nach Vaters Ansicht zu alt fürs Lernen. Nur zum Arbeiten war ich gut genug. Von diesem Jahr an durfte ich nicht mehr in die Schule.

### Was ich damals über Deutschland wusste

Ich hörte, in Deutschland werden Arbeiter gesucht. Auch die Italiener, die in Belgien waren, siedelten über. Bei uns wusste keiner, wo Deutschland sein sollte. Wir hatten nur gehört, die Deutschen wären sehr dumm. Im Krieg waren sie nämlich von den Buteresern reingelegt worden.

Unser Dorf liegt fast 500 m über dem Meeresspiegel, aber nicht weiter als 5 Kilometer Luftlinie vom Meer. Im Krieg kamen die Amerikaner mit vielen Schiffen und schossen auf Butera. Die Deutschen, die unser Dorf besetzt hatten, schossen zurück, auch noch als die Amerikaner Feuer gaben. Da ist die italienische Armee ist zurückgerufen worden. Sie schickte mit Absicht falsche Munition nach Butera, so dass die Deutschen die Front nicht mehr halten konnten. Nach drei Tagen soll der Priester, den ich nicht leiden kann, mit einer weißen Fahne zum Strand gelaufen sein. Er übergab unser Dorf den Amerikanern. Die Lager der Faschisten wurden aufgebrochen und die Bevölkerung befreit. So hatten sich die Deutschen bei uns den Ruf eingehandelt dumm zu sein.

### Die ersten Auswanderer Richtung Deutschland

Im Jahr 1957 sind die ersten Leute ohne Pass nach Deutschland ausgewandert um ihr Glück zu versuchen. Über die Grenzen durften die Italiener nicht so ohne weiteres. Von einer Gruppe, die es trotzdem gewagt hatte, hörten wir, einer war von den italienischen Zöllnern erschossen worden, drei waren vermisst und drei Männer waren mit viel Glück wieder heimgekommen. Im Jahr darauf konnte man mit dem italienischen Ausweis für drei Monate als Tourist nach Deutschland einreisen. Von da an fuhren jeden Morgen Leute weg – um vier Uhr, mit dem einzigen Bus von Butera nach Gela. Von dort ging es weiter nach

Blick in die sizilianische Landschaft

Catania. Deutschland, das musste das Paradies sein. Auch ich träumte davon, fortzugehen und nicht mehr so hart arbeiten zu müssen.

Die Dürre verschlimmerte unsere Situation noch. In den Jahren 1958, 1959 und 1960 hat es nicht geregnet. Mein Vater musste immer mehr Schulden machen. In Butera kaufte uns der Händler die Ernte schon im Voraus ab. Und auf der Bank in Gela lagen auf unserem gesamten Besitz Hypotheken.

Es war ein Teufelskreis, nicht nur für uns. Immer mehr Leute sind nach Deutschland gegangen. Wer Arbeit fand, bekam seine Aufenthaltserlaubnis verlängert.

Die Landreform kam. Da wir „reiche" Leute waren, bekamen wir nichts zugeteilt. Damals wurden die Großgrundbesitzer enteignet und ihr Besitz ging hektarweise an die einzelnen Leute. Viele Tagelöhner wurden über Nacht reich und wollten sich nicht mehr mit dem zufrieden geben, was sie bisher zum Leben hatten. Sie jammerten, sie bräuchten Häuser - mit Erfolg, denn der Staat baute ihnen welche. Jede Familie erhielt 100 qm Wohnfläche und jeder Bauer ein Muli.

Wir pachteten zwei Hektar Land zu einem sehr niedrigen Preis, aber dafür mussten wir etwa fünf Stunden bis nach „Urbazzi" laufen. Manche Felder waren bis zu 30 km vom Dorf entfernt.

## Rattenjagd

Eines Morgens brachen wir für eine Woche nach Urbazzi auf. Schon um 2 Uhr nachts sind wir losgezogen, das Muli voll beladen, mein Vater oben drauf und ich hinterher – wir marschierten sechs Stunden. Dort angekommen, ging's gleich an die Arbeit. Bis zum Sonnenuntergang blieben wir auf dem Feld.

Wir übernachteten in einer riesigen Scheune, „cascina" genannt, die um 1800 erbaut worden war. Dort versammelten sich abends alle Bauern der Gegend zum Schlafen. Es ging zu wie vor tausend Jahren! Wenn die Mulis mit Stroh versorgt waren, wurde gekocht – in einem großen Kochtopf, der mindestens 100 Jahre alt war. Er war ganz verbeult und vor allem schmutzig, weil nach dem Essen keiner Lust hatte, abzuwaschen. Jeder, auch wir, hatte ein bisschen Wildgemüse mitgebracht, das nun in den Topf kam. Manche Leute hatten auch Teller und Besteck dabei. Ein alter Mann war fürs Kochen zuständig. Ich sah, er wusch das Gemüse nicht und fragte ihn, warum er das nicht tat. Da bin ich ausgelacht worden. Wie ein Idiot kam ich mir vor. Mein armer Vater wurde bedauert einen so blöden Sohn zu haben.

Anstatt mit Löffeln haben wir mit Kakteenblättern von Kaktusfeigen gegessen. Die Dornen hatten wir vorher entfernt. Mein Vater und ich aßen zusammen aus einem Eimer. Ich, als der Jüngere, musste warten, bis mein Vater fertig gegessen hatte. Dann erst durfte ich ran. Der Rest, der für mich übrig blieb, war meistens klein. Brühe war so gut wie keine mehr da und unten im Eimer war alles voller Sand. Mein Vater erklärte mir, er brauche das viele Essen, weil er hart arbeiten musste. Ich war der Meinung, dass ich fleißiger war als er, aber sagen durfte ich das nicht, sonst hätte er mich erschossen! Seine Flinte hatte er immer dabei und ich hatte das Gefühl, er machte seine Drohungen eines Tages wahr. Ich habe lieber meinen Mund gehalten.

Nach dem Essen wurden Geschichten erzählt. Ich fand sie sehr langweilig, es waren immer die gleichen. Sie handelten davon, wie schlau und vor allem wie reich die Leute von Butera sind. Immer wieder wurde betont, wie groß unsere Gemeinde ist. Aber den Topf wollte keiner waschen und davon abgesehen gab es auch kein Wasser. So ging es die ganze Woche bis Freitagabend. Der Topf wurde immer schmutziger und schwärzer, denn wir kochten ja mit Holzzweigen und Stroh.

Wenn die Leute genug geredet hatten, gingen wir in eine große Halle. Sie war mindestens 300 Jahre alt und voller Ratten und Ungeziefer. Den Bauern machte das nichts aus. Sie legten sich auf den Boden, die meisten nur mit einer Jacke zugedeckt, und schliefen ein.

Aber ich machte kein Auge zu - aus Angst vor den Ratten. Die Mistviecher waren überall. Und eines Nachts ist eine unter meine Jacke gekrochen! Ich fing an zu schreien, so dass alle wach wurden. Hätte ich das nur nicht gemacht! Es hat sehr lange gedauert, bis die Öl-Lampions angezündet waren, denn wir hatten nur solche Tonschalen, wie die Römer sie hatten: Da kippte man Olivenöl rein und es dauerte sehr lange, bis der Docht angezündet war, etwa fünf Minuten. Dann konnten wir sehen, wie die Ratten weghuschten. Unter meiner Jacke kam ein so großes Vieh heraus, dass ich dachte, es sei ein Karnickel! Ein alter Mann tröstete mich - ich sollte keine Angst haben: „Die tun nichts!" Ihm sei einmal sogar eine Ratte in den Mund gekrabbelt und hätte ihn trotzdem nicht gebissen. Ich fand das nicht sehr ermutigend. Mein Vater erklärte dem Mann, bei seinem Sohn wären Hopfen und Malz verloren. Zu mir sagte er, diese Vornehmtuerei würde er mir noch austreiben und ich würde es noch bitter bereuen. Ich befürchtete, es würde wieder Prügel geben. Die Leute schliefen nachts nicht mehr und ich hatte mit dem Theater angefangen. Alles war wieder meine Schuld.

In derselben Nacht riss mich ein gewaltiger Knall aus dem Schlaf. Einen Augenblick lang erwartete ich meinen Tod - ich dachte: „So, jetzt hast du den Salat, er hat dich erschossen!" Aber ich starb nicht. Ich guckte unter meinem Jäckchen hervor und sah meinen Vater mit seiner Flinte in der Hand. Sie qualmte noch, aber er zielte nicht nach mir. Da ist mir ein Stein vom Herzen gefallen. „Schlaf jetzt! Wir beide rechnen morgen ab!", sagte er. Mein Vater hatte eine Ratte erschossen. Er war sehr stolz und ist von allen bewundert worden. Nur ich hatte genug von seinen Geschichten, meine Wut auf ihn wurde immer größer.

Am Morgen sind wir wieder zu unserem Stück Land losgezogen. Wir hatten uns nicht gewaschen, denn es gab wie gesagt kein Wasser. Und Zähneputzen, das kannten wir noch nicht mal! Später sind wir an einem Bach vorbeigekommen. Jetzt zeigte mir mein Vater, wie gepflegt er war. Er wusch sich sein Gesicht mit dem kalten Wasser - dazu konnte ich mich nie überwinden. Auf dem Feld angekommen, machten wir uns an die Arbeit. Ich wartete noch immer darauf, dass er mich umbringt. Aber nichts passierte, nur gesprochen hat mein Vater kaum mit mir.

Ich habe ihn trotzdem weiter provoziert. Ich tönte groß, dass ich von Butera auswandern wollte, nach Alessandria zu meinem Freund Giovannino. Dort müsste man nicht so schwer arbeiten und verdiene sogar mehr. Mein Vater gab fast den ganzen Tag nur ein Wörtchen von sich: „Ja." Ich steigerte mich immer mehr in meine Pläne hinein endlich von Butera wegzukommen. Irgendwann reichte es ihm. Ich sollte meinen Mund halten. Ich sah zur Sonne hinauf, es war etwa 14 Uhr. Er schickte mich die Ziege holen, fürs Mittagessen. Ich habe dem Muli den Eimer weggenommen, ihn etwas mit der Hand sauber gemacht und damit die Ziege gemolken. Unser hartes Brot - es musste für fünf Tage reichen - tunkten wir zu Mittag in die Milch. Ganz plötzlich, wie aus heiterem Himmel, schnappte mich mein Vater und begann auf mich einzuschlagen. Sein ganzer Ärger kam hoch: der Fall mit den Ratten - er sagte, ich hätte ihn blamiert -, die Sache mit dem Auswandern und so weiter. Er hat mich so lange verkloppt, bis mir das Blut aus dem Ohr zu fließen begann. Da hörte er auf und ließ mich ein bisschen von der Milch essen.

Wieder zurück in Butera war auch Mama der Meinung, alles wäre meine Schuld. Wenn ich meinen Vater so ärgerte, sollte ich mich nicht wundern. Am besten sei es so zu tun als wäre nichts, dann hätte man seine Ruhe vor ihm. Aber sie bekam auch Ärger. Mamas Hühner spazierten auf dem Tisch und dem Bett herum. Mein Vater bekam noch einen Tobsuchtsanfall, schnappte zwei Hühner und schleuderte sie aus dem Fenster raus. Dann bemerkte er unseren Kater, der ausgerechnet an diesem Tag im Haus war. Auch ihn schleuderte auf das Dach gegenüber. Es sei nicht zum Aushalten, wie schmutzig meine Mutter wäre. Er hätte sie nur geheiratet, weil sie die Ländereien gehabt hätte. Sie sollte sich ein Beispiel an Zia Nuccia nehmen, die wäre sauber. Und nun wolle er sofort was zu essen haben, damit er endlich unter normale Menschen käme. Nach 20 Minuten stand er da wie aus dem Ei gepellt - und weg war er zu seinem Maresciallo.

Am nächsten Tag - es war Sonntag - ging er wie immer in die Kirche. Aber nicht um zu beten, sondern um sich die Frauen anzuschauen, wie ich mittlerweile wusste. Später sah ich ihn mit dem Maresciallo auf der Piazza, wo ich sonntags spielen durfte. Der Maresciallo weinte und mein Vater tröstete ihn. Ich bin auch hin gelaufen um zu erfahren, was los ist. Der Kater vom Maresciallo war gestorben. Ich dachte mir nur: „So ein Schwein!" Unseren Kater hatte er so brutal aus der Tür geschleudert, dass sich das Tier ein Bein brach. Aber bei seinen Freunden spielte er den Tierfreund. Ich bin sofort nach Hause gerannt und erzählte meiner Mutter davon. Da hat sie mich wieder in den linken Arm gepetzt und gesagt, ich solle mich nicht immer in alles einmischen. Sie hätte genug von meinen Geschichten.

Wenn Mama Brot backte, hat sie manchmal gleichzeitig Tomaten getrocknet. Die wurden in der Mitte durchgeschnitten und an der Sonne drei oder vier Tage getrocknet, bis der gesamte Saft weg war, dann mit Knoblauch in einen Tonbehälter gelegt und mit Olivenöl bedeckt.

Oder sie verbrannte Mandelschalen um daraus Kohle zu gewinnen. Im Haus sah es aus wie im Stall. Zuerst wurden die getrockneten Schalen im Backofen zum Brotbacken verfeuert. Die Kohle, die daraus entstand, hat sie im Winter in kleinen Kupfereimern zum Glühen gebracht. Das war unsere „Heizung", an der wir uns die Hände wärmten. Die Frauen stellten sich diesen Behälter sogar unter die Röcke. Meine Mutter machte immer so viel von dieser Kohle, dass sie im Winter einen Teil davon verkaufen konnte. Bei den Eiern war es genauso – wir aßen kaum welche zu Hause. Manchmal habe ich darum ein paar gestohlen. Meine Mutter sagte immer, Leute, die arbeiten, brauchen Eier und Vitamine. Ich konnte das nicht verstehen: Mein Vater und ich, wir arbeiteten doch schwer! Der wirkliche Grund dafür, dass sie sie verkaufte, war: Wir waren arm. Aber das hätte Mama nie zugegeben und ich hätte es wahrscheinlich auch nicht hören wollen.

### AG DER FREUDENHÄUSER

Als ich 13 Jahre alt war, fing ich an mir ältere Freunde zuzulegen – mit den gleichaltrigen Kindern schämte ich mich. Sie waren alle so klein, dass die Leute mich auslachten. Mein Freund, Enzo, ein Schäfer, war mindestens 15 Jahre älter als ich.

Wie jedes Jahr musste ich die Erbsen bewachen, diesmal auf einem Stück Land, wo sehr viele Johannisbrotbäume wachsen. Ich saß unter einem dieser riesigen Bäume und ruhte mich etwas aus. Im Dorf hieß es, das sei lebensgefährlich, weil die Bäume so viel Sauerstoff verbrauchten, dass man ersticken konnte. Zum Glück kam der Schäfer vorbei und rettete mich. Wir setzten uns unter einen Granatapfelbaum. Der Enzo erzählte mir, im nächsten Monat würden die Freudenhäuser geschlossen. Darum wolle er unbedingt noch mal zu einer Frau. Ich fragte, ob er mich dahin mitnehmen könnte und sagte, ich sei schon 17 Jahre alt. Beweisen konnte ich es nicht, weil ich keinen Ausweis hatte, aber Enzo versprach mir mich mitzunehmen. Ich konnte es kaum abwarten. Dann kam der lang ersehnte Tag. Wir stiegen auf seinen Esel – er vorn und ich hinten – und los ging's nach Gela. Das waren immerhin 23 Kilometer! Vor dem Puff angekommen, band Enzo den Esel an und erklärte mir seinen Plan: Er würde der Frau seinen Pass zeigen und ihn mir dann heimlich hinterreichen. So sind wir rein. Als ich den Ausweis zwischen die Finger bekam, hielt ich ihn gleich hoch und die Matrone ließ mich durch. Ich hatte sie mir anders vorgestellt: Die Frau war unglaublich dick, voller Krem und Lippenstift und trug so viel Gold, wie ich es noch nie an einem Menschen gesehen hatte.

Aber es gab auch andere Frauen. Im Bikini! Ich traute meinen Augen nicht - so was sah ich zum ersten Mal. Ich muss sehr rot geworden sein. Vor Verlegenheit konnte ich mich nicht mehr bewegen. Ich beobachtete, wie der Enzo mit einer Frau weggegangen ist. Genau so wollte ich vorgehen, und zwar möglichst unauffällig. Aber das war schwierig. Wie immer ragte ich wie eine Giraffe heraus. Und tatsächlich hörte ich eine weibliche Stimme rufen: „Ei, du, Giraffe!" Ich drehte mich um und wurde noch röter. Zu meinem Schrecken wollte sie meinen Ausweis noch mal sehen. Den aber hatte ich Enzo zurückgegeben, der jetzt anderes im Kopf hatte als mir zu helfen. Da rief die Matrona, ich sollte machen, dass ich rauskomme und nach Hause, zu meiner Mama gehen. Sie schrie das so laut, dass die Leute sich umdrehten und mich anglotzten, als ob ich die Pest hätte!

Ich lief raus zum Esel und habe gewartet, bis Enzo kam. Der machte mich noch verrückter, denn er erzählte mir detailliert, was er erlebt hatte. Ich habe ihn gebeten, im Dorf nichts von meiner Niederlage zu erzählen. Ich wollte doch bei den Erwachsenen mitreden. Alles, was ich vom Enzo wusste, habe ich auf mich umgedichtet. Viele haben das sogar geglaubt. Ich weiß nicht, ob mein Vater davon erfahren hat, denn gesagt hat er nie etwas davon.

### Hänseleien

Mir war nie aufgefallen, dass meine Mutter mittlerweile einen schlimmen Schnurrbart hatte. Erst im November bei der Olivenernte habe ich das bemerkt. Die anderen Kinder - alle mindestens 20 cm kleiner als ich - haben mich laufend damit aufgezogen: Bei welchem Friseur meine Mutter sich den Bart schneiden lässt, oder ob der Friseur zu uns kommt - solche Sprüche halt. Da habe ich meine Mutter genauestens betrachtet und musste feststellen, die Kinder hatten Recht. Von da an schämte ich mich noch viel mehr und habe sogar meinen Vater verstanden: Die Zia Nuccia hatte keinen Schnurrbart.

Kurz vor seinem Tod, hatte der Maresciallo das Zimmermädchen geheiratet. Er wollte den Sohn und die Nuccia gut versorgt wissen. Nun redeten die Leute endlich nicht mehr über meinen Vater und meinen so genannten Bruder. Gleich nach dem Tod ihres Mannes ist Zia Nuccia nach Gela gezogen. Sie wollte nicht, dass sich die Leute den Mund zerreißen. Und so ging die Freundschaft zwischen Tante Nuccia und meinem Vater auseinander. Die Leute fanden, die Tante hätte ein große Karriere gemacht: vom Zimmermädchen zur Signora.

### Nachrichten

Fast jeden Sonntag kam Totò Caruso, der Geschichtenerzähler in unser Dorf und postierte sich mit seinem Auto auf der Piazza: Auf einer großen Leinwand hatte er Mord- und Totschlaggeschichten gemalt. Meistens handelten sie von Eifersucht oder von armen Leuten, die den Reichen das Geld klauten und es an die Armen verteilten. Es endete immer mit dem Sieg der „Banditen". Besonders gern hatten wir die Geschichten von Giuliano. Er hatte im Krieg gegen die Faschisten gekämpft, beraubte die Bösen und beschenkte die Armen. Mit ihm identifizierten wir uns immer.

Ein Radio hatten wir nicht. Im ganzen Dorf gab es davon vielleicht zehn. Den einzigen Fernseher hatte der so genannte Großgrundbesitzer. Es gab aber ein Geschäft, das Radios und auch Fernseher verkaufte. Wir saßen oft vor diesem Laden und versuchten durch die Scheiben fernzusehen. Dem Besitzer gefiel das gar nicht. Er jagte uns immer weg.

### Ich komme zur Partei

Eines Tages sprach mich der alte Zio Bastianuzzo an: „Wenn du Freunde suchst, komm doch zu uns!" Da war ich sehr überrascht. Ich hatte immer gedacht, niemand interessierte sich für meine Probleme.

Ich verabredete mich mit ihm im Parteihaus von den Sozialisten. Aber ich sollte nicht nur Mitglied werden, sondern auch Jugendsekretär! Die Partei bräuchte mehr junge Leute. Damals gingen alle Jungs zu den Christdemokraten, weil Cucuzzedda, mein ungeliebter Priester, dort einen Billardtisch aufgestellt hatte. Das war das erste Mal, dass ich meinem Vater Geld gestohlen habe, genau 200 Lire. Er wollte mir den Beitritt nicht bezahlen. Meine Eltern tobten, als sie davon hörten: Sie glaubten, die Sozialisten wären vom Teufel besessen. Das sagte zumindest der Priester! Mir war das egal. Endlich hatte ich einen Platz gefunden. Jeden Abend nach der Arbeit saß ich im Parteihaus, allein mit den älteren Leuten. Ich fühlte mich sehr wohl dabei – endlich wurde ich nicht mehr gehänselt. Ich musste nur zusehen, dass ich Mitglieder beischaffte. Mama aber weinte und ließ mich oft bis tief in die Nacht nicht schlafen. Die Leute würden über mich reden. Aber damit nicht genug der

Schande. Ich hatte keine Freunde wie andere Kinder. Sie verstand einfach mein Problem nicht. Ich war unglaublich in die Höhe geschossen und dazu frühreif.

Es gefiel mir nicht mehr, wie diese kleinen Kinder rumspielten. Ich fühlte mich schon erwachsen. Aber meine Mutter hörte nur auf das, was die Leute - vielleicht aus Neid - über mich sagten. Dieser Kampf begann jeden Tag von neuem.

Eines Tages redete mir Zio Bastianuzzo ins Gewissen, ich sollte mindestens meine Grundschule abschließen. Dann hätte ich eine große Karriere vor mir. Ich bin dann in die Abendschule gegangen. Mein alter Rektor sagte mir voller Lob, wie gut ich wäre. Das motivierte mich so sehr, dass ich in einem Jahr zwei Klassen übersprungen habe. Als er mich ermutigte zu studieren, schaltete sich mein Vater ein: Er bräuchte einen, der zupacken kann und keinen Student.

### Was mein kleiner weisser Hund mit der Emigration zu tun hat

Damals habe ich einen kleinen Hund geschenkt bekommen. Er war gerade mal drei Tage alt und ganz weiß. Ich zog ihn mit unserer Ziegenmilch groß. Er wurde ein guter Jagdhund und brachte mir die Hasen, die er erwischte. Und treu war er auch. Jeden Abend holte er mich pünktlich um 23 Uhr im Parteihaus ab.

Meine Mutter machte es mir nicht leicht. Sie ist nie ins Bett, bevor ich heimkam. Da saß sie im Dunkeln hinterm Fenster und wartete. Wir besaßen ohnehin nur eine 25-Watt-Birne, und die machte Mama auch noch aus, weil das zu teuer würde. Das störte mich. In der Partei war ich endlich ein Erwachsener, nur zu Hause wurde ich wie ein Kind behandelt. Bei Vater machte sie sich keine Sorgen, obwohl der noch viel später heim kam.

Ich hatte viele neue Freunde gefunden, unter anderen Don Alfonso. Da er vom Kopf bis zu den Knien gelähmt war, suchte er jemanden, der seine Orangenplantage unten am Bach zweimal die Woche bewässerte. Ich sagte zu.

Als ich am ersten Abend von der Plantage heimkam, war mein Hund nicht da. Ich hatte ihn nicht mitgenommen, weil er immer rumjagen wollte, und Vater gebeten ein bisschen auf ihn aufzupassen. Nun war er weg.

Nach einem Monat habe ich dann erfahren, er hatte den Hund einem Bekannten geschenkt, damit sein Personalausweis den verdammten Ausreise-Stempel bekam. Er hätte mir nie geglaubt, dass meine Beziehungen bei der Provinzverwaltung dafür ausgereicht hätten.

Im Jahr 1957 ist mein Vater zum Jagdmeister ernannt worden. Das sollte noch viel Ärger geben. Bei uns ist die Jagd grundverschieden von der in Deutschland. Er bekam eine Armbinde, auf der ein Hase abgebildet war. Sein Auftrag bestand darin, jeden, den er mit einer Flinte sah, nach seinem Waffenschein zu fragen und darauf zu achten, dass außerhalb der Jagdzeit nicht geschossen wurde. Wenn es meinem Vater gelang jemanden zu erwischen, durfte er ihm das Gewehr abnehmen und es im Rathaus abliefern. Wenn er beim Prozess als Zeuge auftrat, bekam er jeweils einen Tag bezahlt, als Prämie. Zu dieser Zeit ging es uns etwas besser. Wir bekamen öfter Fleisch zu essen – Hasen und Geflügel wie Wachteln oder Tauben (großes Wild gibt es bei uns nicht). Viele Jäger versuchten nämlich meinen Vater zu bestechen – mit Hasen, aber auch mit Geld.

In Butera dauert die Jagdsaison vom 15.08. bis 15.10. Der Rest des Jahres ist Schonzeit. Aber die Jäger hielten sich nie daran. Sie fragten einfach meinen Vater, wo er am nächsten Tag arbeiten würde. Wenn mein Vater nach San Nicola ging, dann zogen die Leute auf die andere Seite des Dorfes und wir konnten sie dort rumballern hören. Eines Tages ist mein Vater aber doch der Knallerei nachgegangen. Er kam mit drei Flinten und mehr als 10 Hasen zum Rathaus. Unter den Waffen war auch eine so genannte Lupara. Sie sieht aus wie vorne abgesägt. Man sagt, die Mafia benutzt sie als Killer-Waffe und daher ist sie bei uns absolut verboten. Mein Vater bekam die vierfache Prämie ausgezahlt und von den Leuten jede Menge Drohungen. Beim Prozess wurden die Jäger zu sehr hohen Geldstrafen verurteilt. Ich weiß noch, einer von ihnen musste sogar sein Haus verkaufen um sie zahlen zu können.

Eines Tages – es war Sonntag – kam mein Vater mit unserem Muli vom Holzholen, als er einen Schuss auf der Straße hörte. Er lief sofort hin, immer mit dem Geld im Hinterkopf. Es stellte sich heraus, dass ein Junge von 14 Jahren mit einer Flinte herumgeschossen hatte, die obendrein defekt war. Mein Vater nahm dem Jungen die Waffe ab und brachte sie wie immer zum Gericht.

Es kam zum Prozess, nur dass diesmal die Familie des Jungen behauptete, mein Vater habe geschossen. Diese Leute sind sogar nach Caltanissetta vor Gericht gezogen. Mein Vater brauchte einen Anwalt und das wurde teuer. Er hat den besten von Caltanissetta aufgetrieben, den Avvocato[17] Spatafora. Der war auch Senator in Rom und hatte daher nicht so viel Zeit. Wenn mein Vater hinging um nach dem Stand der

Dinge zu fragen, bekam er die Antwort, alles sei perfekt. Mein Vater solle nur 100.000 Lire da lassen, damit der Prozess weitergeführt werden könne. Und somit brachte mein Vater mit schöner Regelmäßigkeit das Geld, das wir dringend gebraucht hätten, nach Caltanissetta. Von seiner Aufgabe als Jägermeister war er inzwischen suspendiert worden.

### Die Schulden wachsen uns über den Kopf

Den Prozess hat mein Vater gewonnen. Aber er war teuer erkauft – bei der Bank in Gela hatten wir einen Kredit mit 22% Zinsen aufgenommen. Der Bankdirektor drohte uns: „Das ist das letzte Mal, dass es Geld gibt!" Jetzt musste sich mein Vater das Geld privat leihen, bei Zio Rocco, einem Cousin meiner Mutter. Im Sommer konnten wir nicht mal die Zinsen zurückzahlen: Es hatte schon mehr als zwei Jahre nicht mehr geregnet.

Ungeheure Schulden hatten wir auch bei Don Basilio, dem Düngerlieferant – 800.000 Lire für Dünger und die vielen Pestizide für unsere 1500 Weinreben. Mein Vater hat im Sommer oft Geschenke gebracht, damit sich der Herr ruhig verhielt und ihm nicht jedes Mal, wenn er auf der Piazza Dante spazieren ging, „Luiciuzzo, vergiss mich nicht!", zurief. Denn das hatte der sich angewöhnt.

Ich konnte sehr gut verstehen, dass mein Vater sich darüber ärgerte. Trotzdem dachte ich oft an die Geschichte mit dem Stotterer und wünschte mir, dass sich die beiden auf der Piazza duellieren und beide verlieren würden: Dann wäre ich dieses Monstrum von Vater und die Schulden bei Don Basilio los gewesen. Hätte ich nicht durch Cucuzzedda eine gespaltene Beziehung zur Kirche gehabt, ich hätte sogar dafür gebetet. Der Pfarrer wurde immer fetter und ich war mittlerweile zu alt um mit Steinen nach ihm zu werfen.

### Wir Jungen haben unsere Träume

Wir Jungs waren damals sehr mit uns selbst beschäftigt. Mit gerade mal zehn Jahren waren wir mitten in der Pubertät. Wir hatten große Lust auf Frauen, wussten aber kein bisschen über Sexualität Bescheid. Niemand hatte sich die Mühe gemacht uns aufzuklären, was Männer und Frauen eigentlich zusammen taten.

Immerhin waren wir aus Butera. Die Mädchen aus Gela, so dachten wir, müssten sich die Finger nach uns lecken. Die Fantasie war so schlimm, dass wir beschlossen, einen Wettkampf im Masturbieren zu machen. Der Reihe nach sollte jeder eine aufregende Geschichte von den schönsten Mädchen erzählen. Wir waren etwa zehn Jungs und wollten einen ganzen Krug mit Sperma voll bekommen. Wir sind in die Grotte unter der Kirche gegangen und saßen im Kreis. Jeder erfand Geschichten von den Frauen, die er im Dorf gesehen hatte. Ob sie kurze oder lange Beine hatten, und wie ihr Mund oder ihre Brüste waren. Zwischendurch liefen wir immer wieder los um Frauen anzugucken, insgesamt zwölf Mal. Die Folgen von diesem Spiel waren katastrophal: Wir hatten uns sehr wehgetan. Einige konnten sich eine Woche nicht mehr anfassen.

Es liegt auf der Hand, dass wir Gela gegenüber sehr eingebildet waren. Alle Butereser - auch wir Kinder - glaubten wir wären nicht nur die schöneren, sondern auch die besseren Menschen.

Dafür hatten wir gute Gründe. Jedes Jahr pilgerten mindestens 50 000 Menschen aus Gela zum Fest von San Rocco, unserem Schutzpatron, nach Butera. Sie kamen mit Mulis und Eseln, einige mit Autos und manche sogar barfuss. Alle wollten dem heiligen Rocco ihre Wünsche vortragen.

Schon vor etwa 500 Jahren hatten sich die Geleser unsere San Rocco-Statue für eine Prozession geliehen, um den Heiligen um Schutz zu bitten. Dann aber vergaßen sie den Brauch. San Rocco wandte sich von Gela ab und die Stadt wurde von einem Erdbeben zerstört. Butera aber blieb verschont. So entstand der Glaube, unser Dorf sei durch den heiligen Rocco besser geschützt. Und tatsächlich: Seit Gela San Rocco verehrt, wurde die Stadt nicht mehr von Erdbeben heimgesucht.

Das einzige, was ich nicht verstand, war, dass wir trotzdem nicht immer Brot zu Hause hatten - denn das kam in der letzten Zeit oft vor. Nicht einmal am Feiertag von San Rocco gab es Fleisch - wegen der vielen Schulden. Dafür gab es immer mehr Gemüse, das immer weniger gewaschen wurde. Neuerdings gab es nämlich in dem Haus, das mein Vater von meiner Oma geerbt hatte, nur alle fünf Tage eine Stunde Wasser. Die Pumpen waren damals noch nicht modern genug, um es problemlos bis in unser Viertel hoch zu leiten. Aber wir waren trotzdem eine reiche Familie - diesen Ruf erhielten sich meine Eltern im Dorf. Die Leute ahnten ja nicht, dass es uns oftmals sogar am Brot fehlte.

1959 war für mich ein sehr lehrreiches Jahr. Da es wie im Jahr zuvor nicht geregnet hatte, war es leicht die Leute aufzuwiegeln. Ich organisierte Demonstrationen um die Provinzverwaltung dazu zu bewegen, uns Bauern finanziell zu unterstützen. Von der Zentrale kamen Genossen um mir dabei zu helfen, eine Genehmigung von den Carabinieri und der Gemeindeverwaltung für unsere Aktion zu bekommen. Einer von ihnen, der Lo Monaco genannt wurde, übernachtete bei mir. Ich schämte mich sehr, als meine Mutter uns zum Frühstück die Milch in ungewaschenen Tellern servierte. Aber der Genosse sagte nichts dazu und ich war froh darüber. Wir haben eine richtige Demonstration gemacht und viel Weizen und Stroh auf der Piazza verbrannt. Wir haben es wohl etwas übertrieben, denn wir wurden festgenommen. Sie brachten uns für drei Tage in die Kaserne, bis der Regionalanwalt der Partei kam und für unsere Freilassung sorgte. Meine Mutter hätte mich wohl vor lauter Scham am liebsten umgebracht! Dabei erreichten wir, dass uns die Präfektur finanzielle Hilfe zusagte. Und ich bekam das Doppelte zugesprochen, weil ich dem Präfekt – inoffiziell auch Sozialist – erklärt hatte, dass wir im Vorjahr leer ausgegangen seien. Für meine Eltern war es nur ein glücklicher Zufall. Ich hörte kein Wörtchen Lob.

### Wie mein Vater und ich zu einer Uhr kommen

An einem Sonntag verkaufte unser Marktschreier außer seinen Salben gegen Hühneraugen auch Uhren im Dorf. Da klaute ich aus der Parteikasse 2000 Lire und kaufte mir meine erste Uhr – sie war mein ganzer Stolz. Vater hatte seine Versprechungen nie wahr gemacht. Nun hätte er sie mir am liebsten weggenommen. Er behauptete, so ein dummer Junge wie ich bräuchte keine Uhr. Damit er mithalten konnte, ging er am nächsten Sonntag auch los und kaufte sich eine. Er nahm das Geld, das meine Mutter mit ihren Eiern und der Mandelschalenkohle verdient hatte. Ich weiß noch, die Woche darauf mussten wir aufs Brot verzichten, weil wir kein Geld für Mehl übrig hatten. Vater musste sich Geld leihen. Ein Händler gab ihm im Voraus Geld für die Erbsen, die wir angebaut hatten. Dieses Stück Land lag am Meer und gehörte teils meiner Mutter und teils meiner Tante. Der Weg dorthin dauerte fast drei Stunden. Ich sollte wieder die Vögel vom Feld fernhalten. Auf „Pidocchio" war das besonders anstrengend. Dort gab es keine Raben, sondern Spatzen und Wachteln, die keine Angst vorm Lärm haben. Ich konnte meine alten Dosen so viel ich wollte aneinander schlagen, die Viecher ließen sich nicht verjagen. So musste ich den gesamten Tag hin- und her rennen, bis es abends dunkel wurde.

Eines Nachts habe ich Angst bekommen und traute mich nicht ins Dorf zurück. Ich entdeckte eines dieser sizilianischen Landhäuser. Dort wohnte eine Familie aus Gela, die mich bei sich übernachten ließ. Da ich so groß war, dachten die Leute wahrscheinlich, ich wäre mindestens 20 Jahre alt. Es muss sie gewundert haben, dass ich mich wie ein Kind benahm. Der Bauer hatte eine Tochter, die etwa 17 Jahre alt war. Ich war von ihr so eingeschüchtert, dass ich das Essen, das sie mir anboten, nicht herunterbekam. Ich ging weinend in die Scheune und legte mich auf einen Sack Stroh, in dem es vor Läusen nur so wimmelte. Zu allem Überfluss kam auch noch dieses Mädchen zu mir. Was würde sie mit mir anstellen? Ich bekam Panik, bin aufgestanden und so schnell ich konnte weggelaufen. Als Ausrede sagte ich, ich müsste nach den Erbsen schauen. Ich habe auf dem Feld geschlafen. Am Tag darauf kamen meine Eltern mit vielen Tagelöhnern zum Ernten. Natürlich erzählte der Bauer meinem Vater, ich sei mitten in der Nacht weggelaufen. Da haben mich alle ausgelacht.

Beim Erbsenpflücken habe ich den Frauen unter die Röcke geguckt. Da man als Faulenzer galt, wenn man sich beim Pflücken hinsetzte, arbeiteten fast alle, auch die Frauen, gebückt. Gut für mich: Ich konnte sehen, was für Unterwäsche die Frauen anhatten und dachte mir die tollsten Geschichten dazu.

Auf dem Heimweg ließ ich mich vom Muli den steilen Weg hoch ziehen. Mein Vater war gerade mit mir am Schimpfen, als mir mal wieder ein Strahl entgegen kam. Ich war vom Kopf bis in die Schuhe hinein voll mit Mist. Und was für ein Gestank! Da habe ich mir wieder geschworen die erste Gelegenheit zu nutzen um von Butera wegzukommen. Mein Vater, tröstete mich. Ich solle mir das Meer anschauen: „Das tut gut". Ich hatte aber seit dem Erlebnis mit dem Muli Angst vor dem Meer.

### Zum Träumen „Floh" ...

Der Vorteil von Pidocchio war, dass ich träumen konnte. Die Züge kamen in etwa 500 Meter Entfernung vorbei. Ich malte mir aus, wie mich einer von ihnen nach Norden mitnimmt, wo man Traktoren und Mähdrescher hatte, und wo die Arbeit nicht so schwer war wie bei uns.

Das alles schrieb mein Freund Giovannino aus Alessandria. Er arbeitete in einer Fabrik, und zwar nur acht Stunden am Tag! Da konnte ich nur von träumen. Ich schuftete bis zu 17 Stunden. Wenn ich bei Giovannino wäre, hätte ich keine Kreuzschmerzen mehr, dachte ich. Besonders aber gefiel mir die Vorstellung, dass die Leute im Norden größer als diese Zwerge bei uns wären. Endlich bräuchte ich mich nicht mehr meiner Größe zu schämen wie in Butera. Dort konnte ich mich kaum noch in den Straßen blicken lassen. Von allen Seiten kamen diese dummen Bemerkungen. Ich sei dumm oder krank und mein Vater sei mit so einem Sohn zu bedauern. Oben, im Norden, hatten große Leute diese Probleme nicht. Solche Gedanken beschäftigten mich auf Pidocchio. Leider wurde das Landstück uns weggenommen. An unserem Bach wurde ein Staudamm gebaut um die Gegend von Gela zu bewässern. Butera ging mal wieder leer aus. Ich war darüber sehr traurig. Pidocchio war mein Lieblingsstück gewesen, weil dort zum ersten Mal ein Mädchen etwas von mir gewollt hatte. In meiner Fantasie hatte ich diese Geschichte immer weiter ausgeschmückt!

### ... und zum Schlafen Wanzen

Dieses Jahr war wieder mal die Füllung der Matratzen fällig. Mein Vater und ich holten Gras dafür.

Vater war wütend auf Mama, weil er meinte, sie sei Schuld an den Wanzen. Jeden Morgen waren wir zerstochen und blutig. Diesmal füllten wir darum nicht nur die Matratzen neu, sondern erneuerten auch die Bretter, durch die sich die Viecher mit der Zeit gebohrt hatten. Vor dem Haus verbrannten wir das alte Zeug mit Stroh. Die selbst gemachten Matratzen meiner Mutter sahen abenteuerlich aus: keine Ecke, die nicht geflickt und gestopft war. Die Säcke wurden nun neu gefüllt. Die ersten zwei Wochen konnten wir kaum schlafen, so spitz stachen die Gräser durch den Stoff.

### Die Emigration macht mich reich und berühmt

Im Jahr 1959 bekam ich von Caltanissetta die Anweisung, für Mitglieder, die auswandern wollten, die Ausreise zu beantragen. Die Gebühr dafür betrug 10 000 Lire. Das wurde mein Geschäft, denn jeder wollte der Erste sein. Zu den normalen Gebühren legten viele einen Tausender für mich drauf. Ich sagte nicht Nein. Ich hatte noch nie so viel Geld verdient, und noch dazu ohne zu arbeiten! Sogar mein Vater kam zu mir, damit ich seinen Ausweis für die Genehmigung an die Provinzverwaltung schickte. Er bekam ihn mit dem Stempel für 12 Monate zurück, anstatt wie die anderen nur für sechs Monate . Das konnte er nicht begreifen.

Viele so genannte Gastarbeiter sind mit dem Antrag, den ich gestellt habe, nach Deutschland ausgewandert. Aber ich selbst musste vorerst bleiben. Da ich noch keine 14 Jahre alt war, besaß ich keinen Ausweis, den ich hätte stempeln lassen können. Dafür habe ich meine eigene Kasse aufgebessert – und mein Image. Die Leute betrachteten mich als ein Wunderkind! Die Partei unterstützte mich, wo sie konnte. Was ich auch anstellte, sie ließen alles durch. Der Einzige, der misstrauisch blieb, war mein Vater. Er spielte mit dem Gedanken einen Traktor zu kaufen. Ich erkundigte mich bei meinen Genossen, über die Möglichkeit, einen Zuschuss zu bekommen. Unsere Chancen standen gar nicht schlecht! Dadurch, dass meine Oma gestorben war und alles meinem Vater überschrieben hatte, besaßen wir 180 Hektar plus Haus. Es wäre möglich gewesen einen Agrarkredit zu bekommen. Aber mein Vater hatte Angst, den Antrag zu unterschreiben. Was ich machte, konnte nicht gut sein und was mit dem Staat zu tun hatte, war ihm sowieso nicht geheuer.

Aber mein Onkel Alfio, der eine Bäckerei hatte, hat einen Antrag bei mir gestellt. Im Gegensatz zu meinem Vater war er der Meinung, dass nichts passieren könne – zumindest nichts Negatives. Spaßeshalber habe ich geschrieben, mein Onkel wolle Zuckerrüben anbauen und müsse dafür auch unser San Nicola umgraben. Schon nach einem Monat kam die Zusage aus Palermo. Im Jahr darauf konnte mein Onkel Zuckerrüben anpflanzen. Das wurde viel Arbeit, weil er die Steine, die auf dem Feld lagen, beseitigen musste. Die so genannte „Cassa per il Mezzogiorno“[18] und die EWG[19] haben alles bezahlt und mein Onkel hat viel Geld verdient.

### ... und mein Beitrag zur Verbreitung des Knoblauchs

Ich konnte in der Zukunft meinen Mund nicht mehr halten vor lauter Angeberei, so wichtig kam ich mir vor. Wegen der Trockenheit habe ich die Bauern von Butera animiert Knoblauch anzubauen. Die Leute glaubten mir – und tatsächlich: Es wurde eine gute Ernte. Im Jahr darauf kamen auch die Christdemokraten auf die Idee Knoblauch zu säen. Auf allen Feldern rund um Butera sah man nichts anderes mehr – keine Spur von Weizen oder Sojabohnen. Nur einer säte, wie gehabt: mein Vater. Nicht mal meine Mutter hatte er auf seiner Seite.

Ich muss dazu sagen, mein Vater war diesmal nicht schlechter als die anderen dran. Er musste zwar, weil es wieder nicht geregnet hatte, die Ernte verbrennen. Aber die Bauern blieben auf ihrem Knoblauch sitzen, weil die Organisation gefehlt hat ihn zu verkaufen. Während sie auf den Regen warteten, haben die Leute ihn im Bach gestapelt. Dann, im Winter trug das Wasser diese unvorstellbare Menge Knoblauch mit sich fort. Jahrelang wuchs am Bach Knoblauch, bis zum Meer hinunter! Nach diesem Reinfall wurde ich zum Sündenbock erkoren – meine Mitgliederzahlen gingen zurück. Meine Mutter fühlte sich wieder mal in ihrer Meinung bestärkt, der Teufel wohnte in der sozialistischen Partei. Ich war natürlich der Schlimmste von allen und hatte, wie sie sagte, das gesamte Dorf ruiniert. Dabei hatte auch sie gewollt, dass mein Vater Knoblauch anbauen soll! Sie ging jeden Tag für mich beten. Dadurch sollte der Teufel von mir weichen, Gott mich erlösen und ich zu den Christdemokraten gehen.

Wenn ich abends nach Hause kam, saß sie wie immer hinterm Fenster. Dann veranstaltete sie ein Theater, das auch die Nachbarn mitkriegen mussten. Sie schrie, dass das ganze Dorf aufwachte. Irgendwann wurde mir klar: Das war genau ihre Absicht. Sie wollte vor Gott und den Nachbarn ein reines Gewissen haben, schließlich unternahm sie etwas.

### Unser eigener Wein – oder Essig?

Unser Weinberg ergab jährlich etwa 5000 Liter Wein. Vor der Lese musste das Weinfass – es hatte etwa 10 000 Liter Fassungsvermögen – neutralisiert werden. Wir haben seinen Boden ausgebaut und dann den ganzen Tag Stroh und Holz darin verbrannt. Danach setzten wir das Fass wieder zusammen und stellten es in den Stall. Ich hatte immer das Gefühl, unsere Mulis würden von dem Weingeruch betrunken!

Die Prozedur war noch nicht beendet. Drei Tage lang verbrannten wir im Fass Schwefelschnüre, das heißt Schwefel in trockenem Zustand. Danach kam ein alter Mann mit Schamott und Werg und verschloss das vordere Loch. Ich guckte mir seine Arbeit natürlich ab und machte es bald selbst, wahrscheinlich sogar besser! Das Fass stank nun nach Schwefel und darum füllten wir für ein paar Tage Kompott rein. Das sollte den Geruch aufnehmen. Mama kochte alles ein, was wir auftreiben konnten: Quitten, Birnen und Aprikosen zum Beispiel.

Am Tag darauf gingen wir zur Traubenlese. Dazu brauchten wir viele Tagelöhner. Der Wein kam immer sehr teuer wegen der hohen Unkosten. In Wahrheit standen sie in keinem Verhältnis zum Resultat. Aber mein Vater konnte als stolzer Großgrundbesitzer nicht darauf verzichten. Schließlich hatten wir 80 Hektar Land von Oma geerbt! Wir brachten die Trauben zur Kelter, wo wir sie mit den Füßen zerstampfen. Eine elektrische Kelter gab es bei uns noch nicht. Natürlich dachte keiner daran die Füße vorher zu waschen, obwohl alle immer barfuss herum liefen. Diese Vorstellung war mir so zuwider, dass ich keinen Wein trinken wollte.

Für den Transport füllten wir den Most in Ledersäcke und anschließend in unser Fass, wo er bis zum Martinstag blieb. Der große Moment war immer, wenn mein Vater probierte, ob wir Wein oder Essig hatten. Im ersten Fall war er meinem Vater vorbehalten. Er trank jeden Tag davon - aber nur ein Glas. Am Jahresende wurde der Rest verkauft. Wenn der Most in Essig umschlug, was sehr oft passierte, verkaufte ihn meine Mutter literweise an die Nachbarn, immer mit Verlust. Aber das war nicht so wichtig. Hauptsache mein Vater konnte mit seinen eigenen Weinbergen angeben.

### Das Traktor-Abenteuer

Im Jahr 1959 hat sich der erste Bauer im Dorf einen Traktor gekauft. Da schickte mich mein Vater im Sommer zu ihm. Ich sollte Traktor fahren lernen! Aber die Sache hatte einen Haken. Als Lehrling wurde ich nicht bezahlt, aber arbeiten musste ich wie die Erwachsenen. Das hat mich sehr geärgert. Immerhin war es aber Sitte, dass der Landbesitzer den Fahrern Essen bringt. Anfangs arbeiteten wir rings um das Dorf. Aber dann bekam der Traktorbesitzer einen größeren Auftrag bei Mazarino, etwa 25 Kilometer nördlich von Butera. Wir sollten auch die Nacht durcharbeiten.

Der Bauer brachte uns nur die ersten drei Tage Essen. Danach ließ er sich nicht mehr blicken. Wir suchten ein paar Früchte und aßen sie. Am schlimmsten war aber, dass wir auch kein Wasser hatten. Irgendwann hielt ich den Durst nicht mehr aus und habe versucht etwas Diesel zu trinken. Danach habe ich den gesamten Tag gebrochen. Nach acht Tagen fanden wir keine Früchte mehr. Wir hatten auch keine Waffe, mit der wir etwas hätten jagen können. Da sagte mir mein „Fahrlehrer" Aldo, er wolle noch zwei Tage warten, „... wenn sich dann keiner blicken lässt, lassen wir den Traktor stehen und laufen nach Gela!" Wir schliefen abwechselnd auf der Erde. Das Einzige, was wir en masse hatten, war Diesel. Der reichte für mindestens zwei Monate Arbeit. Wir hätten uns eigentlich auch mit dem Traktor aus dem Staub machen können - aber auf die Idee kamen wir nicht, müde wie wir waren. Natürlich waren die Traktoren damals auch noch nicht so wendig und schnell wie heute. Aber die Rettung nahte trotzdem. In der Nähe des Ackers gab es eine kleine Baumschonung. Dort tauchte plötzlich ein Mann mit einem kleinen Motorrad auf. Er stellte es ab und verschwand zwischen den Bäumen.

Mein Kollege kam sofort auf die Idee es zu klauen und damit nach Gela zu fahren. Mir war alles egal - vor Hunger konnte ich nicht mehr denken. Wir haben den Traktor abgestellt und sind zu dem Moped gelaufen. Der Besitzer war ganz in der Nähe. Wir sagten ihm, wir wollten nur eine kleine Pause im Schatten machen. Der Mann war ganz froh darüber, auf die Art könnte er sich ein bisschen entfernen beim Pilzesuchen. Aldo versicherte ihm, er bräuchte sich keine Sorgen zu machen. Und so ging der Mann weg und wir taten als sonnten wir uns.

Wir warteten eine Weile, dann setzten wir uns auf das Moped und sind, ohne den Motor einzuschalten, losgerannt bis zur asphaltierten Straße. Das kleine 50-Kubik-Moped hatte alle Mühe uns beide zu tragen!

In Gela angekommen, stellten wir fest, wir hatten keinen Pfennig einstecken. Jeder war davon ausgegangen, der andere hätte Geld dabei. Da standen wir mit einem gestohlenen Moped und von Hunger und Durst geplagt! Die Leute starrten uns an. Nach der vergangenen Woche stanken wir bestialisch. Wir hatten uns all die Tage nicht einmal umziehen können. Ich denke, wir haben vor Dreck wortwörtlich gestanden – wir waren voller Schmierfett, Diesel und Staub.

Wir sahen eine Trattoria, eine Art Weinschenke, wo es auch zu essen gab, und setzten uns erstmal vor die Tür um nachzudenken, wie es weiter gehen sollte. Aber der Essensduft machte den Hunger noch schlimmer. Wir beschlossen doch rein zu gehen. Wir bestellten Spagetti, Hackfleisch, Käse – und das zweimal. Beim Bezahlen gab es natürlich großen Ärger. Aber Aldo, der mindestens 20 Jahre älter war als ich, sagte nur: „Sie können uns das Essen nicht mehr aus dem Magen rausholen." Der Wirt könne sich nun aufregen, soviel er wolle – Geld hätten wir trotzdem keins. Da rief der gute Mann die Carabinieri. Wir wurden festgenommen.

### Bei den Carabinieri in Gela

In der Kaserne angekommen, ging ein Donnerwetter los. Der Polizeichef kam dazu, der in Butera stationiert gewesen war. Wegen meiner Parteigeschichten hatte er mich in schlechter Erinnerung. Er sah mich an und sagte, ich solle in Butera bleiben und nicht auch noch in Gela Ärger machen. Wir durften uns nicht mal hinsetzen, denn dann, so sagte der Polizeichef, müsste der Staat die gesamte Einrichtung neu kaufen.

Mit diesen Worten schickte er uns unter die Dusche und wir bekamen was zum Anziehen. Jetzt fühlten wir uns richtig wohl: satt gegessen und sauber. Ich hatte zum ersten Mal in meinem Leben eine Dusche gesehen und ausprobiert. Und das auch noch bei der Polizei! Dann musste ich an meine Mutter denken – was für eine Schande hatte ich angerichtet!

Während wir auf den Traktorbesitzer warteten, hielt mir der Polizist eine Standpauke. Warum ich nicht in die Schule wollte? Da habe ich ihm von den Drohungen erzählt, die mein Vater mir immer gemacht hatte. Der Polizist hat mich bedauert und mir nahe gelegt die versäumten Jahre zu wiederholen. Aber das war jetzt nicht mehr möglich. Wir hatten kein Geld und Vater brauchte mich auf dem Land.

Nach zwei Stunden kam der Traktorbesitzer und zahlte das Essen. Das Moped musste er zurück nach Mazarino bringen. Er lud uns auf seinen Traktor und fuhr uns heim, nach Butera. Dort wurden wir wie zwei Helden empfangen. Unser Abenteuer hatte sich wie ein Lauffeuer herumgesprochen.

### Ich lerne zwei Handwerke

Mein Vater schickte mich nicht mehr zum Traktorfahren. Er schämte sich, weil sein Sohn wie ein Vagabund betteln gegangen war. Da fing ich wirklich an zu betteln, er solle mich wenigstens zur Schreinerei in die Lehre schicken. Und so kam es auch. Mein Vater hoffte, ich würde auf die Art auch die Partei vergessen. Aber weit gefehlt – ich ließ meine Genossen nicht im Stich und besuchte sie jeden Abend.

In der Schreinerei konnte ich nicht viel lernen. Die hatten keine Toilette in der Werkstatt und machten alles in so eine Farbdose. Die musste ich immer wegbringen und ausleeren. Aber ich hatte noch eine andere Aufgabe. Damals ging eine Hühnerkrankheit herum, bei der sich die Tiere um die eigene Achse drehten. Sie waren leicht zu fangen und mein Meister ging jeden Tag zwei von der Straße stehlen. Neben dem Toilettendienst war es meine Aufgabe, die Hühner bei lebendigem Leib zu rupfen und die Federn verschwinden zu lassen. Irgendwann hatte ich genug davon und bin nicht mehr hingegangen.

Dann ging ich zum Dorfschmied in die Lehre. Dort habe ich gelernt, den Mulis und Eseln neue Hufeisen anzubringen. Es war eine sehr harte Arbeit, für die ich noch nicht stark genug war. Trotz meiner Größe hatte ich nicht so viel Kraft wie die Leute meinten. Der Schmied machte alles mit der Hand. Ich habe viel gelernt, was mir später noch zugute kommen sollte.

Nebenan zog eine Familie mit zwei Kindern ein. Der Junge hieß Mauro und war in meinem Alter. Er war hässlich, aber der Klassenbeste. Das konnte uns seine Mutter nicht oft genug sagen. „Er ist ja so intelligent!" Der Mauro musste immer sein Mittagsschläfchen halten und durfte nicht vor acht Uhr aufstehen, weil sich das Kind von den schulischen Strapazen ausruhen musste. Auch meine Mutter wiederholte mir jeden Tag, wie schlau der Mauro ist, weil er ins Gymnasium ging. Aber wenn ich fragte, warum ich nicht in die Schule dürfte, hieß es nur, unsere Familie habe ihr Brot immer mit harter, ehrlicher Arbeit verdient. Und daran sollte sich nichts ändern. Außerdem würde ich mich nur noch mit den „Teufeln" herumtreiben. Meine Mutter hatte Recht - die Partei war mein einziger Lebensinhalt geworden.

### Die wirtschaftliche Situation wird unhaltbar

Ich fragte zu Hause, warum wir uns nicht wie andere Leute im Dorf ein Radio kauften. Mein Vater hatte mittlerweile acht Millionen Lire Schulden bei Privatleuten und Banken. Wie sollten die Eltern das alles abbezahlen? Im Sommer waren wir gezwungen die ganze Ernte - Getreide, Mandeln, Oliven, Johannisbrot und Sojabohnen - auf den Markt zu bringen. Im Winter fehlte es darum an allem. Wir mussten alle Lebensmittel teuer einkaufen. Es war ein so schlimmer Kreislauf, dass wir immer weniger zu essen hatten. Im Sommer habe ich Weizenähren vom Acker geholt und vor unserer Tür mit einem großen, dicken Stock gedroschen. Das ergab etwa 15 bis 20 Kilo Weizen. Den brachte ich zur Mühle und bekam dafür Mehl, von dem wir etwa zwei Wochen leben konnten.

Im Winter war es besser, da gab es wenigstens Wildgemüse. Aber im Sommer konnten wir keines kaufen und mein Vater war sich zu schade, so was wie Blumenkohl anzubauen. Außer den Strauchtomaten und den Melonen, die selten mehr als ein Kilo wogen, hatten wir nichts. Was Kleidung anging, sah es nicht viel besser aus. Wir hatten kaum mehr was zum Anziehen. Nur mein Vater fand immer eine Gelegenheit sich einen neuen Anzug zu kaufen, um den Pappagallo spielen zu können.

### Mein Vater geht fort

Ein Bekannter von mir hatte Arbeit bei den Farbwerken in Höchst in der Nähe von Frankfurt am Main gefunden. Er schrieb, in Deutschland könnte jeder Arbeit finden. Da packte auch mein Vater seine Koffer. Er half mir noch die Ländereien zu bestellen, dann ist er weg. Am 20.12.1960 verließ er Butera. Das war kurz vor Weihnachten, aber das war egal. Von wegen Weihnachtsbaum und Geschenke! Die gab es nur am ersten November, da brachten uns die Toten nachts etwas, meistens selber genähte Unterhemden, gestrickte Strümpfe und manchmal eine verfaulte Orange, die meine Mutter vom Abfall aufgelesen hatte. In Frankfurt angekommen, fand mein Vater sofort bei der Schuhfabrik Ada-Ada[20] Arbeit. Schon nach einem Monat schickte er 10 000 Lire, für uns sehr viel Geld. Und das, ohne Eigenkapital zu investieren! Damit zahlte meine Mutter die Zinsen bei unserem Düngerlieferant. Ich musste von diesem Tag an allein mit allen Ländereien fertig werden – Tagelöhner konnten wir uns nicht mehr leisten. Auch die Partei verlangte ihren Tribut, und so war ich meistens bis Mitternacht auf den Beinen. Wenn ich nachts nach Hause kam, machte Mama noch immer ihr Theater. Trotz Wahlsieg waren und blieben die Sozialisten verteufelt. Kein Wunder, dass ich vor Müdigkeit oft im Stehen einschlief!

### Meine Partei im Dorf an der Macht

Im Jahr 1959 hatte es wieder nicht geregnet und nicht nur mein Vater hatte sich weiter verschuldet. Die Wahlen standen an und ich habe beschlossen, eine Rede auf der Piazza zu halten. Ich sprach von unserer Verarmung, die uns zum Auswandern zwang. Die Rede hat mich berühmt gemacht! Die Sozialisten haben die Wahlen gewonnen und es hieß, es war mein Verdienst. Jetzt stellten wir den Bürgermeister. Ich wurde damit beauftragt, den Auswanderern die Personalausweise zu stempeln, was mir einen gewissen Einfluss sicherte.

Mit der Genehmigung „unseres" Bürgermeisters haben wir wieder demonstriert. Ich brachte die Leute so weit, dass sie sogar Getreide auf der Piazza verbrannten um unsere Verzweiflung zu zeigen. Sie richteten sehr viel Schaden an. Sogar ein Lastwagen ist in Flammen aufgegangen. Da wollte mich die Polizei zur Rechenschaft ziehen, aber dadurch, dass wir die Macht hatten, ist alles unter den Teppich gekehrt worden.

Im Februar kam eine Anfrage von der Parteizentrale, ob ich nach Palermo zu einer Regionalkonferenz kommen könne. Das war schwierig, denn ich konnte das Muli nicht für eine Woche allein lassen. Es musste täglich an die frische Luft und sein Stall musste ausgemistet werden. Meine Mutter und meine Schwester hatten sich nie dafür zuständig gefühlt. Stallarbeit war Männersache – und daran hielten sich die Frauen. Plötzlich war mir alles egal. Ich hatte den Duft der weiten Welt gerochen: auf nach Palermo! Das war wie ein Traum für mich – und auch noch bezahlt mit dreitausend Lire am Tag plus Hotel nach eigener Wahl. Jede Gemeinde schickte einen Delegierten hin und ich sollte Butera repräsentieren. Meine Mutter ließ sich natürlich nicht überzeugen. Wären es die Christdemokraten gewesen, hätte sie nichts dagegen gehabt, meinte sie. Ich habe trotzdem zugesagt. Das konnte ich mir nicht nehmen lassen! Ohne sie vorzuwarnen, bin ich morgens um 4 Uhr aufgestanden und zum ersten Mal mit dem Bus nach Caltanissetta gefahren. Von dort aus ging ein Zug nach Palermo. Nordsizilien war eine andere Welt! Alles war so grün – es gab Orangen, so weit man sehen konnte. Ich wusste aus der Schule, dass die Gegend um Palermo „la conca d'oro“[21] von Sizilien genannt wird – so hatten wir das gelernt. Aber so schön hatte ich es mir nicht vorgestellt! Im Vergleich mit Butera kam es mir wie das Paradies vor.

In Palermo angekommen, muss ich mich wie der erste Mensch benommen haben. Ein Genosse, der Nico, war mit. Er war etwas älter als ich und hatte schon mehr von der Welt gesehen – auch wenn er für meinen Geschmack ein bisschen zu schlau tat. Aber ich profitierte von seinen Erfahrungen. Ich wollte so viel wie möglich lernen und versuchte alles zu speichern, was er mir erzählte. Vielleicht konnte es noch mal wichtig für mich werden. Wir suchten uns ein billiges Hotel in der Nähe vom Hauptbahnhof. Eigentlich war es nicht besonders gut, aber für mich war es der Knaller! Ich hatte noch nie in einem Hotel übernachtet. Es war alles so sauber im Vergleich zu meinem Zuhause. Es gab sogar Toiletten mit Spülung, fließend Wasser und weiße Waschbecken, was ich noch nie gesehen hatte. Ich wollte nicht, dass mein Zimmerkollege merkte wie unwissend ich war. Was mir natürlich nicht gelang. Nico sagte mir viel später, er hätte sofort gemerkt, was mit mir los war.

### Schlag auf Schlag

Wir mussten sehr weit zum Konferenzzentrum laufen. Ich dachte, mich trifft der Schlag. Vor mir stand das größte Theater Palermos, das Theater „Politeama“, vergleichbar mit der Alten Oper in Frankfurt.

Wir waren 3000 Delegierte. Ich war der Jüngste mit 15 Jahren. Die Leute waren anders gekleidet als ich, aber das merkte ich nicht. Ich war zu sehr damit beschäftigt, diese neue Welt zu entdecken. So viele Stühle und alles mit Teppichboden belegt! Ich dachte immer noch, ich träume. Der Teppich und die Stühle waren dunkelrot und das Podium voll von irgendwelchen Geräten, die ich nicht einordnen konnte. Später lernte ich, dass es Kameras und Mikrophone waren! Außer dem Fotoapparat von Don Pasquale, unserem Fotografen, kannte ich nichts. Im Saal standen auch mindestens 30 Sessel. In einen davon setzte ich mich ganz verschüchtert. Ich wollte unbedingt in Nicos Nähe bleiben – das alles war mir noch nicht so ganz geheuer. Ich war einfach überwältigt.

Jeder Delegierte bekam eine Mappe mit der Tagesordnung. Ich fing an die Rednerliste zu lesen und wollte meinen Augen nicht trauen. Ich war als Redner eingetragen! Jetzt erst merkte ich, die Konferenz war nicht von der sozialistischen Partei, sondern von den sizilianischen Bauern organisiert worden. Ich war nun Bauernpräsident der Gemeinde Butera! Da fragte ich Lo Monaco, der auch dabei war, wie das möglich sei. Er erklärte mir, ich hätte mich in Butera mit meinen Demonstrationen hervorgetan. Ich sei gut im Reden und sollte mich darum nicht wundern, dass ich auf der verdammten Liste stehe. Aber was sollte ich den Leuten nun erzählen? Ich musste doch eine Rede vorbereiten! Ich bat Lo Monaco mir ein bisschen zu helfen - ich hatte ja wirklich keine Ahnung. Als ich dann noch hörte, der Präsident der Region Sizilien wäre anwesend, verlor ich völlig die Fassung.

Um 15 Uhr war die erste Pause. Nico und ich gingen auf den Markt. Was ich dort sah, war kaum zu glauben: Da standen tatsächlich Frauen auf den Balkonen und boten sich an. Nico fragte, ob ich schnell eine mit ihm besuchen möchte. Ich verneinte dankend - ich hätte schon in Butera auf Vorrat gemacht. Ich weiß heute noch nicht, ob er mir das glaubte.

Nico ist für dreißig Minuten verschwunden. Als er wieder auftauchte, wollte er „Bananen" kaufen. Was sollte das sein? Ich wusste es nicht, sagte aber Okay, er solle auch für mich welche kaufen. Ich würde in der Zeit meine Rede vorbereiten. Das glaubte er mir. Ich beobachtete Nico dabei, wie er so lange gelbe Dinger kaufte. Das sollten also Bananen sein! Bevor ich mich ans Essen machte, wollte ich aber lieber erst sehen, wie Nico das machte. Ein Glück - ich hätte bestimmt die Schale mitgegessen! Jetzt probierte ich auch. Igitt! Das schmeckte ja wie Seife! Da fragte mich der gute Nico, ob er meine Bananen essen dürfe und ich gab ihm meinen Anteil.

### Meine Rede

Wir sind ziemlich spät ins Hotel zurück. Der Genosse Lo Monaco wollte mir unbedingt seine Rede geben. Aber sie gefiel mir nicht. Es ging um Wirtschaft und dergleichen, wovon ich keine Ahnung hatte. Schon am nächsten Tag um 10 Uhr sollte es soweit sein. Ich habe die ganze Nacht nicht schlafen können vor lauter Angst zu versagen.

Den Tag darauf fragte mich Lo Monaco, ob ich wüsste, wovon ich reden wollte. Da sagte ich großspurig: „Ja!" Er fragte, was für ein Thema ich gewählt hätte. Da sagte ich einfach: „Mein Vater." Er grinste mich an und lief davon. Nico saß an meiner linken Seite und machte mir Mut. Er sagte: „10 Minuten gehen sehr schnell vorbei!" Das war schön und gut, aber eine Sache störte mich sehr: Rechts von mir saßen zwei Mädchen aus Riesi. So sehr ich mich anstrengte, ihre Beine zogen meine Blicke magisch an! Sie haben es natürlich gemerkt und lachten mich aus. Ich aber wurde rot und röter. Dann wurde ich aufgerufen. Auf dem Podium angekommen dachte ich, die gesamte Welt schaut auf mich. Da sah ich den Präsidenten der Region. Er war mir sofort sympathisch. „Nur Mut, mein Sohn!", rief er mir zu. Das hat mich so sehr motiviert, dass es nur so aus mir heraussprudelte. Über meinen Vater, der in Deutschland sein Geld verdienen müsste und über Butera, wo wir immer noch den Mist aus den Ställen kratzten.

Ich konnte von oben niemanden sehen, denn Lo Monaco hatte mir zu Beginn den Strahler genau ins Gesicht gerichtet. Ich hatte nur gesehen, wie der Präsident das Tonband einschalten ließ. Ansonsten war alles schwarz. Es war, als sei ich in Trance gefallen. Statt zehn Minuten habe ich 64 Minuten geredet. Ich merkte nicht mal, dass die Leute applaudierten. Als ich wieder zu mir kam, musste ich weinen. Ich stieg vom Podium und alle haben mich gedrückt und geküsst. Darüber war ich sehr überrascht. Ich hatte Ärger erwartet, weil ich meine Gefühle gezeigt hatte. Die älteren Genossen hatten doch extra gesagt, ich solle nicht zu emotional werden. Dann hat der Präsident das Wort ergriffen - außerplanmäßig. Er sagte, er bewundere die Jugend, die ich repräsentiere. Er sagte mir eine große Zukunft voraus. Und mir war immer noch schwindelig.

Da meinte eines der Mädchen neben mir, ich solle mir nicht so viel einbilden. Wenn ich glauben würde, ich sei jetzt ein Mann, täuschte ich mich - dafür müsste ich wenigstens eine Krawatte knoten können. Da hatte sie Recht. Aber wo hätte ich das lernen sollen, wo ich doch noch nie eine Krawatte gehabt hatte? Das sollte sich ändern. In der Pause fragte ich Nico, ob er mit mir eine Krawatte kaufen ginge. Er war einverstanden, aber wir hatten nur sehr wenig Zeit für unseren Bummel. Jeder Delegierte wollte mir gratulieren: Ich sei die Entdeckung des Jahres. Um den Sinn solcher Worte zu verstehen und daraus Nutzen zu schlagen, war ich noch zu jung. Das wäre die Aufgabe meiner Eltern gewesen. Aber die waren für mich weit weg. Das Einzige, was mir ständig durch den Kopf ging, war mein Muli, das auf mich wartete. Ich bekam immer mehr Gewissensbisse.

### Ein Angebot, das ich ... ablehnen kann

Der Nico brachte mich zu einer Villa. An der Tür erklärte er mir, ich solle zu allem immer nur „Ja" sagen, wenn der Hausherr mich was fragt. Der Luxus, in den ich da hineinkatapultiert wurde, hat mir den Atem verschlagen. Ich wusste nicht, dass Menschen auf dieser Welt so leben können. Da fing dieser Herr an mit Millionen um sich zu werfen und Angebote zu machen. Was man in Butera alles investieren könnte und sollte. Er fragte mich, ob ich einverstanden sei und ich sagte ja. Er wollte eine Schutzmauer um Butera herum bauen. Ich sollte irgendeine Firma übernehmen. Und er sollte Aufträge für mindestens 15 Milliarden bekommen. Er brauchte einen „Mann", damit die Hälfte des Geldes nach Butera gehen konnte und die andere Hälfte in seinen Taschen bleibt. Im Übrigen, so versicherte mir der Herr, werde er Sorge tragen, dass ich vom Landarbeiter zum Millionär werde.

Da bekam ich doch ein bisschen Angst. Ich hatte davon gehört, was die Mafia machte, wenn man Nein sagte. Also sagte ich, sie sollten mich vergessen. Ich wäre ja so gut wie Analphabet und für solche großen Geschäfte noch viel zu jung. Der Herr war - genau wie die Leute bei der Konferenz - so angetan von meinen Argumenten, dass er mich nur verdutzt ansah. Dann meinte er, ich hätte mir soeben das Leben gerettet. Er stand auf und drückte mich an sich. Ich dachte: „Das scheint in Palermo üblich zu sein, dass man sich immer und überall drückt!" Dann hat uns der Herr zum Essen eingeladen. Wir tafelten wie die Könige! Als ich die silbernen Löffel sah, musste ich an unser Bleibesteck in Butera denken. Das würden sie mir zu Hause nie glauben, was ich hier alles erlebte!

An nächsten Tag haben wir nur Brötchen gegessen - die waren billig und haben sehr gut geschmeckt. Sie waren ganz frisch und belegt - nicht wie bei Mama! Abends ging Nico mit mir in eine Trattoria. Wir bestellten uns Schweinebauch in Tomatensoße und viel Brot. Für mich war es wie ein Geburtstagsessen. Wie schön die Welt sein konnte! Aber sie war weit weg von Butera. Ich dachte mir wieder: „Egal, was es sein wird und wo! Nur weg von Butera!"

### Ich will um jeden Preis ein Mann sein!

Den Tag darauf - im Theater Politeama bei der Konferenz - saßen wir in der gleichen Reihe, wieder neben den Mädchen. Ich merkte, ein gewisser Neid lag in der Luft, denn mich begrüßte jeder, als wäre ich der Präsident. Das tat mir sehr gut und ich bildete mir viel darauf ein. Da kam das Mädchen wieder an. Jetzt hatte ich zwar eine Krawatte, konnte sie aber nicht binden. Gleich in der ersten Pause habe ich mich einem Krawatten-Knoten-Unterricht bei Nico unterworfen. Der konnte einfach alles! Wie ein richtiger Mann. Er rauchte auch. Also sofort Zigaretten kaufen! Damals konnte man sie einzeln bekommen und ich nahm fünf Stück von der billigsten Marke, „Alfa". Sie waren sehr stark, doch was soll's - bei mir kam immer das Provinzielle durch. Ich hustete sehr. Aber ich bewies den Mädchen, dass ich ein Mann bin. Den Rest brauchten sie nicht zu wissen. Schade nur: Sie wussten, ich war erst 15 Jahre alt. Am Vortag hatten sie mich als das jüngste Konferenzmitglied vorgestellt und mein Alter dabei preisgegeben.

Der Nico ist jeden Tag zu dieser Frau am Wochenmarkt gegangen und hat sein gesamtes Geld dafür ausgegeben. Ich kaufte mir lieber ein paar Schuhe: schwarze. Meine alten waren so durchgelaufen, dass die Löcher langsam auffielen. Manche waren so groß wie Fünfmarkstücke! Ansonsten habe ich das Geld brav nach Hause gebracht. Mama sollte staunen!

## Heimfahrt

Am Freitag sind wir zurückgefahren. Es war immer noch unglaublich: Ich, der Pino, in einem Zug! Das sollte die ganze Welt erfahren, so habe ich mich gefreut! Die „ganze Welt" – das war für mich bisher Butera gewesen.

Wir waren schon fast in Caltanissetta, da mussten wir umsteigen, weil der Zug nach Catania abbog. Wir nahmen einen „Lokalzug", der die restlichen 10 km zum Bahnhof von Caltanissetta zurücklegte. Da saß Zio Santuzzo, der in Rom Abgeordneter der Christdemokraten geworden war. Er stammte aber wie ich aus Butera und dort wollte er hin. Sobald der mich sah, fragte er: „Was machst du denn in Caltanissetta?" Ich antwortete nicht ohne Stolz, ich käme von einer Konferenz. Damit das keiner übersah, hielt ich meine Arbeitsmappe für alle sichtbar. Zio Santuzzo sagte daraufhin, er komme auch von einer Konferenz, aus Rom. Dabei betrachtete er mich mitleidig. Ich wusste, warum. Der Zio Santuzzo hatte mir vor einiger Zeit einen Arbeitsplatz in der Ölraffinerie von Gela versprochen, aber nur, wenn ich bei den Sozialisten austrat. Ich war denen wohl ein Dorn im Auge! Natürlich habe ich voller Stolz abgelehnt. Ich hätte doch nicht meine Partei verraten! Der Zio Santuzzo war sowieso ein schlechtes Vorbild für mich: Er hatte dem Volk das Blaue vom Himmel versprochen und nichts davon gehalten. Jetzt dachte der wohl schadenfroh, ich bliebe nun für immer in Butera, weil ich mir meine Karriere verbaut hatte!

Zwischen Caltanissetta und Butera verkehren leider nur Busse. Das wäre nicht weiter tragisch gewesen, aber leider liegt der Busbahnhof mindestens 30 Minuten Fußmarsch vom Bahnhof entfernt. Da habe ich vorgeschlagen eine Pferdekutsche zu nehmen. Der Zio war einverstanden. So haben wir zu dritt die Kutsche bestiegen und sind bis in die Stadtmitte gefahren. Beim Bezahlen wollte er den Preis teilen. Da fing ich aber an, er sollte sich als Abgeordneter, der so viel Geld verdiene, schämen, von uns armen Sozialisten Geld zu verlangen. Und er hat bezahlt: 1000 Lire. Am Busbahnhof angekommen, war der Bus nach Butera leider schon weg, aber es war kein Problem. Nico hatte in seiner Heimatstadt gute Beziehungen. Er fand sofort einen Linienbus, der nach Mazarino fuhr. Von dort waren es dann nicht mehr als 25 Kilometer bis Butera. Ich habe mich von Nico verabschiedet und stieg mit Zio Santuzzo in den Bus.

Damals war Mazarino eine kommunistische Hochburg. Es war für mich kein Problem einen Genossen zu finden, der uns mit dem Auto nach Butera brachte. Ich sagte dem Mann, er solle den Preis hoch halten, damit Zio Santuzzo auch meinen Anteil bezahlte.

Und so ist es auch geschehen. Wir sind abends sehr spät in Butera angekommen. Der Zio bezahlte 3000 Lire und ging ziemlich böse weg. Der Genosse gab mir 1000 Lire. Er sagte, mehr als 2000 Lire wollte er von mir nicht haben!

### Empfang

Zu Hause erwartete mich meine Mutter mit einem Donnerwetter, das sich gewaschen hatte. Die Nachbarn versammelten sich neugierig und wollten sehen, was los war. Da wünschte ich mir in Palermo geblieben zu sein. Dort waren alle stolz auf mich gewesen und hier schimpfte mich meine eigene Mutter vor den Leuten aus. Dabei hatte ich mich so darauf gefreut alles zu erzählen! Diese Nacht hat sie mich nicht schlafen lassen. Um 4 Uhr hielt ich es nicht mehr aus. Ich bin einfach in den Stall und habe dem Muli zwei große Körbe voll Mist aufgeladen. Die Ziege nahm ich an die Leine und bin zur „Santa Bella", einem Stück Land gelaufen. Dort habe ich den Mist abgeladen, das Muli versorgt und es mit der Ziege an einen Baum gebunden. Ich setzte mich unter einen Mandelbaum um nachzudenken. Stattdessen bin ich fest eingeschlafen. Erst am späten Nachmittag kam ich ins Dorf zurück. Da bemerkte ich plötzlich, ich hatte noch meine neuen Schuhe aus Palermo an. Die waren ganz schön versaut!

Kaum war ich zurück, ging das Geschrei wieder los. Mir fiel auf, wie hässlich meine Mutter geworden war. Ich hatte das Gefühl, ihr Schnurrbart wurde immer länger. Und immer diese verdammten schwarzen Kleider! Überall genäht und gestopft. Gut, für die Lumpen konnte sie nichts, aber der Schnurrbart fing an mich zu ekeln. Ich hatte gesehen, dass die Frauen in Palermo und Caltanissetta anders rumliefen und gut rochen. Meine Mutter stank oft bestialisch. Wahrscheinlich ich auch, nur konnte ich mich nicht selbst beschnuppern! „Was bin ich froh, dass meine Mutter mir keine Küsse gibt!“, dachte ich mir. Denn ich hatte beobachtet, andere Mütter machten das mit ihren Kindern. Sie zwangen sie auch zum Waschen, was bei uns nie vorkam, denn meine Mutter wollte Wasser sparen.

Ich fing an, ein bisschen auf mein Äußeres zu achten – unter diesen Bedingungen keine leichte Angelegenheit. Ich wusch mich am liebsten draußen auf dem Feld, dort hatte ich meine Ruhe vor Mama. Die Haare trug ich glatt nach hinten. Da ich mir keine Brillantine kaufen konnte, benutzte ich einfach Olivenöl. Das war genauso gut. Was mir fehlte, war jetzt ein Anzug. „Wenn ich den hätte“, dachte ich mir, „würde sich vielleicht auch mal ein Mädchen in mich verlieben.“ – Aber das konnte ich meiner Mutter nicht sagen. Dummerweise hatte ich ihr das Geld von Palermo schon gegeben. Auch von der Partei konnte ich zu dieser Zeit kaum etwas abzweigen – es reichte nicht mal für ein paar Zigaretten. Abends kaufte ich immer drei Stück und am Tag rauchte ich einfach getrocknete Disteln oder Sojabohnenblätter – die qualmten mehr als genug.

Damals fing ich an mich für die Kommunisten zu interessieren. Die hatten damals den Togliatti, der nach Russland gegangen war. Die Russen haben sogar eine Stadt nach seinem Namen genannt – das hatte mir imponiert. Vor allem aber dachte ich immer noch an den Kommunisten, der mich für einen Freundschaftspreis nach Butera gefahren hatte. Bald stand mein Entschluss fest: Ich werde Kommunist! Nach einem Jahr bei den Sozialisten trat ich nun bei den Kommunisten ein. In Wirklichkeit war das so ziemlich das Gleiche. Die beiden Parteien machten fast alles zusammen.

Auch bei den Kommunisten war ich für die Jugend zuständig. Nach wie vor versuchte ich, so viele Mitglieder wie möglich anzuwerben. Und noch etwas ließ mir keine Ruhe: Ich wollte mich bei Cucuzzedda, dem Priester dafür rächen, dass er mir damals, als ich ein kleiner Junge war, die Kommunion verweigert hatte.

Da kam mir die zündende Idee: Wir brauchten einen Fernseher im Parteibüro! Der Provinz-Delegierte war einverstanden und ich kaufte sofort ein nagelneues Gerät. Das schlug ein wie eine Bombe. Unser Fernseher war natürlich viel interessanter als der Billardtisch, den Cucuzzedda bei den Christdemokraten aufgestellt hatte. Die Kirchenjugend lief zu den Kommunisten über! Bald hatte ich 2500 neue Mitglieder angeworben! Aber das Fernsehgucken kostete auch was: Jeder Neue zahlte 250 Lire für den Parteieintritt, von denen ich 50 Lire für mich behielt und 100 Lire nach Caltanissetta schickte. Von da an hatte ich immer mehr Geld einstecken als mein Vater. Der konnte sich nicht damit abfinden, dass ein Idiot wie ich so was zu Stande gebracht haben sollte.

Aber die Geschichte war noch nicht zu Ende. Cucuzzedda kochte vor Wut. Eines Sonntags unterbrach er plötzlich seine Predigt mit den Worten, er würde erst weiterreden, „wenn Giuseppe die Kirche verlässt!" Das war mein öffentlicher Rauswurf aus der Kirche. Alle Augen richteten sich auf mich. Es war wie ein Todesurteil. Aber was sollte ich machen? Ich verließ die Kirche mit tief gesenktem Blick.

Zu Hause erwartete mich ein Alptraum. Mama schrie die ganze Nacht hindurch: „Eine Schande bist du für deine Mutter und die ganze Familie!" Sie müsse sich für ihren gottlosen Sohn bis in alle Ewigkeiten schämen! Von nun an lief sie bis zu dreimal täglich in die Kirche, um beim heiligen Rocco für meine „verlorene" Seele zu beten.

### Ich werde Selbstständig

Seit mein Vater in Deutschland war, nahm ich vieles selbst in die Hand. Ich erneuerte die Seile am Sattel und renovierte den Stall. Mein Vater hätte das schon längst machen müssen. Dafür holte ich mir Gips aus dem Gipsbruch. Nirgends stand, dass das verboten war. Meine Mutter schimpfte: Seit Jahr und Tag kaufe man Gips und nun käme ich daher und klaue ihn. Aber ich hatte im Rathaus etwas anderes erfahren. Der Gipsbruch wurde seit Jahrhunderten illegal betrieben. Aber das interessierte meine Mutter nicht.

Ich bin losgezogen und habe mein armes Muli so schwer beladen, dass ich unterwegs dachte, es bräche zusammen! Vor unserem Haus angekommen, machte ich mich sofort daran den Gips anzurühren. Das tat ich wie gewohnt auf der Straße. Da kamen die angeblichen Besitzer der Mine und holten die Polizei. Sie wurden belehrt, dass die Mine kein Privateigentum ist, sondern der Allgemeinheit gehört! Von da an bedienten sich die Leute selbst. Die „Besitzer" drohten mir sogar mich umzubringen. Aber ich hatte keine Angst – vielleicht, weil ich die Partei hinter mir hatte. Die Genossen beruhigten mich. Ich solle mir keine Sorgen machen, sie würden die Sache in die Hand nehmen. Und das ist auch geschehen.

Nachdem der Stall fertig war, brachte ich unseren „Cannizzo" in Ordnung. Das war ein sehr großer runder Korb, den Mama aus Bambus geflochten hatte. Er war mindestens drei Meter hoch und zwei Meter breit. Im Winter lagerten wir darin das Getreide. Ich besserte die vielen Löcher aus, die das Ungeziefer ausgenagt hatte. Mein Vater hatte das immer machen lassen, weil er sich zu fein dafür war. Dann bekam das Muli seinen Fressplatz neu gemacht. Ich weißte die Wände. All diese Arbeiten machte ich mit 15 Jahren schon besser als viele ältere Leute. Das sprach sich herum - in Butera gab es zwar keine Zeitung, aber eine sehr effiziente Gerüchteküche. Die Leute holten mich immer öfter für kleine Reparaturen. Don Alfonso, der vom Kopf bis an die Knie gelähmt war (durch Syphilis), fragte mich, ob ich nicht seine Oliven ernten könnte. Zu den anderen Leuten im Dorf hatte er kein Vertrauen. Don Alfonso hatte mindestens 200 Olivenbäume. Es würde sehr viel Arbeit werden. Da erklärte er mir, ich solle so viele Tagelöhner nehmen, wie ich wollte. Und da ich nicht zahlen musste, nahm ich so ziemlich jeden, der mir über den Weg lief - auch Kinder. Ich bekam etwa 30 Leute und 20 Mulis und Esel zusammen. Die Tiere waren besonders wichtig, weil die Oliven zur Mühle gebracht werden mussten.

### Der kriegsversehrte Zivilist

Bei der Ernte lernte ich Zio Fortunato kennen. Er war sehr alt und ihm fehlte, wie es hieß, seine „Männlichkeit". Der Zio zeigte eine gesunde Einstellung zu seinem Schicksal. Da ich sozusagen der Boss war, schmeichelte er sich etwas bei mir ein und erzählte uns wie er impotent geworden war:

Als die Amerikaner das Mittelmeer erreicht hatten und nicht landen konnten, weil die deutschen Soldaten Sizilien besetzt hielten, war der gute Zio mit seinem Esel zum Holzholen unterwegs. Er kam am Fuß des Dorfberges an, merkte aber nicht, dass sich ein Spähertrupp zwischen den Büschen versteckt hatte. Er hatte nur ein mulmiges Gefühl im Bauch. Plötzlich schossen die Soldaten! Sie dachten, er sei ein Spion. Der Zio wollte sich unter dem Esel verstecken, doch als er sich bückte, traf ihn eine Kugel von hinten. Die schoss ihm alles ab. Zum Glück hatte er schon drei Kinder, denn ab diesem Tag konnte der arme Mann nicht mehr. Ich tat so, als ob ich ihm nicht glauben wollte. Da stand der Zio Fortunato auf, ließ die Hosen runter und zeigte uns allen, dass er wirklich nichts mehr dranhängen hatte. Das hat mich schon etwas geschockt. Ich hätte gern etwas Nettes gesagt. Aber stattdessen lachten wir - Mitleid zeigen war in Sizilien undenkbar. Dem armen Zio Fortunato war weiß Gott nicht zum Lachen zu Mute.

Unter einem Olivenbaum fand ich ein Wespennest. Es war unter der Erde, was ziemlich ungewöhnlich ist. Wir machten ein Feuer vor dem Nesteingang und räucherten es aus.

Ein anderes Mal rief mich der Zio Fortunato ganz vertraulich zu sich. Ich sollte zu den Mulis und Eseln laufen und gucken, was dort los ist. Ich habe zwar nicht verstanden, was er meinte, bin aber trotzdem hingegangen. Da sah ich, was ich schon immer wusste, aber selbst nie gemacht habe: Drei Jungs trieben sexuelle Handlungen an den Eseln. Ich hielt meinen Mund. Hätte ich sie zurechtgewiesen, wäre ich für alle ein Schwuler gewesen. Bei uns musste jeder auf seinen Ruf achten – solche Gerüchte verbreiteten sich sehr schnell.

Ich bin zum Zio Fortunato zurückgelaufen und erzählte, was ich gesehen hatte. Was er mir antworte, war für mich kaum zu fassen: Er wäre froh, wenn er das wenigstens könnte. Er sagte mir auch, er wisse ganz genau, seine Frau trieb es mit dem Priester. Aber konnte er ihr das übel nehmen? Sie sei auch nur aus Fleisch und Blut. Was für eine Einstellung! Ich dachte, man müsse mit dem Leben bezahlen, wenn man fremdging. Und da stand der alte Zio Fortunato und lehrte mich ganz andere Sachen! In Butera waren die Sitten unglaublich streng. Da durften sich nicht einmal die verlobten Pärchen anfassen! Ich konnte einfach nicht verstehen, was der Zio Fortunato da von sich gab. Seine Frau schlief mit dem Priester! „Na ja“, dachte ich, „der Alte ist ein Gehörnter.“

### Die neuen Freudenhäuser

Als ich am Sonntag darauf von Don Alfonso mein Geld bekam, gab ich diesmal nicht alles bei Mama ab. Das hatte mich die Erfahrung gelehrt: Ich bekam sowieso nie etwas ab. Mit meinem Taschengeld bin ich nicht ins Parteihaus, sondern in eines unserer Stehcafés, einen Espresso trinken gegangen. Da kam Geremia, der Liliputaner zu mir und fragte, ob ich Interesse hätte mit nach Gela zu fahren. Sie bräuchten noch einen Mitfahrer, um die Fahrt bezahlen zu können. Dabei zwinkerte er mir mit dem linken Auge zu und ich wusste sofort, um was es sich handelte. Ich sagte zu, denn Geld hatte ich genug einstecken.

Zwischen Butera und Gela steht eine verlassene Hütte. Die Leute stehen dort Schlange, meistens abends, wenn es dunkel wird. Wir hielten an und schauten rein. Drinnen saßen mindestens 40 Mann, alle klein, schmutzig und viele unrasiert. In dieser Art Warteraum hörte man Gestöhne. Plötzlich kam eine Frau im Bikini hinter dem Séparé hervor. Sie hielt eine Rolle Toilettenpapier in der Hand. Als seien wir auf einem Markt schrie sie ganz laut: „Der Nächste!“ Da stand einer aus unserem Dorf auf, Vater von vier Kindern, und ging rein. Zu Geremia gewandt sagte die Frau: „Du darfst nicht!“ Ich wusste nicht, was gemeint war. Da meinte der Liliputaner, wir hätten in diesem Laden nichts mehr verloren. Die Frau habe Angst vor ihm und zweitens habe er sein Kissen vergessen. Das hörte die Frau hinter dem Séparé und schrie, der Liliputaner hätte sie das letzte Mal fast kaputt gemacht. „Der hat ein Ding, das größer ist als er selbst!“ – Und das glaubte ich, denn Geremia musste seinen Penis immer am Bein festbinden. Ich hatte bis dahin gedacht, große Penisse wären ein Geschenk Gottes!

Wir sind weg. Aber überall war es das gleiche Spiel. Die so genannten Christen und Familienväter aus Butera standen überall Schlange. Beim dritten oder vierten Versuch ist der Geremia endlich rein gelassen worden. Na ja, der Arme kam wieder raus und schickte mich rein. Plötzlich hatte ich große Angst mich zu blamieren. Geremia war außer Konkurrenz. Warum musste gerade der Liliputaner vor mir dran gewesen sein! Da erklärte ich, die Frau sei mir zu klein. Und bei meiner Länge haben sie mir das sofort geglaubt. Ich aber nahm mir für die Zukunft vor, mich nicht mehr in so peinliche Situationen bringen zu lassen. Jedes Mal, wenn jemand versuchte mich nach Gela zu locken, erfand ich eine Ausrede. Was mich an den Buteresern am meisten störte, war ihre Scheinheiligkeit! Sie kamen zu mir in die Partei, jammerten, wie schlecht es ihnen ging und bettelten um Unterstützung. Immer mehr wollten nach Deutschland auswandern – angeblich wegen der Arbeit. In Wahrheit aber, so dachte ich mir oft, wollten alle nur weg, um andere Frauen zu bekommen. Aber die Oberschicht war auch nicht besser. Ich habe beobachtet wie Professoren und Beamte, ja sogar unser Notar gewisse Etablissements besuchten.

Meine Abneigung gegen alles, was aus Butera kam oder stammte, wuchs mit jedem Jahr, das ich älter wurde. Wer seine Wurzeln in Butera hat, so dachte ich, ist durch und durch schmutzig und verlogen.

### Mein neues „Business“

Die Auswanderung wurde für mich zum blühenden Geschäft. All die verlogenen Väter und Heiligen bettelten bei mir um einen Stempel. Ich ließ mich gut bezahlen. Ohne Schmiergeld lief nichts. Jeder musste Mitglied werden und eine Antragsgebühr zahlen. Wer mir nicht zusätzlich 5000 Lire gab, den vertröstete ich so lange, bis er merkte, dass er noch etwas drauflegen musste. Die meisten haben das akzeptiert – schließlich verlangten die Christdemokraten 10 000 Lire für den Stempel. Auf die Art rächte ich mich an den Dorfbewohnern und die Parteizentrale in Caltanissetta fand es auch in Ordnung: Man muss sehen, wo man bleibt!

Ich bekam pünktlich alle sechs Monate den Stempel für meine Anträge zugeschickt. Der Staatsanwalt in der Provinzverwaltung, der dafür zuständig war, war ein kommunistischer Genosse und ließ die Christdemokraten gerne etwas warten. Das freute mich sehr, denn in Butera gab es eine regelrechte Jagd auf diese Stempel.

Deutschland musste das Paradies sein. Man hörte überall von dem vielen Geld, das die Auswanderer nach Hause schickten. Und angeblich gab es dort jeden Tag Fleisch zu essen. Was hatte mein Vater wohl für ein Leben? Diese Frage stellte ich mir oft. Ich konnte und wollte mir nicht vorstellen, dass mein Vater ein Eremitenleben führte. Ich wusste, was für ein Typ er war: immer hinter den Röcken her. Aber was sollte ich mich darüber ärgern, ändern konnte ich ohnehin nichts! Wenigstens kam auch bei uns mehr Geld in die Kasse. Meine Mutter verteilte es Monat für Monat an unsere Gläubiger.

### Neuigkeiten aus der grossen Welt

In dieser Zeit war der Fidel Castro in Kuba einmarschiert. Das war für mich als Kommunist ein großes Ereignis. Ich habe es in der Zeitung gelesen, denn ein Radio hatten wir immer noch nicht, ganz zu schweigen einen Fernseher. Wir hörten auch, Deutschland war geteilt. Das war schwer vorzustellen: Wer wusste schon, wo Deutschland liegt! Wir wussten nur, man konnte den Deutschen nicht trauen. Sie waren für uns geizig und raffgierig, legten keinen Wert auf Freundschaft und sind am Ende immer die Verlierer. Die deutschen Frauen, hieß es, schliefen mit allen Männern. Wir verstanden das so: Man braucht nur über die Straße zu laufen – und schon holen sie einen ins Bett! Das machte einen starken Eindruck auf mich. Ich hatte immer noch keine Frau nackt gesehen. Und das Onanieren tagein, tagaus, dachte ich, war auf die Dauer kein Leben. In Butera hatte sich überhaupt nichts an den Sitten geändert. In Caltanissetta konnte ich mittlerweile immerhin beobachten, wie sich die Jungs und die Mädchen mal verstohlen küssten. Aber in Deutschland, da trieben sie es mitten auf der Straße!

### Ich bekomme einen Anzug und einen Ausweis ...

Zu meiner Überraschung ist es mir gelungen, meine Mutter davon zu überzeugen mir einen Anzug zu kaufen. Mit meinen zerfetzten Kleidern konnte ich mich kaum noch in der Partei sehen lassen – zumindest wenn ich ein bisschen angeben wollte.

Ich brauchte Bilder von mir und auf der Piazza gab es einen Fotografen, der war taubstumm. Ich wollte mich fotografieren lassen, aber es ging nicht, denn der Mann sagte, mit der Jacke, die ich anhatte, würden die Bilder nicht gut werden. Da lieh mir ein Cousin meines Vaters, ebenfalls taubstumm, seine Jacke aus. Diese Bilder werde ich in Ehren halten, bis in alle Ewigkeit.

Nach dem, was der Fotograf über meine Jacke gesagt hatte, ließ sich meine Mutter endlich dazu überreden, mir einen neuen Anzug anfertigen zu lassen. Sie kaufte einen Stoff, schwarz mit weißen Nadelstreifen und brachte ihn zum Schneider. Dieser Anzug war mein ganzer Stolz.

Ich wollte mir nun sofort einen Personalausweis machen lassen. Aber es gab wieder Probleme mit meiner Größe. Der Beamte konnte sich nicht vorstellen, dass ich 180 Zentimeter groß war. Er wollte unbedingt 165 hinschreiben. Da holte ich unseren kommunistischen Bürgermeister. Der war früher Maurer gewesen und hatte immer einen Zollstock dabei. Der Beamte musste klein beigeben. Jetzt fehlte nur noch mein Beruf. Der Bürgermeister war der Meinung, in Zukunft mache die Industrie das Rennen. Darum klinge „Hilfsarbeiter" besser als „Bauer". Vor allem aber bekamen die Bauern kein Arbeitslosengeld, wie die Industriearbeiter.

So bin ich zum stolzen Besitzer eines Personalausweises geworden, und das auch noch mit dem Vermerk „industrieller Hilfsarbeiter". Da dachte ich mir: „Wenn mich jetzt meine Mutter weiter ärgert, wandere ich auch nach Deutschland aus, wo die Leute Fleisch im Überfluss haben und wo die Frauen die Männer auf der Straße ansprechen." Ich wollte mich nicht länger unter den Treppenabsätzen verstecken, um das Bein einer Frau zu sehen. Das hieß: Ich musste so schnell wie möglich erwachsen werden und einen Beruf ergreifen. Ich hatte die Idee Polizist zu werden. Aber es wurde mir überall abgeraten. Damals gab es schwere Konflikte zwischen Nord- und Süditalienern. Zum Ausgleich sind viele Polizisten aus dem Süden nach Norden gebracht worden und umgekehrt. Vor allem im Norden hatten die Carabinieri ein gefährliches Leben. In Tirol wurden sogar Bomben gelegt und viele ermordet.

Ich wollte es in der Raffinerie von Gela versuchen. Aber dort roch es angeblich sehr schlecht und die Leute würden nur herumkommandiert. Als ich das hörte, habe ich auch diesen Gedanken fallen lassen. Ich wollte mir von fremden Leuten nichts sagen lassen. Nach sechs Monaten kam mein Vater in Urlaub nach Hause und erzählte, was ich schon immer hören wollte: Die Deutschen seien alle naiv und die Arbeit kinderleicht. Er gab groß an, sprach nur Deutsch mit mir, so dass ich ihn nicht verstehen konnte und erklärte, er sei in der Schuhfabrik schon so eine Art Vorarbeiter geworden. Da dachte ich mir: „Wenn der das geschafft hat, kann es für mich nicht so schwer sein!"

Vater brachte Zigaretten und viele Zigarren mit. Damit sollten die Leute, denen wir Geld schuldeten, bestochen werden. Don Basilio, der Düngerverkäufer bekam eine Schachtel Zigarren, damit er seinen Mund hält, genau wie der Bankdirektor von Gela. Mir brachte mein Vater ein Messer mit. Was sollte ich damit anfangen? Als wir in San Nicola Tomaten pflücken gingen, schmiss ich es in eine Erdspalte. Der Boden war dort derart ausgetrocknet, dass er bis zu zehn Zentimeter breite und sehr tiefe Risse hatte.

Giuseppe Bruno 1959,
noch lebt er in Butera

## „Padre padrone"

Ich war wütend. Vater hatte groß getönt, die Arbeit sei in Deutschland so leicht, dass er sich in den sechs Monaten richtig ausruhen konnte. Und trotzdem kommandierte er mich wieder herum. Der Herr setzte sich schon im Dorf auf das Muli - und dort blieb er bis San Nicola. Er war noch fauler geworden. Beim Tomatenpflücken taten ihm die Hände weh. Ich musste alles alleine machen und mir dazu noch die ewigen Litaneien meiner Mutter anhören, die er mir wiederholte: Wie faul ich geworden sei, ich hätte nur Flausen im Kopf und so weiter. Er drohte mir, mich nach Deutschland mitzunehmen. Dann würden andere Saiten aufgezogen. Ich müsste Geld verdienen und er hätte mich unter Kontrolle. Ich dachte mir: „Das wäre ja toll! In Deutschland kann es nur besser sein als hier in Butera!"

Aber er war noch nicht fertig mit mir. Er verkloppte mich wieder und drohte mich umzubringen. Er warf mir meinen Anzug vor. Sobald wir im Dorf seien, werde er ihn verbrennen. Ich bin ein bisschen aus seiner Reichweite gegangen und habe ihm gesagt: „Statt Geld zu schicken oder mitzubringen, hast du einen ganzen Koffer voller Anzüge mitgebracht - nur für dich!"

Ich denke, er hätte mich erschossen, wenn er sein Gewehr dabei gehabt hätte. Vorher hatte ich mich vergewissert, dass er es zu Hause gelassen hatte. Ich bin so schnell ich konnte Richtung Dorf gelaufen und habe ihn stehen gelassen. Per pedes war ich immer schnell. Ich war es gewohnt, durch die Felder zu laufen. Aber bevor ich mich nach Hause wagte, wusch ich mich in unserem berühmten Bach (natürlich nur die Nasenspitze). Dann lief ich ins Dorf. Kaum betrat ich das Haus, fing meine Mutter mit ihrer Leier an. Ich sollte mir unbedingt die Füße mit Essig waschen. Ich musste meine schönen Schuhe aus Palermo ausziehen und sollte meine Füße ins Essigwasser stellen.[22] Dann sollte ich mindestens eine halbe Stunde ruhig sitzen bleiben. Heute weiß ich, das ist gesund, aber damals fand ich es lästig und primitiv. Und außerdem hatte ich doch keine Zeit, weil mein Vater jeden Moment da sein konnte!

Ich schaffte es Mama zu vertrösten, aber ich sagte ihr nicht, warum ich so früh heim gekommen war, denn sonst hätte sie wieder mit Petzen begonnen. Ich zog mich schnell um – und nur weg von dem ankommenden Gewitter! Ich bin sofort in das Parteihaus und fing an, Anträge zu schreiben. Nach ein paar Stunden kam mein Vater – wütend wie ein Stier! Aber in der Partei konnte er mich nicht verkloppen. Da setzte er sich hin und spielte den verständnisvollen Vater. Ich bemerkte, er hatte wieder einen neuen Anzug an. So ein Heuchler!

Später erzählte mir einer seiner Arbeitskollegen, er schicke seiner Frau mindestens 30 000 Lire im Monat. Von meinem Vater kamen gerade mal 10 000 bis 15 000 monatlich. Irgendwas stimmte da doch nicht. Mich lässt er allein mit mehr als 180 Hektar Land – ich war schließlich erst 15 Jahre alt – und er macht sich ein schönes Leben in Deutschland!

Ich habe ihn noch mehr gehasst. Von seinen Geschichten glaubte ich kein Wort mehr. Er sagte mir, in seiner Fabrik wären alle dumm. Er erzählte was von einem „Fritz“ und einem „Schorsch“, die er bei der Arbeit herumkommandierte. Er tat so, als wäre er der Direktor von Ada-Ada.

Er brachte auch jede Menge Schuhe mit, meistens gestohlene, wie ich später erfahren habe. Denn er konnte sich bei der Arbeit frei bewegen und nutzte das zum Klauen aus.

Im Dorf hörte ich, wie er mit seinen Kollegen Deutsch sprach. Die Urlauber trafen sich auf der Piazza, spazierten vier oder fünf Stunden hin und her – von 17 Uhr bis mindestens Mitternacht. Ich musste dafür erst recht früh ins Bett, denn mein Vater sagte, er hätte Urlaub und müsse sich ausruhen. Das störte mich. Andere Väter sind morgens früh aufgestanden und aufs Feld gegangen. Nur mein Vater spielte immer die große Ausnahme.

Die Leute rieten meinem Vater, er solle mich nach Deutschland mitnehmen, denn dort seien die Leute größer und mein Vater müsse sich nicht mehr so sehr für mich schämen. Mittlerweile wollte er sich gar nicht mehr mit mir blicken lassen.

Luigi Bruno 1964 – Feierabend im Wohnheim

Als er einen, der eigentlich „Großmaul" genannt wurde, „Casanova!" rief, dachte ich, es sei ein deutscher Spitzname, den mein Vater gebrauchte um anzugeben. Ich sagte, er solle damit aufhören, immer Deutsch zu reden. Da erklärte er, er habe den Dialekt von Butera vergessen. Ich wollte nicht glauben, dass man nach einem Jahr seine Muttersprache vergessen kann. Aber mein Vater war der lebende Beweis!

Ich musste dieses Jahr viel Weizen mähen. Da hat er sich erweichen lassen doch mitzukommen. Wir brauchten drei Tagelöhner, worüber er schimpfte: Die paar Lire, die er mitgebracht hatte, gingen jetzt dafür drauf. Aber dann hatte er die Idee, seine Arbeitskollegen aus Deutschland mitzunehmen. Die wären billiger, sagte er.

Wir sind zu unserem Landstück Piro aufgebrochen. Der Boden dort war nicht sehr fruchtbar, überall waren kleine Steine. Wir arbeiteten den ganzen Tag mit unseren Sensen. Die Urlauber haben so viel gequatscht, dass die Zeit recht schnell verging - ich hörte bei allem interessiert zu, neugierig wie ich war. Ich habe mich wohl zu sehr ablenken lassen, denn plötzlich schlug die Sense gegen einen kleinen Stein, sprang hoch und schnitt mich tief in die linke Hand. Wir hatten kein Verbandszeug dabei. „Was, wenn sich die Wunde infiziert?" fragte ich.

Da zeigte mir mein Vater, was Infektion bedeutet. Er verkloppte mich so schlimm, dass mich sogar seine Kollegen in Schutz nahmen. Da nahm mein Vater eine wilde grüne Pflanze, legte die Blätter auf die Wunde und verband sie mit einem Fetzen von meiner Hose.

Er zwang mich, bis spät am Abend weiterzuarbeiten. Zurück im Dorf, durfte ich endlich ins Krankenhaus. Da sagte mir der Arzt, ich soll meinen Vater wegen unterlassener Hilfeleistung anzeigen. Die Wunde hatte sich bedenklich verschlimmert.

Aber ich konnte doch nicht meinen eigenen Vater anzeigen! Das ging über mein Vorstellungsvermögen. Ich suchte immer noch Liebe, Lob und Anerkennung bei meinen Eltern. Aber alle Mühe war vergebens. In unserer Familie gab es so dummes Zeug nicht!

Am folgenden Tag ging ich allein zur Dreschmaschine. Auch auf San Nicola musste die Arbeit weitergehen. Jeder Bauer im Dorf musste sein Getreide zur Dreschmaschine bringen, einer nach dem anderen. An diesem Tag war ich an der Reihe. Das konnte mein Vater vom Dorf mit seinem neuen Fernglas beobachten. Dann kam er mit einem LKW zum Aufladen.

Nicht nur der Laster musste bezahlt werden. Auch die Leute, die auf- und abluden, sollten mit Geld oder Weizen vergütet werden. Da unser Weizen in die zweite Etage unseres Hauses getragen werden musste, verlangten die Leute ein bisschen mehr. Aber Vater blieb stur. Er hätte das Geld in Deutschland hart verdienen müssen und sähe gar nicht ein, mehr zu zahlen. Wir würden unseren Weizen allein abladen! Für mich waren die Säcke sehr schwer – sie wogen meistens 100 Kilo. Und es waren mindestens 150 Stück.

Als wir damit fertig waren, sagte mein Vater, ich solle mit dem Lastwagen vorfahren. Er käme mit dem Muli nach. Ich wusste sofort, was das zu bedeuten hatte. Er brauchte mit dem Muli gut zwei Stunden und ich mit dem LKW 40 Minuten. Im Dorf angekommen, habe ich allein abladen müssen. Der Laster hat noch nicht mal vor unserem Haus halten können, weil die Straße zu eng war. Ich habe die 150 Säcke von der Hauptstraße bis in die zweite Etage unseres Hauses getragen. Bis mein Vater kam, war die Arbeit erledigt – und ich auch. Er hatte sich vier Stunden Zeit gelassen. Er sagte, er hätte Lust auf Kaktusfeigen bekommen und darum einen kleinen Abstecher gemacht. Als Dank sagte er mir, ich sollte mich nicht so anstellen, er hätte früher auch seinen alten Opa verwöhnen müssen. Ich wünschte ihm wieder mal die Pest auf den Hals. Zum Glück würde er in zwei Tagen nach Deutschland abreisen. Darüber war auch mein Vater zufrieden. Er sagte, er fühle sich unter Menschen viel wohler als bei uns zu Hause. Meine Mutter sei eine Schlampe und ein Schwein. In Gedanken stimmte ich ihm zu. Trotzdem hatte gerade er kein Recht so zu reden. Ich verteidigte meine Mutter – sie hatte nie etwas anderes als unser Dorf gesehen. Fernsehen hatten wir nicht und ein Radio wollte mein Vater auch nicht kaufen. Er meinte, wir würden ohnehin nichts verstehen. Dort würde nämlich Hochitalienisch gesprochen und dazu seien wir viel zu dumm.

Solange mein Vater zu Besuch war, haben wir noch beengter geschlafen. Ich hatte ein Bett aus Stroh und Brettern voller Löcher von den Wanzen. Jeden Morgen sah ich aus, als hätte mich ein Vampir überfallen. Meine Mutter, mein Vater und meine Schwester schliefen zusammen in einem großen Bett. Das war wenigstens weich. Ich hatte wie so oft den Kürzeren gezogen.

Wegen der Hitze tat ich kein Auge zu. Meine Mutter verschloss immer Fenster und Türen, weil sie Angst hatte, es könnten Einbrecher kommen. Sie war immer noch der Meinung, wir seien sehr reiche Leute. Ich konnte mir nicht vorstellen, was Diebe bei uns hätten klauen sollen!

Plötzlich hörte ich meinen Vater stöhnen. Nach einer Weile sagte meine Mutter: „Jetzt ist es genug!" Da wusste ich, sie hatte ihren ehelichen Pflichten nachkommen müssen. Ich dachte nur: „Was für ein Schwein mein Vater ist!" Tags zuvor beschimpfte er meine Mutter als Schlampe und Drecksau – und jetzt war sie ihm wieder gut genug.

Schon um 2 Uhr nachts ist mein Vater aufgestanden, um den Bus nach Gela zu nehmen. Ich brachte ihn zur Bushaltestelle am Rathaus. Seit ich denken kann, war dort eine Baustelle (es sollte noch mindestens 20 Jahre dabei bleiben). Um 4 Uhr warteten wir mit den anderen Gastarbeitern – wir nannten sie Emigranten – auf den Bus. Ich hatte wie zu erwarten die Koffer tragen müssen. Mein Vater hatte sich extra für seine Reisen drei neue gekauft.

Beim Abschied drohte er mir ein letztes Mal: Wenn ich mich nicht benähme, würde er mich zum Geldverdienen nach Deutschland holen. Ich dachte: „Wann fährt dieser verdammte Bus endlich los?" Als es soweit war, habe ich so tief aufgeatmet, dass es richtig wehgetan hat.

### Ich will weg von hier!

Ich wusste nicht mehr, was ich hätte tun sollen, um meinem Vater zu imponieren oder zu gefallen. Er hatte gesehen, dass ich die Ländereien gut geführt hatte – und nicht ein Wörtchen Lob! Er hatte gesehen, dass mich die Leute für meine Arbeit in der Partei bewunderten – aber auch das war ihm egal. Er wollte einfach nichts von mir wissen. Ich war auf dieser Welt nur zum Arbeiten da und um sein Eigentum zu vermehren. Sein Traum war, immer mehr Ländereien zu besitzen, obwohl wir so viele Schulden hatten, dass wir das, was wir besaßen vor der Versteigerung schützen mussten. Allein konnte ich seine Ansprüche ohnehin nicht befriedigen. So nahm ich mir vor, im kommenden Jahr nicht mehr so viel zu arbeiten, damit meine Eltern mich nach Deutschland schickten.

Meine Schwester bekam die gleichen Probleme wie ich: Sie ist auch so groß geworden und fand dadurch keine Freundinnen. Es wurde meine Aufgabe Concetta auszuführen. Fast jeden Sonntag musste ich mit ihr auf der Piazza spazieren gehen. Wir merkten sehr schnell, die Leute lachten uns aus, weil wir zwei die Größten des verdammten Dorfs waren. Die Partei bearbeitete mich: Ich solle mich nicht so oft mit meiner Schwester blicken lassen, weil ich mich lächerlich machte. Das konnte ich aber meiner Schwester nicht antun. So ging es das ganze Jahr weiter. Ich hoffte immer, dass es schlechtes Wetter gab, damit meine Schwester nicht spazieren gehen wollte oder ich täuschte Parteisitzungen vor.

Was meinen Vater anging, brachte ich das Fass zum Überlaufen. Ich zettelte eine illegale Demonstration an und wurde festgenommen. Jetzt müsste mein Vater doch endlich reagieren! Meine Rechnung ist aufgegangen.

Es war das Jahr 1962 als er mich nach Deutschland holte. Er schrieb, ich solle meinen Pass vorbereiten. Er sähe nicht ein, dass ich in Butera den Trottel spiele. Ich solle mich an Zio Rocco wenden – der würde mich auf der Reise begleiten. Ich bin sofort nach Caltanissetta gefahren, um mir meinen Stempel zu besorgen. Dort musste ich die Nacht verbringen, weil der Bus nach Butera erst am folgenden Tag wieder fuhr. Meine Freunde Nico und Lo Monaco empfahlen mir ein Hotel. Endlich konnte ich mal wieder ohne Wanzen auf einer normalen Matratze schlafen! Schon am Abend kam der Staatsanwalt vorbei und brachte mir meinen gestempelten Personalausweis. Andere mussten bis zu drei Monate darauf warten. Ganz billig war die Angelegenheit aber doch nicht. In der Bar musste ich mindestens drei Runden ausgeben.

Dann begleitete ich Nico noch auf seinen Touren. In einer Straße standen die Preise für die Damen gleich neben den Hausnummern. Ich musste mich wieder herausreden und erklärte Nico wie schon in Palermo, ich hätte in Butera genug gehabt. Am nächsten Tag fuhr ich wieder nach Butera. Ich brachte meiner Mutter ein Stück Stoff mit, in der

Hoffnung, sie würde sich ein neues Kleid nähen. Aber das war unmöglich. Sie sagte, sie müsse noch mindestens fünf Jahre Schwarz tragen. So bekam meine Schwester den Stoff.

Ich wartete auf die Gelegenheit, endlich mit einer Frau ins Bett zu gehen. Aber ich hatte Angst zu versagen. In Butera hieß es, große Männer seien impotent, und das saß tief. War ich sogar für die Liebe zu dumm? Mit dem Wort „Liebe“ konnte ich nicht viel anfangen. Es war nur ein Ersatzwort für „Sex“. In meiner Familie zeigte niemand, weder mein Vater noch meine Mutter, Zuneigung und Zärtlichkeit. Jedes Mal, wenn ich von „Liebe“ im Fernsehen und im Radio hörte (denn mittlerweile hatten viele Leute Radios), geriet ich, wie alle anderen, völlig aus dem Häuschen. Wir stellten uns darunter die schlimmsten Orgien vor. Alles, was weiblich war, gehörte zu dieser Welt – nur die eigenen Schwestern und Mütter nicht. Erst viel später lernte ich, dass das mit Liebe nichts zu tun hatte.

In diesem Jahr kamen die ersten Emigranten mit Autos aus Deutschland in den Urlaub. Wir sahen zum ersten Mal einen Zigarettenanzünder und ein Auto, das größer war als ein Fiat 500 und nicht durch unser Dorf fahren konnte – ein Opel Kapitän. Der kam mir so groß vor wie ein Zug.

Wie mein Vater mir gesagt hatte, passte ich den Zio Rocco auf der Piazza ab. Er war ein Christdemokrat und ein ganz Heiliger. Jeden Tag ging er in die Kirche zum Beten, damit, wie er sagte, Gott ihm helfe. Er erzählte mir, mein Vater werde dieses Jahr zu Weihnachten kommen. Es war wieder typisch: Irgendwelche fremden Leute wussten, wann der Herr anreist, aber seine eigene Frau hatte keine Ahnung. Das sagte ich auch meiner Mutter. Sie fing an zu weinen und ging zum heiligen Rocco beten, damit er meines Vaters Seele rettete.

Zu Weihnachten kam mein Vater für drei Wochen. Ich hatte die Ländereien schon bestellt und in den Weinbergen Mandelbäume angepflanzt. Die Reben hätten sehr viel Pflege gebraucht, die wir von Deutschland aus nicht leisten konnten. Auf die Art hatten wir wenigstens Mandeln. Mein Vater kam natürlich sofort mit Vorwürfen: Die gepflanzten Bäume würden bittere Mandeln geben, wenn man sie nicht pfropfte. Ich machte ihn darauf aufmerksam, dass ich das konnte. Aber für ihn war es nichts als eine Last mit so einem langen, dummen Sohn. Mehr fiel ihm dazu nicht ein.

Er brachte wieder ein bisschen Geld mit für die Zinszahlungen beim Düngerlieferant. Mir hatte er verboten, Dünger zu kaufen und deshalb gab es noch weniger als sonst zu ernten. Erlaubt hatte er mir nur den

Phosphor für die Weinreben, sonst hätten die Schädlinge die gesamte Traubenlese zerstört.

Dieser Rocco kam, um mit meinem Vater zu besprechen wie das im Sommer ablaufen sollte. Mein Vater wollte mich im Juli nach Deutschland holen, mit Begleitung, das war sicherer. Als Gegenleistung würde mein Vater dem Rocco einen Arbeitsplatz suchen. In meinem Alter sah mein Vater kein Problem. Ich war erst 16 Jahre alt. Er meinte, in Deutschland arbeiten alle, auch die Kinder. Keiner hätte dort wie ich Zeit, einer Partei hinterherzurennen. Dabei sprach mein Vater mit dem Zio Rocco mehr Deutsch als Buterisch. Wir hatten ein echtes Problem ihn zu verstehen. Er fühlte sich sehr intelligent, weil er so schnell Deutsch gelernt hatte. Wir mussten das glauben. Mir erklärte er beim Essen, was „Brot" heißt und das Grüßen brachte er mir auch bei.

Er hatte wieder die Koffer voller Klamotten und einen neuen Mantel. In Deutschland wäre es sehr kalt und er müsste sich der Mode anpassen. Aber ich sah, die anderen Leute waren nicht so modern angezogen. Das sei kein Wunder, meinte er, denn die Leute seien alle ziemlich dumm und könnten oder wollten sich nicht anpassen. Er tat so, als ob er ein Deutscher wäre. Ich aber hörte, in Deutschland sei alles sauber – und mein Vater spuckte immer noch im Haus auf den Boden. Er war ganz der Alte.

Endlich ist er wieder weggefahren, mit einem Kollegen und mit meinem Cousin. Für den hatte er schon Arbeit in der Schuhfabrik Ada-Ada in Höchst gefunden.

Ich konnte den Sommer kaum erwarten. Leider sollte ich nur acht Monate in Deutschland bleiben und dann wieder zurückfahren, um die Ländereien versorgen zu können. Aber ich freute mich trotzdem. Endlich würde ich auch was von der Welt sehen und brauchte zumindest für diese Zeit nicht schwer arbeiten.

Denn das war ein Alptraum geworden. Am schlimmsten war es, das Stroh in unserem Stall zu bunkern. Meine Mutter hatte mir zwei große Säcke gemacht, die je fünfhundert Liter fassten. Damit brachte ich im Sommer jeden Tag das Stroh vom Dreschplatz nach Butera, bis unser Stall voll war. Mir fehlte die Kraft, um diese großen Netze alleine auf das Muli zu laden. Zu Hause hat mir meine Mutter wenigstens geholfen, sie in den Stall zu tragen. Ich hatte in diesen Netzen viel mehr drin als die älteren Bauern. Ich wollte jedem beweisen: Ich war nicht nur groß und dumm, sondern auch stark. Das hat mir doch manche Bewunderung eingebracht. Die Leute konnten nicht mehr sagen, die Großen sind nur zum Kaktusfeigen-Klauen gut.

Den Zio Rocco, der mich nach Deutschland begleiten sollte, habe ich gezwungen in meine Partei einzutreten. Jetzt kam er jeden Tag zu mir, zum Fernsehen und um sich mit mir zu unterhalten. Ich wusste genau, er wollte sich durch mich bei meinem Vater einschmeicheln.

### Und das Muli starb vor Kummer ...

Im Juni habe ich unser Muli und die Ziege an Graziano, den Stotterer verkauft. Ich hatte ein komisches Gefühl bei diesem Geschäft. Wir hatten unser Muli 20 Jahre gehabt und ich kannte es, solange ich lebte. Unbewusst spürte ich, an diesem Tag sollte sich mein Leben verändern. Am Ende war es immer das Muli gewesen, das mich an unser Haus gebunden hatte. Ich hatte es immer versorgt und gepflegt. Nun konnte ich meine eigenen Wege gehen. Und zwar nicht mehr als Bauer, denn: Was war ein Bauer ohne Muli? Das machte mich etwas traurig – und das Muli auch. Heute weiß ich, es wusste genau, was mit ihm passierte.

Am Tag, als Zio Graziano das Tier holte, hatte es die Augen voller Tränen. Damals war ich zu sehr mit der bevorstehenden Reise beschäftigt um das zu verstehen. Als ich aber erfuhr, unser Muli ist kurz danach gestorben, war es ein schwerer Schlag. Zio Graziano wollte sein Geld wiederhaben: Wir hätten ihm das Muli krank verkauft. Aber so war es nicht. Das arme Muli ist vor Kummer gestorben. Ich konnte nicht anders und sagte das meinem Vater. Er war außer sich vor Wut. Die Backpfeife, die er mir diesmal verpasste, war so schlimm, dass mir ein Zahn rausgefallen ist. Gefühle, ob bei Mensch oder Tier, machten ihn rasend. Meine Reden fand er immer nur dumm. Tiere könnten nicht weinen und fühlen und ich sollte ihn nicht immer blamieren.

Da habe ich mir abgewöhnt, vor meinem Vater solche Schwächen zu zeigen. Ich musste immer an meinen Zahn denken.

Das Loch in meinem Mund erinnert mich heute noch an das Muli und meine nicht immer glückliche Kindheit als Bauernjunge in Butera. Vielleicht hat mein Vater mir damit einen großen Gefallen getan?

*Anmerkungen*

1 Auch: Maulesel.
2 Zio/Zia, auf Deutsch: Onkel/Tante. In Süditalien nennt man so auch Nachbarn und Bekannte.
3 Chef der Finanzpolizei („guardia di finanza"), die dem Militär untersteht.
4 *petzen*: In hessischer Mundart für *kneifen.*
5 Wörtlich auf Deutsch: *kalabrisches Mädchen.* Titel eines bekannten Volkslieds.
6 Faschistische Polizei. Wörtlich auf deutsch: *Schwarzhemden.*
7 Bei dieser Geste zeigt man den Handrücken und knickt Mittel-, Ringfinger und Daumen nach innen. Damit sagt man einem Mann, seine Frau betrüge ihn. Er ist *cornuto,* auf deutsch: *gehörnt.*
8 Wörtlich auf Deutsch: *kleiner Kürbis.* Anspielung auf die typische Glatze der Priester.
9 Eine Iltisart.
10 Italienische Polizei.
11 Grünes Gemüse, d. i. Spinat, Mangold o. ä.
12 Auf Deutsch: *Weißes Kraut.*
13 Goethe ist auf seiner „Italienischen Reise" dort vorbei gekommen!
14 Scharfschütze.
15 Die Noten gehen in Italien von 1 bis 10, 10 ist die beste Note.
16 Spitzname, auf Deutsch: *Ich muss mal.*
17 Rechtsanwalt.
18 Öffentliche Einrichtung (1950-1984) in Italien, die den armen Süden des Landes wirtschaftlich fördern sollte. Sie wurde leider zum Symbol für Misswirtschaft und Korruption.
19 Europäische Wirtschaftsgemeinschaft.
20 Die Schuhfabrik Ada-Ada war eine der wenigen Firmen, die nachdem Zweiten Weltkrieg schon kurz nach dem Einzug der Besatzungstruppen die Erlaubnis zur Wiederaufnahme der Produktion erhielt. Sie gehört heute noch zu den führenden Unternehmen ihrer Branche in Deutschland.
21 Auf Deutsch: *das goldene Becken.*
22 Auf einen Liter Wasser gab Mama einen Viertelliter Essig!

# WANDERJAHRE

## Durch Sizilien nach Messina

Am 14. Juli 1962 war es so weit. Endlich verließ ich Butera. Diesmal kam ich nicht als Kofferträger zum Bus. Ich musste nicht zusehen, wie die anderen sich aus dem Staub machen, sondern durfte selbst abreisen!

Das Geld, das ich für das Muli und die Ziege bekommen hatte, reichte für die Fahrkarte nach Frankfurt am Main. Was nun begann, war eine sehr eindrucksvolle Reise - erstmal durch Sizilien. Ich wollte mir die großen Ebenen von Catania genau ansehen und wissen, was die Leute pflanzten. Alles war so beeindruckend und schön - nur die Busfahrt nach Gela ist eine Tortur gewesen. Der Bus war einfach zu groß für die engen Straßen und erst recht die Kurven! So stellte ich mir die Schweiz vor. Für 21 Kilometer brauchten wir 80 Minuten.

Der Zio Rocco hatte keinen Koffer, sondern einen Karton und einen zerschlissenen Rucksack. Darin waren kaum Klamotten, aber dafür viel zu essen: Nudeln in allen Formen und Längen. Er sagte mir, es gäbe in Deutschland keine Spaghetti und die Leute müssten dort von Kartoffelschalen leben. Da dachte ich mir: „Die sind bestimmt noch besser, als das Grünzeug von meiner Mutter. In Deutschland ist bestimmt keine Asche im Essen!"

Trotzdem bekam ich nach dieser Geschichte ein bisschen Angst. Ich entfernte mich mehr und mehr von Butera! In Gela sind wir in einen besseren Bus umgestiegen, der von Licata kam. Die Busse gehörten alle einem Mann aus Butera. Er war sehr lange Bürgermeister bei uns gewesen und hatte den Ruf sehr gerissen zu sein. Er ist als armer Mann gewählt worden und übernahm eine schuldenfreie Gemeinde. Nach fünf Jahren Amtszeit dagegen hatte Butera jede Menge Schulden - und er jede Menge Busse. Die neuen Modelle fuhren mittlerweile in ganz Sizilien. Außer in Butera! Dorthin fuhren immer noch die alten Busse mit ihren kaputten Motoren.

Im neuen Bus warnte mich der Zio vor der Klimaanlage und packte sich so ein, dass man nicht mal mehr seine Nase sehen konnte. Dann betete er zum lieben Gott, er möge ihn vor der Klimaanlage beschützen.

Damals gab es noch keine Autobahnen und Schnellstraßen auf Sizilien. Wir mussten durch alle Dörfer fahren. Als erstes kamen wir nach Niscemi. Dieses Dorf hatte ich mein ganzes Leben lang von Butera aus sehen können. Aber es gefiel mir nicht. Die Löcher in der Straße waren so groß, dass der Bus fast stecken blieb. Ich sah auch Schweine auf der Straße. Da dachte ich mir nicht ohne Stolz: „Lieber Butera!" Dort war es immerhin verboten, Schweine frei herumlaufen zu lassen. Mir hatten zu Hause schon die streunenden Hunde gereicht. Den Zio interessierte das alles wenig. Er war mit sich selbst beschäftigt und fing schon an zu essen: Pizza, und zwar die so genannte „buterische“ Pizza, die nur aus Teig, Tomaten, Käse und Knoblauch besteht.

Endlich kam der Fahrer zurück. Er hatte sich einen Espresso gegönnt und mit jedem gelabert, der zufällig an der Haltestelle stand. Wir sind weiter in Richtung Caltagirone gefahren. Auch diese Stadt konnte man von Butera aus sehen, aber sie war viel größer, als ich gedacht hatte. Die Straßen waren sauber und fast so breit wie in Palermo. Und es gab ein Schloss mit ganz dicken Mauern und einer Allee voller Palmen. Ich konnte das einfach nicht fassen! In Butera gab es nur zwei Palmen, von denen ich, wie schon gesagt, eine mit meinen Freunden kaputt gemacht hatte. In Caltagirone war alles so schön und gepflegt und auch die Leute waren anders: sauberer! Aber vielleicht fand ich in diesem Moment auch einfach alles besser, was nicht aus Butera war.

Wir warteten wieder auf den Fahrer. Der hatte es offensichtlich nicht eilig und bestellte sich noch einen Espresso. Irgendwann bequemte er sich ans Steuer und es ging weiter Richtung Palagonia. Das war noch viel schöner! Ich dachte, es könnte keine Steigerung mehr geben. Aber ich sollte mich täuschen, denn nachdem der Busfahrer mit seinem dritten Espresso fertig war, fuhren wir nun nach Paternò. Das liegt so schön in der Ebene von Catania und ist umgeben von Orangenfeldern. Und da es mittlerweile Spätvormittag geworden war, waren die Bewässerungsanlagen in Betrieb. Ich konnte einfach nicht fassen, wie wunderschön Sizilien ist! Ich hatte bis dahin nur seine harten und brutalen Seiten kennen gelernt. Es war ein Unglück, in Butera auf die Welt gekommen zu sein.

Ich sah, dass jede Menge Strommasten umgefallen waren und fragte den Zio, ob er wüsste, was hier passiert sei. Da sagte er, das wäre sicher die Wut Gottes. Ich wollte es etwas genauer wissen, da sagte er: „Gott ist sehr böse mit uns, weil wir von Butera weggehen.“ Da dachte ich schon: „Was hat sich mein Vater wohl dabei gedacht, den Zio Rocco als Begleiter auszusuchen?“

Ich bin aufgestanden und fragte den Fahrer. Der sagte mir, vor kurzem sei hier ein schweres Unwetter gewesen. Dabei schüttelte er den Kopf und fragte mich, woher ich komme. Ich wusste sofort, was er meinte und sagte einfach: „Aus Amerika.“ Da riss er die Augen auf und sagte, Amerikaner sähen anders aus. Er hatte Recht. Ich schämte mich in meinen Hosen, die Mama mir genäht hatte.

Den Namen Paternò kannte ich irgendwoher. Da fiel mir ein, unser Geschichtenerzähler war von hier. Der Mann musste sehr glücklich sein, in so einer schönen Stadt zu leben. Die Geschichten, die er uns erzählt hatte, waren die einzige Abwechslung in Butera gewesen.

Ich war glücklich über die vielen neuen Eindrücke. Wie schön könnte das Leben sein! Besonders froh war ich, dass ich schon diesen Tag nicht aufs Feld gehen musste. Ich rief mir immer wieder in Erinnerung, dass ich unterwegs war, weg von Butera. Und nachdem, was ich bis jetzt gesehen hatte, konnte es nur noch besser werden – bis Paternò hatte es immer eine Steigerung gegeben.

Wir sind um 13 Uhr in Catania eingetroffen. Dort gefiel es mir nicht. Es war noch viel lauter als in Palermo und vor allen Dingen war es nicht so sauber wie in den Städten, die wir unterwegs gesehen hatten. Ich konnte ja nicht wissen, dass es in Catania nicht überall wie auf dem Bahnhof zuging. Während wir zum Fahrkartenschalter liefen, ist dem Zio Rocco der Karton geplatzt. Ich musste meinen Gürtel hergeben, um den Karton einigermaßen zu sichern. Dann kaufte ich die Fahrkarten. Ich hatte so langsam das Gefühl, ich musste auf den Zio aufpassen, anstatt er auf mich. Aber das sah meinem Vater ähnlich!

Ich konnte mir immer noch nicht vorstellen, dass er in Deutschland Karriere gemacht habe und die Leute herumkommandierte wie in Butera. Im Dorf konnte er es sich erlauben, weil manche Tagelöhner auf ihn angewiesen waren, aber doch nicht in Deutschland! Vielleicht stimmte es doch, dass die Deutschen alle dumm und naiv sind? Ansonsten machte das doch alles keinen Sinn.

Wir schleppten meinen alten Koffer und seinen schon ganz schön lädierten Karton zu den Bahnsteigen. Von wegen Gepäckträger! Dafür hatten wir kein Geld. Ich wusste nur, wir mussten sehr aufpassen, denn in Catania haben die Diebe immer ein Auge auf die Leute aus der Provinz. Da fiel mir der Busfahrer ein und sein Blick – von wegen: „Wo kommst du denn her?" Außer dem in Butera hatte ich noch nie einen Bahnhof gesehen. In Catania war er so groß!

Da der Zug aus Syrakus kam, konnten wir ihn schon von weitem sehen. Kaum, dass er hielt, war ich schon drin und besetzte zwei Plätze mit meiner Jacke. Der Zio Rocco reichte mir meinen Koffer und seinen kaputten Karton durchs Fenster.

Wir hatten uns gerade hingesetzt, da machte er sich wieder an seine Pizzas. In unserem Abteil saßen leider vornehme Leute und ich merkte, sie ekelten sich. Ich konnte den Zio nicht davon abhalten, den Herrschaften auch noch von seiner zermatschten Pizza anzubieten. Die rümpften die Nase, standen auf und verließen das Abteil. Da guckte ich in meiner Provianttasche nach, was Mama mir mitgegeben hatte. Das konnte doch nicht wahr sein! Ich hatte die ganze Tasche voller Pizza. Außer etwas Käse war wie immer kaum was drauf, wir sparten ja überall. Aber ich hatte nichts anderes und musste mich wohl oder übel damit zufrieden geben. Ich setzte mich so, dass die Leute im Gang mich nicht sehen konnten und habe sehr schnell gegessen.

Kaum hatten wir den Bahnhof verlassen, waren wieder das Meer und die vielen Orangenbäume zu sehen. In Acireale tauchte der Ätna vor uns auf. Von Butera aus war er von weitem zu sehen. Mir fiel wieder ein, dieser Vulkan hatte Gela zerstört, weil die Stadt nicht den heiligen Rocco als Schutzpatron hatte! Ich fand es auch beeindruckend, dass ganz Catania aus Lavastein gebaut ist – die Straßen sind richtig schwarz.

Der Ätna war jetzt zum Greifen nahe. Was für ein Erlebnis! Nur Taormina konnte noch schöner sein. Aber leider konnte ich es nicht sehen, denn plötzlich fuhren wir in einen Tunnel. Taormina lag also auf einem Berg! Da gefiel es mir schon nicht mehr: Ich hatte genug von Bergdörfern.

Der Qualm, der vom Ätna aufstieg, sah bedrohlich aus. Der Zio saß immer auf seinem Platz und betete, Gott möge ihn wieder nach Butera zurückbringen. Da fing ich an ihn zu trösten.

Der Zug fuhr weiter – wir näherten uns Messina. Ich hatte ehrlich gesagt ein bisschen Angst vor der Schifffahrt, die uns noch bevorstand. Man sagte mir, wir brauchten nicht aussteigen um die Meerenge zu überqueren. Ich sah mir in den Kurven immer wieder den Zug an und dachte: „So ein großer Zug passt unmöglich in ein Schiff rein!" Meine Spannung wuchs. Aber ich traute mich nicht den Zio zu fragen. Der hätte mir bestimmt irgendeine von seinen dummen Antworten gegeben. Und ich hatte mir vorgenommen diese Antworten zu vermeiden, indem ich keine Fragen mehr stellte.

Von Taormina nach Acireale fuhr der Zug am Strand entlang. Ich konnte nicht verstehen, was ich sah: Da lagen Leute einfach so in der Sonne und ließen sich braten. Wie konnten die das freiwillig tun? Ich hatte mein Leben lang versucht, mich vor der Sonne zu schützen.

In Messina verschwand der ganze lange Zug tatsächlich Stück für Stück im Schiffsbauch. Ich hörte, man konnte aufs Deck gehen, um die Fahrt zu beobachten und Kaffee zu trinken. Aber davon haben wir lieber Abstand genommen: Wir misstrauten allem und jedem. Auf dem Schiff gab es auffällig viele Frauen in breiten, schwarzen Kleidern. Wer waren die bloß? Da klärte mich ein Mann auf, diese Frauen schmuggelten in ihren Röcken Salz von Sizilien nach Kalabrien. Auf dem Kontinent musste es nämlich versteuert werden und war dadurch viel teurer als in Sizilien. Die Leute sagten, die Schmuggelei lohne sich. Das glaubte ich ihm sofort: Zu Hause tauschte meine Mutter Sojabohnen gegen Salz im Verhältnis eins zu zehn!

Ich wollte nun doch aufs Deck. Aber der Zio sprang auf wie von der Tarantel gestochen. Ich konnte ihn nicht alleine lassen. Also blieben wir sitzen, bis die Überfahrt vorbei war. Das dauerte immerhin fast eine halbe Stunde. In dieser Zeit haben wir wieder mal gegessen – Pizza! Und ich stellte fest, meine Mutter hatte mir Eier mitgegeben. Das war sehr ungewöhnlich, die waren ihr doch heilig! Sie hatte mir zwei Stück eingepackt – immerhin etwas.

### Ein Blick zurück – und kein Heimweh!

In Kalabrien angekommen, konnte man die Meerenge sehr gut sehen. Ich bewunderte auch die großen Schiffe – sie waren viel größer als die Häuser in Butera. Da konnte ich einfach vor Staunen meinen Mund nicht halten. Aber ich bekam keine Antwort vom Zio, denn er war wieder mit seinem Beten beschäftigt. Wir hätten jetzt unser Mutterland verlassen und Gott würde uns dafür bestrafen. Ich schenkte seinen Antworten keine Beachtung mehr. Er ging mir mittlerweile gewaltig auf die Nerven. Ich sah, wie die Leute sich über uns lustig machten. Und wieder nahm ich mir vor, meine Eindrücke für mich zu behalten.

Es war schön zu sehen, wie sich Sizilien drüben immer mehr entfernte. Ich dachte an die Geschichten, die ich in der Schule gehört hatte. Von der Meeresschlange Szylla, die in der Meerenge gestorben war, damit sich Sizilien nicht von Kalabrien trenne. Und von dem Riesen Polyphem, der von Kalabrien aus mit drei Steinen nach Odysseus geworfen hatte, aus denen Sizilien entstanden ist. Ich horchte in mich hinein und stellte fest, ich hatte kein Heimweh. Entgegen meinem Vorsatz versuchte ich doch, mit dem Zio darüber zu reden, aber da kam eine böse Antwort: Ich sei verteufelt, weil ich meine Heimat nicht vermisste und ein Bastard dazu! Das hätte auch mein Vater gesagt und damit ganz Recht gehabt. Jetzt reichte es mir. Ich wollte mich an ihm rächen, sobald sich eine Möglichkeit bieten würde.

### Zio Rocco und die Zugtoilette

Bis Rom schlief Zio Rocco zum Glück. Langsam wurde es dunkel. Ich konnte nur noch Lichter sehen und stellte mir vor, wie es wohl bei Tag in den Dörfern aussehe. Von Neapel war außer dem Bahnhof nichts zu erkennen. Da waren Marktschreier, die unbedingt Getränke und Pizza verkaufen wollten – so kleine Pizzas, dass ich mindestens sieben gebraucht hätte um satt zu werden.

In Rom ist der Zio wach geworden. Er ist aufgestanden und ohne ein Wort zu sagen, aus unserem Abteil gegangen. Ich vertrieb mir die Zeit, indem ich mir den Bahnhof vom Fenster aus anschaute – mehr war von Rom nicht zu sehen. Dann fuhr der Zug weiter. Der Onkel kam immer noch nicht und ich machte mir Sorgen. Vielleicht hatte er den Zug verpasst, als er unsere Flaschen auf dem Gleis auffüllen ging? Aber ich hätte ohnehin nichts tun können. Der Zug war mittlerweile ziemlich schnell und auch sehr voll geworden. Die Waggons waren voller Leute, die keinen Platz bekommen hatten, und ihre Koffer blockierten die Gänge.

Nach einer Weile bin ich in Richtung Toilette gegangen. Vielleicht würde ich irgendein Lebenszeichen von dem Zio Rocco finden. Und tatsächlich – der Zio saß seit Stunden auf dem Klo und konnte nicht mehr raus! Die Tür war völlig verbaut. Ich holte den Schaffner, um den Onkel zu befreien. Der Mann schrie und schob, bis die Tür aufging. Da kam der Zio ganz blass und mit geröteten Augen raus und schimpfte. Warum war ich nicht früher gekommen? Nun schaltete sich der Schaffner ein und fragte den Zio, wann er auf die Toilette gegangen sei. Der sagte ganz stolz, das sei schon in Rom gewesen. Da fing der Schaffner an zu toben und zu schimpfen. Er holte einen Block raus, kritzelte etwas drauf und gab dem Zio den Zettel. Ich dachte, der Onkel würde jetzt sterben, denn er nahm alle Farben dieser Welt an. Der Schaffner verpasste ihm eine Strafe von 3000 Lire, weil er die Toilette im Bahnhof benutzt hatte. Aber damit nicht genug. Der Zio hatte sein Geld in der Unterhose versteckt. Er wollte wieder zurück in die Toilette, um dort die Hose runterzulassen. Aber der Schaffner wollte sich nicht länger zum Narren halten lassen. Die Leute lachten schon. Der Onkel solle das Geld im Abteil rausholen. Dabei schimpfte er besonders laut, um die Fahrgäste darauf aufmerksam zu machen, was für ein Idiot der Zio Rocco war. Im Abteil ließ der Zio die Hosen runter. Und siehe da, das Geld reichte gerade auf den Pfennig: Der Zio hatte nur dreitausend Lire einstecken! Er bezahlte die Strafe und war nun blank. Ich wusste, was das für mich zu bedeuten hatte. Ich würde von nun an alles bezahlen müssen – und die Fahrt dauerte noch zwei Tage!

In Mailand mussten wir umsteigen. Wir hatten sechs Stunden Aufenthalt. Da fing der Zio an Wünsche zu äußern: Er hätte plötzlich Lust auf Birnen. Ich musste aus dem Bahnhof raus und Obst suchen, während er im Zug sitzen blieb. Im Grunde war mir das ganz Recht. Auf die Art kam ich in den Genuss etwas von Mailand zu sehen.

### Erste Bekanntschaft mit einem Deutschen

Um 17 Uhr fuhr unser Nachtzug nach Frankfurt ab. Wir waren sehr überrascht darüber, wie wenig Leute in den Zug eingestiegen sind.

In unser Abteil kam ein Deutscher, der sehr gut Italienisch sprach. Er war Ingenieur und unterhielt sich nur mit mir, weil der Zio nichts anderes als seinen sizilianischen Dialekt sprach und den Mann nicht verstand. Mir kam die Parteiarbeit zugute. Ich hatte gelernt, mich mit den verschiedensten Leuten zu unterhalten. Der Ingenieur sprach so gut Italienisch - das machte mir Mut. So schwer konnte das nicht sein eine Sprache zu lernen! Trotzdem fand ich es unglaublich, dass der Mann Italienisch sprach.

Ich bot ihm etwas von unserem Essen an. Da gab er mir einen Rat: Ich solle in Deutschland nicht so großzügig sein. Ich wusste erstmal nicht, was er meinte. Da erklärte er mir, das, was ich gemacht hatte, sei in Deutschland nicht üblich. Er erzählte, er fahre sehr oft nach Italien in Urlaub und wisse wie wichtig Gastfreundschaft in Italien sei.

Ich konnte ihm nicht so recht folgen. In Butera war Gastfreundschaft ein Fremdwort - von wegen Leute einladen und eingeladen werden. Aber ich wollte mich nicht blamieren und gab dem Mann vollkommen Recht.

Ich hatte keine Lust von meinem Dorf zu erzählen, aber der Herr wollte wissen, woher ich kam. Ich antwortete „Aus Butera", den Rest konnte er sich ja denken. Aber der Mann hatte den Namen noch nie gehört. Was hatten die mir da unten beigebracht? Von wegen Butera ist die schönste Stadt der Welt und außer Butera existiert nichts!

Die wenigen Erlebnisse auf meiner Reise hatten schon gereicht, mich in meinem Entschluss zu bestärken, ganz von Butera wegzugehen - nicht nur für ein paar Monate. Das musste ich unbedingt mit meinem Vater bereden.

Jetzt fuhren wir durch die Poebene. Wie dort die Bauern das Land bewässerten! Träumte ich? Wasser! In Sizilien hatten wir nicht mal Wasser für die Toilette oder zum Waschen. Hier war alles so grün und fett, wie ich es nicht mal in Südwest-Sizilien gesehen hatte.

Dem Deutschen wollte ich auf keinen Fall erzählen, wie schlimm es uns zu Hause ging. Wir plauderten über alles Mögliche. Ich war neugierig, wie weit ich mich unterhalten konnte, ohne für dumm erklärt zu werden.

Mit Freude stellte ich fest, die Leute im Zug und in den Bahnhöfen waren nicht mehr so klein wie in Butera. Ich hörte nur, wie Zio Rocco zu mir sagte, es sei kein Wunder sei, dass ich mich mit dem Mann so gut verstehen würde. Wir seien beide so groß und daher auch beide ein bisschen bekloppt. Das konnte doch nicht sein, dass so viele Menschen so dumm sind, dachte ich mir: Der Zug war mittlerweile voller großer Menschen.

An der Grenze durchsuchten die Beamten Zio Roccos Karton und holten jede Menge Spaghetti, getrocknete Linsen und Sojabohnen raus. Da lachten uns die Beamten aus und taten ganz angeekelt.

Ich hatte in meinem Leben noch nie Schnee gesehen und wurde ganz aufgeregt, als wir nun in die Schweiz kamen. Im Dunkeln konnte ich aber leider nichts erkennen. An der deutschen Grenze musste der Zio seinen Karton wieder aufmachen und diesmal gab es Ärger wegen dem Getreide. Da half uns der deutsche Mann: Er unterhielt sich mit den Beamten und nach einer Weile ließen die Grenzschützer von Zio Rocco ab. Dann kaufte ich mir Zigaretten, natürlich die längsten. Sie sahen komisch aus, aber ich hatte meinen Spaß daran, den Zio zu ärgern, denn er rauchte nicht. Ich sagte ihm, ich fühle mich sehr wohl, da die Leute alle groß und dumm sind - wie ich. Er drohte, das Lachen würde mir noch vergehen, wenn wir erstmal bei meinem Vater wären.

Der Ingenieur bemerkte unsere Differenzen und wollte wissen, was los sei. Da erzählte ich ihm von den Problemen, die ich mit meiner Größe in Butera hatte. Als er das hörte, lachte der Mann laut auf und konnte sich gar nicht mehr einkriegen. Dann beruhigte er mich: Ich solle mir keine Sorgen machen. In Deutschland wäre ein Mann von 1,83 m weiß Gott nichts Besonderes. Im Gegenteil - der Zio solle aufpassen, denn in Deutschland würden kleine Menschen für dumm gehalten. Das beruhigte mich sehr. Ich denke, wir haben den Mann mit unseren Themen sehr belustigt. Er muss gemerkt haben, dass wir vom Ende der Welt kamen.

Ich beobachtete die Landschaft in Deutschland. Alles kam mir sehr flach vor. Der Mann sagte, es gäbe auch Berge in Deutschland - nur halt ein bisschen weiter weg. Bis jetzt kannte ich vor allem deutsche Bahnhöfe, das war noch nicht viel!

### Von Frankfurt nach Höchst

In Frankfurt am Main angekommen, ging es ziemlich rund. Der Karton meines so genannten Beschützers war total zerfetzt und wir mussten fast alle seine Lebensmittel vom Boden auflesen.

Ich verabschiedete mich von dem Deutschen in unserem Abteil, er musste nach Essen weiterfahren. Dann stiegen wir aus und suchten meinen Vater. Es war nicht so leicht, ihn in diesem Gewühl zu finden. Dann stand er plötzlich vor uns. Er brachte uns zum Bahnhofsausgang, wo jede Menge Straßenbahnen standen. Mit der Linie 10 oder 12 sollten wir nach Höchst fahren. Wir warteten und warteten. Ich war so müde! Aber dann kam endlich der Zwölfer. Ich wollte alles beobachten, aber es ging nicht, mir fielen die Augen zu. Und die vielen Reklameposter! Aber ich konnte sie sowieso nicht lesen.

Die Straßenbahn enttäuschte mich. Sie wackelte und quietschte. Da war eine Frau, die immer, wenn wir hielten, an einem Seil zog, läutete und etwas sagte. Sie kam zu uns und ich dachte, sie wolle unsere Ausweise sehen, aber es war nicht so. Mein Vater kaufte Fahrkarten und wir sind lange gefahren.

Mein Vater sagte uns die Namen der Dörfer, durch die wir fuhren: Griesheim, dann Nied. Wie war das möglich, dass hier die Städte so eng aneinander liegen? Da sagte mein Vater, in Deutschland seien alle Städte so eng gebaut. Es sei nicht überall wie in Sizilien. Ich fand die Antwort nicht so recht befriedigend. Wenigstens erfuhr ich aber, dass nicht alle Straßenbahnen Holzsitzplätze hatten. Müde wie ich war, fand ich das ziemlich unbequem. Gepolsterte Sitze stellte ich mir sehr viel gemütlicher vor.

In Höchst angekommen, mussten wir unser Gepäck bis zum Bahnhof tragen. Auf dem Weg dahin fielen mir viele zerbombte Häuser auf – Ruinen, die nach dem Krieg noch nicht wiederaufgebaut waren. Beim Höchster Bahnhof sah ich sogar einen völlig zerstörten Schutzbunker. Endlich tauchte die Schuhfabrik Ada-Ada auf. Sie lag direkt gegenüber vom Bahnhof. Für mein Empfinden war sie riesig groß. Mit ihren schwarzen Gemäuern machte sie einen sehr düsteren Eindruck auf mich. Dann sind wir in ein Haus rein, Vaters Fabrikunterkunft. Ich war sehr enttäuscht. In einem Zimmer waren vier Betten und da wohnten nur Italiener. Jetzt würde es wieder Probleme geben: Alle waren ziemlich klein!

Mein Vater stellte mir den Herrn Rossetti vor. Er war zwar nicht größer als 1,50 m, aber ich merkte, er hatte was im Kopf. Er sprach Hochitalienisch und fragte, ob ich Bücher aus der Heimat mitgebracht hätte. Meine Antwort war gelogen. Ich sagte, man hätte sie mir an der Grenze weggenommen.

Mein Vater fing sofort an zu lästern: „Ja, der Pino hat den ganzen Koffer voll gehabt!“ Ich hatte es gewusst. Er würde sich keine Gele-

Bei Ada Ada, Werk Höchst, am Fließband, 1950er Jahre

genheit entgehen lassen, mich vor den Leuten zu demütigen. Aber diesmal hatte ich Glück. Der Herr Rossetti hatte die Spitze nicht verstanden.

Er fragte, ob ich das Buch „Zwanzigtausend Meilen unter dem Meer" kenne - ich solle das unbedingt lesen: „Das ist sehr gut!" Da konnte ich nicht mithalten. Bisher hatte ich keine Zeit zum Bücherlesen gehabt, aber das sollte der Herr Rossetti nicht merken.

Da beschwerte sich mein Vater, er hätte Hunger. Ich sollte endlich was kochen! Ich guckte nicht schlecht - ich hatte noch nie in meinem Leben irgendwas gekocht. Er zeigte mir die Küche und seinen Topf, der nicht besser war als der meiner Mutter. Aber ich stellte erleichtert fest, die Küche hatte keinen Kamin. Das war eine gute Neuigkeit. Und Wasser gab es so viel man wollte! Unter Herrn Rossettis Anweisungen habe ich versucht was zu kochen. Mit ein paar Tipps ist es mir gelungen was zusammenzustellen - zwar nur einen Nudeleintopf, aber immerhin!

### Erste Arbeit

Am nächsten Tag brachte mich mein Vater in das Personalbüro der Schuhfabrik, um nach Arbeit für mich zu fragen. Aber die Leute lehnten ab, weil ich zu jung war. Einer sagte sogar zu meinem Vater, er solle mich lieber in die Schule schicken. Da nahm sich mein Vater frei und ist mit mir nach Frankfurt gefahren. Dort gab es in der Mainzer Landstraße noch mehr Schuhfabriken, aber alle lehnten mich ab. Am

Güterbahnhof hatten wir schließlich Glück. Sie stellten uns alle drei ein: mich, den Zio Rocco und meinen Vater. Mein Gehalt betrug 1,40 Mark die Stunde. Ich bekam wöchentlich 40 Mark und am Ultimo des Monats eventuelle Überstunden ausbezahlt. Für mich war das alles so irreal. Ich dachte immer noch an Butera und dass ich jetzt eigentlich auf den Feldern sein müsste. Am Tag darauf sind wir zur Bundesbahndirektion zur ärztlichen Untersuchung. Da gab es auch einen Dolmetscher aus Mailand. Mein Vater kam zuerst dran. Dann war ich an der Reihe. Der Arzt zeigte mir gepunktete Bilder, die ich hätte lesen sollen. Aber ich konnte die Bilder nicht entziffern – offensichtlich hatte ich einen Sehfehler. Da schrie mein Vater vom anderen Zimmer in unserem Dialekt: „Du langer Dummkopf, tu endlich, was der Mann von dir verlangt!“ Der Dolmetscher fragte, was mein Vater gesagt habe und was für eine Sprache das sei. Da tat ich, als hätte auch ich ihn nicht verstanden. Der Arzt sah meine Hände und bemerkte, sie waren voll Hornhaut. Er war sehr zufrieden und sagte dem Mailänder, ich wäre sehr geeignet. Er war für meine Einstellung.

### „Zimmer mit Aussicht“

Am Tag darauf fuhren wir wieder nach Frankfurt zum Güterbahnhof, um uns in die Zimmer einweisen zu lassen und uns beim Hausmeister zu melden.

Es war ein Haus mitten auf den Gleisen, mit zwei Etagen und voller Einzelzimmer. Ich dachte, wir sind in einem Hotel, so sauber kam mir das alles vor. Wir stellten uns dem Hausmeister vor, der zum Glück ein bisschen Italienisch sprach. Ich verstand natürlich noch kein Wort Deutsch – außer, wenn mein Vater sprach. Da verstand ich immer ziemlich viel. Irgendwas stimmte da nicht: Was der redete, konnte doch kein Deutsch sein!

Trotzdem war ich vollkommen auf ihn angewiesen und das gefiel mir nicht. Der Hausmeister – er hieß Hans – wies mir und meinem Vater ein Zimmer zusammen zu. Es war in der ersten Etage. Wir hatten auch einen Mitbewohner, der hieß Federico und war aus Agrigent. Der Zio Rocco musste in ein anderes Zimmer im Erdgeschoss.

Hans führte uns durch das Haus und zeigte uns die Duschen im Parterre. Unglaublich! Ich hatte nur ein Mal in meinem Leben geduscht: bei der Polizei in Gela. Und nun würde ich es jeden Tag tun können! Die Küchen waren sehr groß und hatten fließendes Wasser. Es freute mich immer wieder, dieses laufende Wasser zu beobachten. Wir bekamen auch Toilettenpapier, für jeden Mann zwei Rollen pro Woche! Ich konnte das einfach nicht fassen: Ich, der Pino, durfte Toilettenpapier benutzen, genau wie im Kino! Aber das war nicht alles. Es war einfach grandios, endlich ohne Kakerlaken schlafen zu können – auf richtigen Matratzen, die nicht mit Stroh gefüllt waren, und sogar mit Daunendecken!

Im Zimmer gab es einen Tisch, drei Stühle und drei kleine Schränke. Vom Fenster aus konnte man den Henningerturm sehen. Er war so groß! Ich glaubte, in Amerika zu sein.

Federico, unser Zimmerkollege, war sehr nett. Er spielte Akkordeon und war sehr freundlich in seiner Art. Das sah man ihm nicht gleich an – es stellte sich mit der Zeit heraus. Er mochte mich sehr gerne und ich ihn auch. Ich hätte ihm das gerne gezeigt, aber ich wusste nicht wie. Das merkte der Federico. Er war einer von denen, der mir sehr half, meine verkrusteten Gefühle zu lösen.

### Ich muss die Hausfrau spielen

Zum Einkaufen gingen wir immer in die Frankenallee: zu einem kleinen so genannten „Konsum", der heute nicht mehr existiert. Das, was wir kauften, war nicht viel: hauptsächlich Nudeln, Tomatenmark und Öl. Brot kauften wir in der Unterkunft. Dort hatte ein Italiener einen kleinen Laden aufgemacht, wo man alles Nötige bekommen konnte.

Mein Vater weigerte sich zu kochen. Ich verbrachte jeden Tag so viel Zeit mit Waschen, Hemden Bügeln und Kochen, dass ich von Frankfurt nur wenig sah. Zum Glück war er gezwungen sich bald neue Hemden zu kaufen, denn Mamas selbst genähte Hemden waren nicht nur aus der Mode, sondern verknitterten auch zu viel. Einerseits bedeutete das weniger Arbeit für mich. Aber andererseits: Die Klamotten mussten doch viel kosten! Das fragte ich einen Zimmerkollegen meines Vaters, den Zio Cataldo. Der tröstete mich und sagte: „Mach dir nichts daraus! Hier, in Deutschland, macht dein Vater was er will!" Dabei grinste er vielsagend.

Mein Vater ging jeden Abend weg – wohin, das wusste ich nicht. Ich traute mich nicht weg. Die Stadt machte mir doch ein bisschen Angst. Später klärte mich Federico ein bisschen auf, was mein Vater so machte. Er ging auf Frauenjagd, in Sossenheim. Jetzt verstand ich auch, was der Zio Cataldo gemeint hatte! Mein Vater ging jeden Abend mit irgendwelchen Frauen tanzen und gab dafür ein Heidengeld aus!

Am nächsten Wochenende nahm mein Vater mich in ein kleines Lokal mit, wo ich mich sofort blamierte. Es war sehr voll. Mein Vater ging voraus, ich hinterher. Da fiel mir ein deutscher Gruß ein und den sagte ich sehr laut: „Auf Wiedersehen!" Da sah ich, dass die Leute lachten. Wir setzten uns hin und ich fragte meinen Vater, warum die Leute das so komisch fanden. Ich konnte doch nicht ahnen, dass dieser Gruß nur beim Weggehen benutzt wird! Bei uns, in Italien, sagt man zur Begrüßung und zum Abschied „Ciao!" Ich nahm mir vor, nicht mehr auszugehen, bevor ich nicht wenigstens auf Deutsch grüßen konnte!

Mein Vater bestellte großspurig eine Gulaschsuppe, die nicht besonders gut schmeckte. Die Nudeln, die ich mittlerweile kochen konnte, waren besser. Als ich ihm das sagte, schrie er mich wieder an: Überall müsse er sich mit mir blamieren!

### Mein erster Arbeitstag

Am nächsten Tag mussten mein Vater, Zio Rocco und ich unsere Stelle bei der Bahn antreten. Mein erster Arbeitstag! Wir wurden getrennt: Die beiden kamen zur Abfallbeseitigung und ich kam in eine Abteilung, die die Gleise instand hielt und Reparaturen machte. Wir waren 15 Italiener und ein Ungar. Der Meister war der einzige Deutsche.

Ich hatte nie in meinem Leben Gleise gesehen und wusste erst recht nicht, wie man sie reparierte. Die anderen Italiener hatten alle in Neapel bei der Bahn gearbeitet und dort dieselbe Arbeit getan. Für mich gab es viel zu lernen. Aber nicht nur das. Auch die Regeln auf der Arbeit waren neu für mich. Ich musste mich an die Mentalität meiner Kollegen anpassen. Das war nicht so einfach. Ein Herr Liguori machte mich gleich nach der Vorstellung darauf aufmerksam, ich als Neuer hätte einen Kasten Bier zu spendieren. Ich hätte das auch gerne gemacht, aber es ging nicht, da ich kein Geld hatte. Das wollte ich aber auf keinen Fall verraten!

Wir fuhren mit einer kleinen Lokomotive auf die Gleise zum Arbeiten in Richtung Rebstock. Dort mussten wir den Schotter auswechseln. Mangels Übung tat ich mich sehr schwer dabei. Der Meister gab mir Tipps, wie ich das machen sollte. Es war sehr gut gemeint, nur habe ich ihn nicht verstanden. Es dauerte fast drei Tage, bis ich etwas Übung hatte und es einigermaßen klappte.

Der Liguori machte mir das Leben sehr schwer mit seinem Kasten Bier. Ich musste doch warten, bis ich mein erstes Geld bekam! Aber der wollte das einfach nicht verstehen und schikanierte mich fast stündlich. Nach zwei Wochen war er so wütend, dass er zu mir kam und mich mit einem Pickel bedrohte. Er sagte, wenn ich jetzt nicht sofort einen Kasten Bier bezahlte, würde er mich auf der Stelle verkloppen. Da sah ich, hinter seinen Füßen war eine Schiene. Das nutzte ich aus:

Ich stieß ihn ein bisschen vor die Brust und er fiel der Länge nach hin. Dann stürzte ich mich auf ihn und kloppte drauflos. Noch bevor er merkte, was los war, hatte er die Nase voller Blut. Da kam der Ungar angelaufen. Er trennte uns und brachte uns beide ins Personalbüro. Ich wollte nur in Anwesenheit von dem Dolmetscher aussagen. Als der kam, erklärte jeder von uns seine Sichtweise. Zum Glück bekam nur der Liguori eine Abmahnung. Da ging er fast an die Decke vor Wut. Mit diesem Papier werde er sich den Hintern abwischen, schrie er. Sobald wir wieder draußen waren, ging das Theater von vorne los. Er sagte mir, er hätte Lust, endlich mal einen Sizilianer umzubringen. Bisher hatte ich vom Rassismus unter Italienern nur gehört. Was hatte der gegen Sizilianer? Ich fing an die Neapolitaner zu hassen: „Solche Idioten!" dachte ich.

### Ich werde stolzer Besitzer eines Radios

Mein Gehalt musste ich immer bei meinem Vater abliefern – alles ging nach Butera. Nach der dritten Abrechnung fragte ich, ob ich ein Radio kaufen dürfte. Und, oh Wunder, er erlaubte es mir!

Da habe ich mich eines Samstags von meinem Vater zu einem Radiogeschäft in der Mainzer Landstraße begleiten lassen. Dort kaufte ich mir mein erstes Radio – auf Raten. Das Gerät kostete 60 Mark. Ich machte den Kredit auf 5 Mark monatlich. Von da an hörte ich jeden Tag deutsche Sender: Wenn ich immer Deutsch reden hörte, würde ich es auch lernen! Auf der Arbeit war das unmöglich. Dort waren wir ja nur Italiener und der Meister sprach nicht mit mir, weil ich ihn nicht verstand. Meinen Kollegen war es nicht wichtig Deutsch zu sprechen. Die waren immer auf der Jagd nach ihrer Muttersprache.

### Mainfest mit Berto

Mitte August gab es eine Regatta auf dem Main. Ich denke, es war das Mainfest, es gab nämlich auch einen sehr großen Rummelplatz. Da lud mich ein – kleiner – Italiener ein, nachmittags mit ihm hinzugehen. Ich freute mich sehr. Bis zu diesem Zeitpunkt war ich noch nicht richtig ausgegangen. Ich zog meinen einzigen Anzug an – den aus Butera. Dann fuhren Berto und ich an den Main, zur Alten Brücke. Von dort aus konnten wir die Regatta beobachten.

Dieser Sommer war sehr heiß. Ich konnte mir nicht vorstellen, dass es in Deutschland auch Schnee geben könnte. Da stand ich in meinem Anzug, mitten im Gewühl und löcherte Berto mit Fragen. Alles war so neu für mich!

Ein kleines, rundes Mädchen stand vor mir und berührte mich immer wieder mit ihrem dicken Hintern. Der Berto erklärte mir, ich bräuchte keine Angst zu haben – wir wären nicht in Sizilien, wo man die Mädchen nicht ansprechen dürfte. Ich fasste Mut und begann das Mädchen anzumachen, indem auch ich mich an sie drückte. Da sie nicht wegging, bildete ich mir ein, sie wollte mit mir ins Bett. Sie drehte sich um und grinste mich an. Ich dachte, endlich wäre der Tag gekommen, an dem ich meine Jungfräulichkeit verlieren würde. Mir wurde immer heißer in meinem schwarzen Anzug – und plötzlich merkte ich, meine Beine waren nass! Ich schämte mich vor mir selbst und hatte das Gefühl, die Leute starrten mich an. Vor allem aber hielt ich Ausschau, ob das Mädchen nicht doch jemanden dabei hatte. In Sizilien hätte ich so etwas mit dem Leben bezahlen können!

Ich glaube, mein Gesicht hat meine Gedanken verraten, denn sobald die Regatta vorbei war, hängte sich das Mädchen an Berto. Einerseits war ich darüber etwas enttäuscht. Aber auf der anderen Seite fühlte ich mich erleichtert. Die beiden sind sehr viel mit dem Autoskooter gefahren. Das hätte ich sowieso nicht bezahlen können, denn mein Vater hatte mir nur 10 Mark mitgegeben. Spät abends brachte mich der Berto nach Hause zum Güterbahnhof und er und das Mädchen gingen ins Hotel. Am Ende war ich sehr froh, dass es so gekommen war. Ich hatte Angst zu versagen.

Um etwas selbstbewusster zu werden, musste ich dringend Deutsch lernen. Das ging nur mit meinem Radio und mit dem Kino an der Kaiserstraße – wobei ich nur sonntags hin konnte, denn die Karte kostete 50 Pfennig. Ich versuchte auch, mit Deutschen mehr in Kontakt zu kommen und ließ mich von meinem Vater in ein großes Lokal mitnehmen, das „Meiergustl“. Die Musik war sehr laut und viele waren betrunken. Die Leute tanzten nicht – sie tranken nur Bier und sangen. Es gefiel mir nicht und ich ging nicht mehr aus. Von nun an lernte ich jeden Abend Deutsch.

Mein Vater konnte mir dabei nicht helfen. Sein Deutsch wollte ich nicht lernen. Er sprach sehr gebrochen und unverständlich, ohne Verben und Artikel.

Eines Sonntags hatten wir wie so oft Besuch von meinem Cousin aus Höchst und noch drei anderen aus Butera. Ich musste natürlich für alle einkaufen und auch kochen. Die Herrschaften zahlten nichts zum Essen dazu. Die nutzten meinen Vater und mich nur aus! Darüber ärgerte ich mich, hielt aber fürs erste den Mund. Als aber mein Vater anfing, mich vor allen Leuten im Deutschen zu verbessern, reichte es mir. Ich sagte ihm, wie schlecht er sprach! Immer musste er angeben: Wie in Butera markierte er den großen Grundbesitzer. Er behandelte alle Leute wie Tagelöhner. Und ich sollte diese Bauern bedienen! Das sah ich nicht länger ein.

### „Eintritt für Italiener verboten!“

An einem Samstag sind wir in Höchst einkaufen gegangen. Ich hatte an diesem Tag meinen schwarzen Anzug an und fühlte mich wohl inmitten von so vielen großen deutschen Menschen.

Am Kaufhaus Hertie in der Königsteiner Straße war immer unser Treffpunkt mit diesen Parasiten aus Butera. Die erzählten entrüstet von einem Lokal, das Italienern den Zutritt verbot. Das stand sogar an der Tür!

Nach dem Einkauf schlug ich vor, ich könnte versuchen allein ins Lokal zu gehen. Ich wollte sehen, ob sie auch mich nicht reinlassen würden. Ich war nämlich immer bemüht, meinem Vater zu beweisen, dass ich in Deutschland durch meine Körpergröße bessere Chancen hatte. Er selbst war am Tag zuvor rausgeflogen. Zuerst wurde ich wie immer ausgelacht, aber dann haben sie gemeint, es sei einen Versuch wert.

Wir hatten Hunger und mein Vater hatte beschlossen, dass wir Gulaschsuppe essen gehen. Ich hatte schon längst bemerkt, er bestellte diese Gulaschsuppe nur, weil seine Sprachkenntnisse für etwas anderes nicht ausreichten. Nach diesem feudalen Essen sind wir zu besagtem Lokal in die Glattstraße gefahren. Es hieß „Rübezahl“ und befand sich direkt neben der Brücke bei der Königsteiner Straße. Und tatsächlich, an der Tür stand sehr groß geschrieben: „Proibito l'ingresso agli Italiani.“ Und auf Deutsch: „Eintritt für Italiener verboten.“ Ich habe so getan, als hätte ich das Schild nicht bemerkt und bin einfach rein gegangen. Es gab kein Problem: Der Wirt bediente mich. Ich habe wie immer ein Bier bestellt, das ich dann wie immer nicht trank. Nach etwa 40 Minuten bin ich wieder zu Hertie. Da saßen die Parasiten – und mitten drin mein Vater, der schlimmste von ihnen. Die waren sehr überrascht. Warum bloß hatte der Wirt sie rausgeschmissen?

Ich glaube, wir Italiener waren selbst schuld daran – durch unser Benehmen in der Gruppe und vor allem den Frauen gegenüber. Ich hatte gehört, in diesem Lokal war es zu einer Messerstecherei unter Italienern gekommen. Leider gab es solche Vorfälle. Wir kamen uns in Deutschland frei und unbeobachtet vor und einige gingen zu weit. Sie glaubten, ohne große, umständliche Erklärungen von jeder Frau Besitz ergreifen zu können. Es kam oft zu Streitigkeiten und zu Eifersuchtsszenen – jeder betrachtete seine Eroberung als Eigentum, das er verteidigen müsse. In Italien waren sie dann wieder brave Jungs und Familienväter.

### Ein grausamer Unfall auf den Gleisen

Eines Abends kam der Zio Rocco hoch in unser Zimmer. Das kam selten vor – er ging lieber in die Kirche, fast jeden Tag! Ich war froh über seine Frömmigkeit, sonst hätte ich auch für ihn kochen müssen.

Mein Vater und der Zio setzten sich und fingen an sich zu unterhalten. Sie sollten von der Polizei verhört werden, da auf der Arbeit ein älterer Kollege verunglückt war. Anstatt zu trauern, amüsierten sich die beiden köstlich. Der Zio sagte: Es sei ja nur ein Deutscher gewesen und von daher nicht so schlimm. Alt und taub sei der gewesen und darum unter den Zug geraten. Die beiden überlegten, wie sie bei den Vernehmungen vorgehen sollten. Sie stimmten ihre Antworten ab und so erfuhr ich, was passiert war.

An besagtem Tag mussten mein Vater, der Zio Rocco und der alte Mann die Schienen mit einer Handkarre überqueren. Dafür gab es extra bestimmte Stellen. Mein Vater und der Zio sind rüber und ließen den Kollegen stehen. Dann sahen sie, dass ein Zug ankam. Angeblich zum Scherz riefen sie ihm zu, er solle rüberkommen. Da der alte Mann nicht nur taub, sondern auch fast blind war (er hatte sein Hörgerät nicht im Ohr und seine Brille war kaputt), tat er wie sie ihm sagten. Er lief auf die Schienen, wurde vom Zug erfasst und war sofort tot.

Die beiden lachten sich kaputt, wie schlau sie wären und wie dumm die Deutschen. Sie waren auch zur Beerdigung eingeladen worden und erzählten mir von den dummen Sitten der Deutschen. Anstatt zu trauern, würden sie essen! Das wollte ihnen nicht in den Kopf. Ich versuchte, den Herrschaften etwas Pietät abzugewinnen, aber es war zwecklos. Was waren das für Menschen!

### Verlaufen ... und verprügelt

Eines Tages nahm ich mir vor allein auszugehen. Ich zog meinen Anzug an und bin zur Galluswarte gelaufen. Von dort aus wollte ich einfach die Gleise der Straßenbahn entlang gehen. Ich wollte unbedingt noch einmal in dieses große Lokal, wohin mein Vater mich mitgenommen hatte, das Meiergustl. Ich fand es, ging rein und setzte mich an einen Tisch. Dann bestellte ich ein Bier, um unter den Leuten nicht aufzufallen. So verging der Abend: Ich saß mit einem brummenden Kopf da und schaute mir die betrunkenen Leute an.

Dann musste ich heim und bin wieder die Schienen entlang gelaufen. Nur dass ich jetzt die falsche Richtung einschlug: Statt an der Galluswarte kam ich nach drei Stunden in Ginnheim an! Es half nichts, ich musste alles wieder zurück. Um 5 Uhr kam ich in der Unterkunft an. Ich bekam fürchterlich Ärger mit meinem Vater, denn der wollte nicht glauben, dass ich so lange gebraucht hatte, um den Weg zu finden. Er hat mich wieder mal verkloppt - und das vor unserem Zimmerkollegen! Das war mir sehr peinlich. Ich wusste, so etwas spricht sich herum. Meine Arbeitskollegen, vor allem die aus Neapel, würden mir das Leben noch schwerer machen. Ich bat Federico, diese Angelegenheit für sich zu behalten. Da versicherte er mir, er hasse es auch, wie sich mein Vater aufführte. Das sei nicht normal, wie der mit mir umging - an meiner Stelle wäre er schon längst weggelaufen. Da fing ich an den Federico zu mögen. Er sagte, er wollte für mich eine Serenade spielen, damit ich vergessen kann, was mein Vater mir angetan hatte und holte seine Gitarre.

Eines Tages sagte der Federico mir, mein alter Herr hätte endlich sein Ziel erreicht. Ich wusste nicht, was er meinte. Da erklärte er mir, mein Vater sei mit einer gewissen Irmgard ins Bett gegangen. Ich wusste, mein Vater war ein Schwein, aber dass es so schlimm um ihn stand, übertraf alle meine Vorstellungen. Und anstatt sich zu schämen, gab er auch noch vor Federico an!

#### Winterarbeit

Ich suchte mir eine Nebenerwerbsarbeit in Griesheim. Jeden Sonntag musste ich Kohle abwiegen: In jeden Sack sollten 50 Kilo. Dazu packten wir Briketts und Eierkohle und verteilten alles an die Haushalte. Es war eine schwere und sehr schmutzige Arbeit - aber es lohnte sich. Ich bekam immer 5 Mark plus die Trinkgelder, die sich bis zu 150 Mark sammelten. Am Abend teilte sie der Lastwagenfahrer, der so eine Art Vorarbeiter war, unter uns auf. Er war immer sehr fair. Deutsch habe ich immer noch nicht viel verstanden, aber Geld konnte ich schon zählen! An einem Tag verdiente ich so viel wie in einer Woche bei der Bahn! Reich wurde ich davon trotzdem nicht: Das Geld musste natürlich nach Butera überwiesen werden.

Ein Problem war, es gab in Griesheim keine Möglichkeit sich zu waschen. Nach der Arbeit musste ich schmutzig wie ich war mit der Straßenbahn fahren. Manche Schaffner haben das nicht zugelassen. Dann musste ich aussteigen und den Rest des Weges bis zum Güterbahnhof laufen - müde und dreckig.

## Winterkälte

So heiß der Sommer war, so kalt wurde mein erster Winter in Deutschland. Schon im November fing es an zu schneien. Ich hatte noch nie in meinem Leben Schnee gesehen und so eine Kälte erlebt. Der Main ist sogar zugefroren, so dass man darauf spazieren gehen konnte. Ich fror besonders viel. Das, was ich an Kleidung hatte, reichte vorn und hinten nicht: ein Paar Unterhosen und die ewigen Schuhe voller Löcher! Mein Vater hatte mir noch immer keine Klamotten gekauft. Da bin ich meistens mit dem Mantel von der Eisenbahn rumgelaufen. So konnte ich der Kälte ein bisschen trotzen. Gegen die kalten Füße kam mir erst am Ende des Winters eine gute Idee. Ich kaufte mir ein paar Gummischuhe als Überzieher. Wenn ich mit denen in die Stiefel rein schlüpfte, bekam ich nicht so schnell nasse Füße.

Eines Tages traf ich den Lastwagenfahrer im Güterbahnhof. An diesem Tag fuhr er nicht seinen LKW, sondern eine Dampflokomotive[1]. Er nahm sich etwas Zeit und redete mit mir. Die Bahn versuchte, mich aus der Schienenarbeit rauszuholen. Ich verstand das nicht so recht. Der Lastwagenfahrer holte mich trotzdem zu sich zum Arbeiten: Von nun an schleppte ich mit ihm die Kohle in die Lokomotive. Die Ladung transportierten wir Tag für Tag nach Kronberg im Taunus. Er brachte mir bei, eine Lokomotive zu fahren. Lange Zeit blieb es bei dieser Arbeit. Bis man mich eines Tages in die große Umschlaghalle holte. Dort sollte ich die Pakete mit Kreide zu nummerieren. Aber mein Deutsch war noch nicht gut genug. Ich konnte die Zahlen noch nicht im Kopf übersetzen und schrieb sie meistens falsch herum. Das Stückgut wurde oft fehlgeleitet und so kam ich wieder in meine alte Abteilung.

In diesem Winter froren die Weichen fast jede Nacht ein. Wir waren 24 Stunden im Einsatz, um sie mit Flammenwerfern wieder aufzutauen. Durch die vielen Überstunden verdiente ich viel mehr als mein Vater. Während ich nachts arbeitete, ging er tanzen. Dabei predigte er mir immer, die Nacht sei zum Schlafen da!

## Kurze Bekanntschaften

In der Unterkunft lernte ich Claudio aus Rom kennen. Eines Tages, wir saßen bei uns im Zimmer, da erzählte er, seine Tochter studiere an der Universität. Und nicht nur das: Er hätte in seiner Wohnung in Rom Teppichboden, Radios und einen Fernseher. Für die Deutschen war das nichts Besonderes mehr, aber für einen Jungen wie mich schon. Das wollte ich Claudio aber nicht zeigen – und so gab ich auch ein bisschen an. Ich erzählte, meine Schwester studiere ebenfalls und in Bute-

Fest mit spanischen Freundinnen und Freunden im Pfarrheim in Höchst 1963

ra hätten wir auch ein Radio mit eingebauter Bar! Ein Radio mit Bar, das war in den fünfziger und sechziger Jahren das Schmuckstück in jedem Haushalt. Das Radio war in einer Kommode eingebaut. Von außen sah es wie ein ganz normales Sideboard aus. Aber wenn man die Flügeltüren öffnete, befanden sich im oberen Teil das Radio und ein Plattenspieler. Im unteren Teil der Kommode befand sich die „Bar", wo man alkoholische Getränke und Gläser aufbewahren konnte. Ihre Innen- und Rückwand war meist aus Spiegelglas. Auch mein Traum war es, so ein Radio zu besitzen.

Da platzte mein Vater herein und sagte zum Claudio: „Das, was der Giuseppe erzählt, ist alles Mist!" Er machte mich so lächerlich, dass ich vor lauter Scham nie mehr mit Claudio gesprochen habe. Vielleicht war mein Vater aus Neid so gemein zu mir. Ich paukte nämlich weiter Deutsch mit meinem Radio und wurde immer besser. Mittlerweile verstanden mich die Deutschen besser als meinen Vater.

Eines Abends ging ich am Güterbahnhof spazieren. In der Frankenallee begegnete ich einer Frau mit einem Hund. Er gefiel mir und ich wollte ihn ein bisschen streicheln, da merkte ich, die Frau hatte nichts unterm Mantel! Ich hatte noch nie eine nackte Frau gesehen und muss so rot geworden sein, dass die Frau es merkte. Sie schrie mich an: „Nichts trikotrako mit Italienern!“ Ich verstand dieses Wort nicht, ich verstand nur, dass sie schimpfte. Da bin ich weggerannt und fragte den Federico, was das Wort „trikotrako“ zu bedeuten hatte. Der klärte mich auf: Die Deutschen würden denken, das sei ein italienisches Wort für Sex. Da war ich enttäuscht, denn solche Absichten hatte ich nicht gehabt.

Im Frühjahr saßen wir oft am Eingang der Unterkunft und unterhielten uns. Einmal setzte sich ein Mädchen zu uns. Ich konnte mittlerweile einigermaßen gut Deutsch verstehen. Das Mädchen schlug mir vor, ein bisschen spazieren zu gehen. Ich schämte mich zwar ein bisschen, ihr einen Korb zu geben, sagte aber trotzdem Nein. Ich hatte Angst mich zu verlaufen, wie es schon einmal der Fall gewesen war. Erst, wenn ich richtig Deutsch verstehen und sprechen könnte, würde ich mich in die Großstadt wagen. Ich wollte nicht, dass die Deutschen über mich lachten, sobald ich den Mund aufmachte.

Im Bayerischen Rundfunk gab es eine Sendung zum Deutschlernen: Ich schrieb an den Sender und habe mir ein Buch schicken lassen, damit ich die Sendung mitmachen konnte, die immer am Sonntag ausgestrahlt wurde. Sie hat mir sehr geholfen – mindestens so viel wie die deutschen Filme, die ich grundsätzlich am Sonntag besuchte.

### Keine Eisrevue für mich!

An diesem Tag kam ein Mann vom Messegelände und suchte Freiwillige zum Abladen – natürlich gegen Bezahlung. Ich meldete mich sofort, denn es ging um einen Sonntag. Normalerweise gab es da nicht mal privat Arbeit. Der Mann war von der Eisrevue: Ich bekam 50 Mark und zwei Freikarten! Ich wollte meinen Vater mitnehmen, sozusagen als nette Geste. Aber er lehnte ab und verbot mir hinzugehen. Das sei nichts für mich. Dann nahm er mir die Karten weg. Warum er das tat, weiß ich nicht. Ich denke aber, er ist mit seiner Freundin zur Eisrevue gegangen. Er konnte mir nie etwas gönnen.

### Mein „erstes Mal“

Ich merkte, im Wohnheim übernachteten oft Frauen, mal blonde, mal dunkelhaarige, mal alte, mal junge. Da fragte ich unseren Zimmerkollegen, was das für Frauen waren. Der zwinkerte mir zu und meinte, solche Frauen gäbe es am Bahnhof: „Die haben keine Wohnung und übernachten in den Unterkünften.“ Da ich mit meinem Vater zusammen wohnte, kamen die für mich leider nicht in Frage. Trotzdem hoffte ich, auch mir würde sich bald eine Gelegenheit bieten, mit einer von ihnen zu schlafen. Ich konnte es kaum erwarten – ich wollte auch endlich mitreden! Die Männer gaben alle so an, was sie mit den Frauen machten und anstellten.

Damals gingen die Italiener alle am Hauptbahnhof spazieren. Dort sah es aus wie in Butera: so viele Butereser wie auf unserer Piazza, immer hin und her, um die neuesten Nachrichten aus der Heimat zu erfahren. Denn telefonieren konnten wir nicht. Bei uns in Butera besaß kaum jemand ein Telefon. Man musste den Anruf anmelden und mindestens drei Tage warten, bis man eine Verbindung zu unserer Bar in Butera bekam. Unsere Verwandten warteten dort und wir warteten hier – manchmal bis zu vier Tage.

Ich konnte dieses Spazierengehen am Bahnhof nicht leiden. Nur wir Italiener machten das in Frankfurt. Ich schlenderte lieber die Kaiserstraße entlang, wo es damals noch keine Sexshops gab. Meistens war ich alleine, weil die Italiener für meinen Geschmack immer zu viel Krach machten. Eines Sonntags traf ich einen Bekannten aus Butera mit zwei verschiedenen Schuhen. Wie war das möglich! Der gute Mann erklärte mir allen Ernstes, er hätte Hühneraugen und trage darum einen Arbeitsschuh und einen Mokassin! Nur, ich wusste: Dieser Herr hätte sich in Butera nicht getraut, mit zwei verschiedenen Schuhen spazieren zu gehen. Das Benehmen der Italiener war hier ganz anders als in der Heimat. Kein Wunder, dass unser Ruf immer schlechter wurde. Wir benahmen uns wie Asoziale, auch wenn wir keine waren. Aber das konnten die Deutschen ja nicht wissen!

Ein anderes Mal traf ich auf der Kaiserstraße drei kleine Italiener, die ich von der Arbeit her kannte. Wir sind zusammen durch die Straßen flaniert und die drei pfiffen jedem Mädchen nach. In Butera hätten sie uns dafür erschossen, aber hier konnten sie sich das leisten! Einer von meinen Bekannten drehte sich nach einem Mädchen um und sagte ihr, er würde gerne mit ihr ins Bett gehen. Da schleuderte die Frau ihre Tasche auf den kleinen Italiener. Der aber bückte sich und sie traf mich mit voller Wucht am Kopf! Ich schwor mir nie mehr mit kleinen Italienern spazieren zu gehen. Ich habe mich verabschiedet und bin ins Kino gegangen. Um 22 Uhr kam ich raus und wollte nach Hause laufen – für fünf Haltestellen lohnte es sich noch nicht, die Straßenbahn zu bezahlen.

Da sah mich ein Mädchen und sprach mich an, ob ich ein Dach über dem Kopf hätte, und ob sie mitgehen kann. Ich sagte sofort Ja, denn ich wusste, mein Vater war an diesem Abend unterwegs und der Federico hatte bestimmt nichts dagegen. Da kam sie mit mir ins Bett. Es wurde mein erstes Mal. Na ja, ich habe es überlebt! Endlich hatte ich auch das hinter mir. Als das Mädchen am nächsten Morgen weggegangen ist, sagte mir der Federico, er habe gemerkt, dass es mein erstes Mal gewesen ist. Ich gab es zu und gestand, die Geschichten, die ich erzählt hatte, waren nicht alle ganz wahr gewesen.

### Mein erstes „Business“ in Deutschland

So gut die Arbeit auf den Schienen mittlerweile klappte, so schlecht vertrug ich mich mit meinem Vater. Im Frühjahr waren wir an den Güterplatz umgezogen, weil er dort Arbeit gefunden hatte. Er putzte die Baracken und bediente die Heizung. Mein Vater und ich bekamen wieder ein Zimmer zusammen. Es gefiel mir nicht so besonders, denn ich wollte auch Mädchen auf der Straße aufgabeln und mit heim nehmen. Mit meinem Vater im Zimmer war das natürlich unmöglich. Dafür ließ er mich seine Wäsche waschen – jeden Tag brauchte der ein frisches Hemd. Und dieses Bügeln! Sobald er eine Falte in seinem Hemd entdeckte, gab es Ärger. Von der Kocherei hatte ich auch genug. Mir schmeckte mein Essen nicht besonders gut, auch wenn es besser als bei Mama in Butera war: Meinen Kochtopf hielt ich immer sauber, es gab nichts Grünes mehr und die Löffel waren nicht verrostet.

Mittlerweile war es Sommer geworden. Ich sah immer noch mit viel Sehnsucht in Richtung Henningerturm und lernte mit Radio und Kino Deutsch. Aber zu Hause, in Butera lief es schlecht. Meine Mutter schrieb in den Briefen, sie bräuchte mehr Geld, um die Zinsen und die Tagelöhner zu bezahlen. Ich schickte mittlerweile monatlich um die 500 Mark – das heißt 200 Mark mehr, als ich offiziell bei der Bahn verdiente. Das war nur möglich durch mein privates Arbeiten. Mein Vater steuerte gerade mal 150 Mark monatlich bei.

Dann kam ich auf die Idee, Nudeln, Tomatenmark und Brot in der Baracke zu verkaufen. Eine Genehmigung von der Bahn hatte ich mir geholt, dass man einen Gewerbeschein brauchte, wusste ich nicht. Jetzt verdienten wir mindestens 2000 Mark im Monat! Ich fing an, auch Getränke zu verkaufen und machte einen noch besseren Umsatz. Wir konnten fast 3000 Mark monatlich nach Hause schicken.

### Ich habe einen Arbeitsunfall

Ich erinnere mich an einen ganz besonders warmen und schwülen Sommertag. Ich hatte angefangen Lotto zu spielen. An diesem Tag füllte ich einen Teilnahmeschein aus und steckte ihn in die Tasche meiner kurzen Hose. Den Oberkörper hatten wir alle frei wegen der Hitze. Dazu trug ich lange Strümpfe. Auf der Arbeit sollten wir eine Maschine, die Schrauben auf- und zudrehte, für den nächsten Tag vorbereiten und auftanken. Sie rollte mit nur einem Rad auf einem einzigen Gleis. Wir hatten vier 20-Liter-Kanister Benzin dabei. Während wir den Tank füllten, stand der Kanister offen auf dem Schotter.

Ich weiß nicht, wo ich meine Gedanken hatte, denn ich zündete mir eine Zigarette an und warf das Streichholz auf den Boden. Die Maschine fing sofort Feuer und konnte jeden Moment explodieren! Alle rannten weg, auch unser Meister. Aber in der Aufregung fiel der Kanister um und ein großer Strahl Benzin erwischte mich am linken Bein. Ich stand sofort in Flammen. Panisch vor Angst rannte ich fort und versuchte gleichzeitig, das Feuer am Bein zu löschen. Das war ein Fehler, denn dadurch fingen auch meine Hände Feuer. Ich rannte noch schneller. Vor lauter Angst hatte ich auch vergessen, dass die Waggons am Rangieren waren. Der Meister und die Kollegen durften sie nicht unbewacht lassen und konnten mir deshalb nicht helfen. Ich rannte und rannte, bis ich in ein Loch fiel. Der Güterbahnhof war damals noch voller Bombentrichter aus dem Krieg. In so einen Trichter fiel ich und rollte bis auf den Grund. Dabei sind die Flammen erloschen.

Noch verspürte ich keine Schmerzen: nur ein bisschen Kribbeln und viel Angst. Nach einer Ewigkeit kamen endlich die Kollegen und der Meister. Ich sollte die Hände aneinander reiben. Das tat ich und die Haut fiel nur so ab. Dann sollte ich mir die Strümpfe runter ziehen und wir sahen, ich hatte die Haut vom linken Bein mit dem Strumpf abgezogen.

Da nahm mich der Nicola – der stammte aus Tarent in Apulien – huckepack und brachte mich nach Rebstock, in die Nähe vom TÜV. Dort warteten wir auf einen Krankenwagen. Dadurch, dass es so heiß war, fingen die Schmerzen an. Der Ambulanzwagen kam – aber von der falschen Seite: von der Galluswarte her. Da musste er mich wieder zurücktragen.

### Krankenhaus und Lotto-Pech

Im Sankt-Markus-Krankenhaus haben sie mich ausgezogen und in eine Badewanne gesteckt. Ich war ganz schwarz – von der Arbeit und von den Verbrennungen. Das machte eine Krankenschwester, die sehr blond war und auch sehr hübsch. Ich muss wohl Stielaugen gemacht haben: Trotz meiner Verbrennungen dachte ich immer nur an das eine. Beim Baden sagte mir die Schwester, sie wolle mit Italienern nichts zu tun haben. Da nahm ich mir vor, keine Stielaugen mehr zu machen.

Im Zimmer angekommen, sagte ein Zimmerkollege - der hieß Walter und hatte ein Taxi -, man hätte in meinen Taschen einen Lottoschein gefunden. Da erinnerte ich mich wieder. Ich sagte, ich hätte kein Interesse mehr an Lotto. Da rief der Walter die Schwester und sagte ihr, sie solle „den Italiener" holen. Nach ein paar Minuten kam einer, der sich bei einem Unfall die halbe Hand abgeschnitten hatte. Ich schenkte ihm den Lottoschein und er schrieb seine Anschrift darauf. Hätte ich das bloß nicht gemacht! Ich hätte fünf Richtige plus Zusatzzahl gehabt! Der Italiener war nett und gab mir 1000 Mark. Dann ist er für immer nach Italien.

### Unser Zigarettenhandel

Während ich das Bett hütete, lernte mein Vater einen Italiener kennen, der ihm Zigaretten besorgte. Damals kostete eine Schachtel eine Mark, er bekam sie für 50 Pfennig. Der Mann arbeitete angeblich in einer Zigarettenfabrik und kam darum so billig an die Ware heran.

Als ich nach zwei Monaten aus dem Krankenhaus kam, widmete ich mich voll dem Zigarettenverkauf. Der Italiener traf sich mit meinem Vater und brachte ihm jeden Sonntag für tausend Mark Ware, die uns vor allem unsere Arbeitskollegen abnahmen.

Da hörte ich, einmal die Woche hielt ein Zug mit französischen Soldaten in Frankfurt. Es hieß, diese Soldaten würden mit Zigaretten handeln. Eines Nachts bin ich hin und sprach mit ihnen. Ich bot einem Soldaten an, alle Zigaretten aufzukaufen. Wir machten aus, dass ich vier Koffer besorgte und immer zwei davon leer zum Tauschen mitbringen sollte. Jeden Sonntagabend um 23 Uhr kam ich mit zwei Koffern zu dem Offizier. In einem waren 1000 Mark für die Franzosen. Dann füllten wir sie mit Zigaretten, alle möglichen Marken. In dieser Zeit brachte ich es bis auf 5000 Mark, die ich nach Hause schickte. Unser Schuldenberg schmolz langsam ab. Meine Mutter konnte nicht nur die Zinsen, sondern sogar das Darlehen von der Bank abbezahlen.

### Der erste Urlaub

Wir hatten von der Bahn eine Fahrt in die Heimat frei. Mein Vater hatte mir eine Fahrkarte besorgt, noch während ich im Krankenhaus lag. Aber als ich im Zug saß, stellte ich fest: Er hatte die Reise nicht wie gewohnt über die Schweiz, sondern über Österreich gebucht. Warum musste er immer alles falsch machen! Ich hatte solche Angst mich zu verfahren, dass ich von der Fahrt kaum was mitbekommen habe. Alles war wieder fremd und ungewohnt.

In Butera ging es wie in alten Zeiten an die Arbeit. Es war Hochsommer und die Drescher waren voll im Einsatz. Ich habe das Getreide eingefahren, wie immer im Haus gebunkert, um nach 15 Tagen alles wieder zu verkaufen. Da wir unser Muli nicht mehr hatten, war ich auf fremde Leute angewiesen. Ein Nachbar, der Zio Tommaso, lieh mir seinen kleinen Esel, damit ich in unserem Weinberg das Obst ernten konnte. Das verdammte Tier war sehr stur, aber ich hatte Glück. Der Esel sah in der Ferne eine hübsche Eselin. Ich konnte ihn gar nicht bändigen! Normal braucht man zwei Stunden bis zu unserem Weinberg, aber ich war schon in einer Stunde dort. Nur der Esel war enttäuscht: Leider war die schöne Eselin verschwunden, als wir ankamen.

Dann habe ich Feigen und Birnen geerntet – bestimmt mehr als 80 Kilo. Die lud ich auf den Esel in dafür vorgesehene Körbe, in die mindestens 100 Kilo rein passten. Dann bin ich wieder zurückgelaufen, der Esel hinter mir her. Jetzt hatte ich Pech mit dem Vieh. In der Hauptstraße wollte es plötzlich nicht mehr laufen und legte sich mitten auf die Straße.

Der ganze Verkehr war blockiert. Immer mehr Autos kamen und langsam bildete sich ein Stau. Die Leute lachten sich kaputt über das Bild, das wir abgaben: Ich, fast zwei Meter groß und der kleine Esel mitten auf der Landstraße. Ich versuchte ihn am Schwanz hochzuziehen, schaffte es aber nicht. Da kam ein Butereser vorbei und riet mir, ein Stück Papier unterm Hoden des Esels anzuzünden – dann würde er bestimmt aufstehen. Ich hatte keine bessere Idee und ließ mir von einem lachenden Autofahrer eine Zeitschrift geben. Mittlerweile waren mindestens zwanzig Autos stehen geblieben. Alle Leute waren ausgestiegen und beobachteten, wie es weitergehen würde.

Ich setzte mich auf den Esel. Jetzt steckte der Bauer das Papier an. Wenn es stimmte, was der Bauer sagte, würde das Vieh einen Satz machen – und tatsächlich! Der Esel sprang auf wie von der Tarantel gestochen und galoppierte in Richtung Dorf, als ob wir ein Rennen gewinnen müssten. In höchstens zwanzig Minuten war ich in Butera. Es war kein leichter Ritt, weil meine Beine so lang waren, dass meine Füße auf der Erde schleiften.

### Ein Männertraum wird Wirklichkeit

Zio Ignazio, ein Bekannter aus Butera, wollte auch nach Deutschland kommen und ich sollte ihn begleiten. Seine Frau sagte zu mir, ich soll gut auf ihren Mann achten, da er ein bisschen beschränkt sei. Ich kannte den Zio Ignazio schon von früher und ich wusste, dass er ein bisschen naiv und sehr gutgläubig war. Ich wusste genau, was seine Frau meinte. Der Zio Ignazio musste sich nun bei mir einschmeicheln. Er half mir bei der Feldarbeit und bei der Mandellese.

Wie immer ging der Bus nach Gela um 4 Uhr morgens. Dann kamen die berühmten Torturen, um in Catania einen Sitzplatz zu finden – bei der italienischen Eisenbahn ist das immer ein Lotteriespiel gewesen. Da ich die Fahrkarten über Österreich hatte, mussten wir in Rom umsteigen. Von dort ging ein Zug direkt nach Frankfurt.

In Udine leerte sich das Abteil plötzlich. Wir hatten den Waggon für uns allein. Dann stiegen Französinnen ein, ich denke, es waren mindestens 20 Mädchen. Die setzten sich in unser Nachbarabteil. Langsam wurde es dunkel und wir fingen an zu essen. Da kam ein Mädchen und wollte sich mit uns unterhalten. Ich bot ihr was zu essen an – natürlich die berühmte Pizza meiner Mutter – und das Mädchen setzte sich zu uns. Da kamen noch mehr, bis unser Abteil aus allen Nähten platzte. Sie fingen an mich anzubaggern, was mir sehr gefiel. Der Zio Ignazio aber drohte alles kaputt zu machen. Er machte andauernd schlechte Bemerkungen über die Französinnen: Die seien alle schlechte Frauen! Zum Glück sprach er im buterischen Dialekt, den die Mädchen nicht verstehen konnten.

Dann schleppten mich die Mädchen ins Nachbarabteil. Den Zio Ignazio habe ich dann nicht mehr gesehen. Das Mädchen, das die Pizza angenommen hatte, und eins, das ein bisschen Italienisch konnte, setzten sich zu mir. Ich bemerkte, wie ein Mädchen den Vorhang zumachte und noch eins: Die waren zu dritt und ich allein! Der Onkel war im anderen Abteil geblieben. Ich bekam doch ein bisschen Angst. Ich hatte doch nur mein Mundwerk und geschlafen hatte ich bis dato nur einmal mit einer Frau – aber jetzt waren sie zu dritt! Da fingen sie an über Amour und Sex zu reden, dass mir ganz schwindlig wurde. Ich konnte nur noch mit dem Unterleib denken. Einerseits zierte ich mich, aber andererseits gefiel mir doch der Gedanke vernascht zu werden. Es gab ohnehin keinen Ausweg! Bevor ich mich umsehen konnte, hatten sie mich ausgezogen. Dann haben sich mich alle drei der Reihe nach „vergewaltigt". Ich muss gestehen, dass es mir gefallen hat. So ein Erlebnis hatte ich mir immer erträumt!

Der Rest der Mädchen hatte Schmiere gestanden – die ganze Zeit! Ich denke, mindestens zwei Stunden sind vergangen, bis ich wieder zu mir kam. Beim Anziehen fand ich meinen Gürtel nicht. Kein Wunder! Die Mädchen hatten den Zio Ignazio damit gefesselt. Der Arme machte mir viele Vorwürfe, weil ich so lange fortgewesen war. Er erzählte mir, sobald ich mit den Mädchen weg war, wäre eine Menge Frauen zu ihm gekommen, und habe ihn so fest gefesselt, dass er sich nicht allein hätte befreien können. Er wollte sich beim Schaffner beschweren. „Um Gottes Willen!“, dachte ich. Die Geschichte durfte auf keinen Fall rauskommen, sonst hätte in wenigen Tagen unser ganzes Dorf Bescheid gewusst – und vor allem mein Vater. Der hätte mich bestimmt erstochen! Da er in Deutschland kein Gewehr hatte, drohte er mir immer mit dem Messer. Ich erklärte dem Zio Ignazio, wir könnten uns nicht beschweren, weil der Schaffner nur Deutsch spricht. Trotzdem tat ich so, als sei ich entrüstet über das, was passiert war. Eigentlich hätte ich am liebsten die ganze Welt in Kenntnis darüber gesetzt, dass der Pino nicht so hässlich und dumm ist, wie es mir alle einzureden versuchten!

In München sind die Mädchen mit viel Theater ausgestiegen. Die vielen Abschiedsküsschen und die Winkerei machten den Zio Ignazio immer wütender. Er drohte, nun doch Anzeige wegen Vergewaltigung zu erstatten.

In Frankfurt wohnte er die ersten zwei Tage mit uns am Güterplatz. Dann zog er nach Offenbach, wo er Arbeit in einer Lederfabrik fand. Ich dachte: „Gott sei Dank, das wäre überstanden!“, denn der Onkel hielt – Vergewaltigung und Fesseln hin oder her – doch dicht.

### Allein mit Vater

Ich packte meinen Koffer aus. Darin fand ich hauptsächlich Käse und 40 Liter Wein, obwohl ich gar keinen trinke. Ich musste ihn für meinen Vater mitschleppen. Der war mittlerweile zum Hausmeister avanciert. Ich hatte genug davon, das Zimmer mit ihm zu teilen. Er kommandierte mich immer herum. Eigentlich musste er die Flure zweimal die Woche wischen und den Ofen mit Kohle versorgen. Aber das wurde bald meine Aufgabe. Mein Vater ging abends weg – mal zu seiner Freundin, mal nach Höchst zum Tanzen. Dort lag ein Schiff am Mainufer, das der Eigner zum Tanzlokal umfunktioniert hatte. Damals war es vor allem für die älteren Herrschaften sehr in Mode. Am liebsten mochte mein Vater aber das „Edelweiß“. Er sagte immer: „Das ist ein sehr schönes Tanzlokal!“ Netterweise nahm er mich einmal mit. Dort wurde nur Volksmusik gespielt, genau wie im Meiergustl, nur dass man hier tanzen konnte. Das Publikum war sehr gemischt, hauptsächlich Leute im mittleren Alter. Die Jugend ging in den „Klub K.52“, 100 Meter weiter. Ich schämte mich zu tanzen, denn ich hatte keine Klamotten. Meine Mutter hatte mir auch diesmal keine neuen gekauft, sondern die alten

Sachen ausgebessert. Mein schwarzer Anzug war mittlerweile ziemlich abgetragen. Er hatte zwischen den Beinen zwei Löcher, die normalerweise nicht auffielen. Aber sobald ich mich ein bisschen bückte, konnte man sie sehen. In diesem Aufzug traute ich mich in kein Tanzlokal oder Beatklub. Da hörte ich in meinem Radio - immer noch mein ganzer Stolz! - die Beatles wären im Anmarsch und der Präsident Kennedy würde nach Frankfurt kommen!

Eines Tages befand ich mich zufällig in der Düsseldorfer Straße wegen meiner Nachbehandlung in der Klinik - da sah ich den Präsidenten. Ich war sehr stolz und erzählte es meinem Vater. Der machte irgendeinen blöden Kommentar, denn von Politik wollte er partout nichts wissen. Ich interessierte mich nach wie vor dafür. Damals stand es schlimm um den Frieden - mit dem Kalten Krieg und dem geteilten Deutschland. Dieses Jahr sind viele Italiener wieder in die Heimat zurück, weil sie Angst hatten vor einem Dritten Weltkrieg. In unserer Unterkunft war es besonders schlimm. Fast jede Nacht sahen wir im Güterbahnhof Züge mit Panzern beladen durchfahren.

## Wechsel zum Bau und Verhaftung meines Vaters

Während meines Urlaubs hatte mir meine Mutter pausenlos damit in den Ohren gelegen, ich sollte die Arbeit wechseln. Sie hatte Angst vor weiteren Unfällen bei der Bahn. Diesmal habe ich mich überzeugen lassen. Nicht nur, weil mein Job gefährlich war - ich wusste auch, dass ich problemlos mehr verdienen könnte.

Und somit bin ich nach Eschborn zu einer kleinen Hoch- und Tiefbau-Firma gegangen. Sie bestand mit dem Besitzer aus neun Mann. Wir Arbeiter wohnten in der Unterortstraße auf dem Firmenhof, der Chef in Frankfurt. Die Arbeit war sehr schwer, aber durch die Überstunden konnten wir mehr verdienen. Auch der Stundenlohn war besser als bei der Bahn.

In Eschborn wohnten nicht mehr als 1000 Familien. Es war ein richtiges Bauerndorf und gestunken hat es genau wie in Butera. Vor unserer Haustür floss ein kleiner Bach, in den die Leute ihre Abwässer schütteten und auch die Stallabfälle warfen. Der Gestank war oft unerträglich.

Unsere Nebeneinkünfte hatten wir auch nach wie vor. Mein Vater führte meinen kleinen Lebensmittelhandel in der Unterkunft am Güterplatz weiter. Und ich holte jeden Sonntag Zigaretten von dem französischen Zug am Hauptbahnhof. Der berühmte Koffertausch funktionierte hervorragend - bis mich eines Tages die Polizei in Eschborn aufs

Revier bestellte! Ich hatte Angst. In Deutschland hatte ich noch nichts mit der Polizei zu tun gehabt. Sie fragten mich, ob mein Vater in Frankfurt lebt, und ob ich einen Herrn Sowieso kenne. Dann erfuhr ich, mein Vater war festgenommen worden. Es ging um die deutschen Zigaretten. Die sollten gestohlen sein! Ich erklärte, so stimmte es nicht. Soviel ich wusste, kaufte mein Vater die deutschen Zigaretten bei einem Italiener, der in einer Fabrik in Niederrad arbeitete. Ich gab der Polizei die Anschrift von diesem so genannten „Lieferanten". Aber die Beamten beharrten darauf, die Zigaretten, die sie bei meinem Vater gefunden hatten, seien gestohlen. Ich konnte das einfach nicht glauben: Dieser Italiener hatte einen so anständigen Eindruck auf mich gemacht. Ich hatte ihn einmal bei Vater getroffen, als er ihm die Ware übergab. Er hatte sogar von einer „neuen Lieferung" gesprochen! Die Beamten wollten die Anschrift, die ich ihnen gegeben hatte, überprüfen. Aber mein Vater sollte sich besser einen Anwalt nehmen.

### Wieder mal Anwaltskosten!

Die Anschrift des Italieners in Niederrad stellte sich tatsächlich als falsch heraus. Mein Vater war und blieb des Diebstahls angeklagt. Die Zigaretten waren aus Zigarettenautomaten und Kiosks gestohlen. Die Polizei wollte einfach nicht glauben, dass wir die Zigaretten gekauft hatten. Bei der Verhaftung hatte mein Vater dummerweise 3000 Mark bei sich gehabt, was die Beamten sehr misstrauisch gemacht hatte. Wenigstens hatte er ausgesagt, sein Sohn hätte nichts mit den Zigaretten zu tun.

Ich suchte einen Rechtsanwalt, der ein bisschen Italienisch sprach. Schließlich fand ich einen an der Hauptwache, über dem ehemaligen Kino „Alemagna". Aber ich war offensichtlich an den Falschen geraten. Er forderte sofort 500 Mark – die Anzahlung für den Prozess, wie er sagte. Erst nach drei Wochen vereinbarte er einen Besuchstermin bei meinem Vater. Da wollte er 3000 Mark „Kaution" einkassieren. Ich war dagegen, diese Summe zu bezahlen. Um 3000 Mark zu verdienen, musste mein Vater ein Jahr arbeiten. Ausnahmsweise waren wir einer Meinung.

Ansonsten hörten wir nicht viel von dem Anwalt. Er meldete sich von Zeit zu Zeit, um meinen Vater an die 3000 Mark zu erinnern, sonst käme der nicht aus der Haft raus. Mir schickte er einen Brief mit der Aufforderung, ich solle sofort 1000 Mark überweisen. Dieser Anwalt glaubte wohl, er könnte uns das Fell über die Ohren ziehen, nur weil wir nicht richtig Deutsch konnten! Ich nahm die Sache lieber selbst in die Hand. Ich weihte einen Arbeitskollegen aus Eschborn, Giovanni, in die Geschichte ein. In der Unterkunft, unter der Kohle, waren immer noch drei Koffer voll mit Zigaretten versteckt. Am kommenden Sonntag wollten wir den Italiener überraschen, wenn er zur Übergabe kam. Er wusste ja nicht, dass mein Vater verhaftet worden war!

### Ich helfe meinem Vater aus der Haft

Der Tag war da. Ich bin mit Giovanni nach Frankfurt zur Unterkunft meines Vaters gefahren. Um 14 Uhr kam der Italiener endlich. Als er das Zimmer meines Vaters betrat, rannte Giovanni los die Polizei zu holen. Ich zog dem Kerl eins über, schloss die Tür ab und bewaffnete mich mit einem Messer. Zum Glück war er um vieles kleiner als ich. Ich schöpfte Mut und zwang ihn, auf dem Bett sitzen zu bleiben, bis die Polizei kam. Da es in der Unterkunft kein Telefon gab, musste der Giovanni bis zur Mainzer Landstraße rennen. Dort hielt er eine Polizeistreife an und erzählte, wir hätten einen Dieb gefasst. Die Beamten kamen und nahmen den Mann zu meiner Erleichterung fest. Giovanni und ich mussten mit zum Präsidium, um unsere Aussage zu machen. Daraufhin wurde mein Vater freigelassen! Aber er musste trotzdem fürs erste in Haft bleiben: Die Deutsche Bundesbahn hatte meinem Vater nämlich gekündigt und damit hatte er auch seine Bleibe verloren.

Der Anwalt versuchte immer noch, an die 3000 Mark von meinem Vater zu kommen - angeblich wegen der Kaution. Bei mir hatte sich dieser Winkeladvokat nicht mehr gemeldet. Er ging lieber zu meinem Vater in die Hammelgasse und machte Druck, ihm endlich die Vollmacht zu erteilen, damit er das Geld abheben konnte.

Ich sprach indessen mit meinem Arbeitgeber und fragte ihn, ob er meinen Vater einstellen könnte. Es klappte - nach einer Woche kam mein Vater frei. Jetzt wohnten wir beide in Eschborn.

Nach zwei Wochen kam ein Brief vom Anwalt. Er wollte noch einmal 500 Mark von mir haben, um meinen Vater frei zu bekommen. Der wusste noch nicht mal, dass mein Vater mittlerweile frei war! Da bin ich zu seinem Büro und habe ihm die Meinung gesagt: Er sei ein Dieb und habe keine Ahnung vom deutschen Gesetz und von Paragraphen. Er solle lieber auch mal nach Eschborn arbeiten kommen und die Leute nicht so über den Tisch ziehen, wie er das macht. Mein Vater war schon zwei Wochen frei und er wusste das nicht! Ich bot ihm an, er sollte mich anzeigen und gegen mich prozessieren. Und dann bin ich aufgestanden und weg ohne zu grüßen. Die Tür knallte ich sehr fest zu. Seitdem habe ich nichts mehr von diesem Betrüger gehört.

### Mein Vater bedankt sich auf seine Weise

Mittlerweile war ich mutiger geworden und ging jeden Samstag in Frankfurt tanzen. Ansonsten blieb ich viel zu Hause, obwohl es wirklich nicht schön war. Wir hatten nur zwei Zimmer mit je 4 Betten und alles war sehr schmutzig. Die Küche bestand lediglich aus zwei Kochplatten.

Die Kollegen waren der Meinung, es lohne sich nicht sich umzuziehen. Sie liefen immer in Arbeitsklamotten herum und keiner wollte sauber machen. Ich passte mich den Verhältnissen an und machte genau so wenig wie die anderen. Mein Vater nahm ein Bett im Nachbarzimmer. Ein Glück! So konnte er mich wenigstens nicht ständig verkloppen, denn diese Angewohnheit hatte er immer noch.

Einen Samstag fuhr ich mit zwei Zimmerkollegen nach Frankfurt zum Tanzen. Ein neuer Mitbewohner, der Robert Stolze, war mitgegangen. Er war Deutscher und trank gern viel Bier. Ich konnte nie verstehen, wie die Leute so viel trinken können. Wir haben auch getanzt und ich lernte eine Frau kennen, die aber zum Schluss mit Stolze gegangen ist. Die beiden haben später geheiratet.

In dieser Nacht haben wir den letzten Zug nach Eschborn verpasst. Wir mussten bis in die Morgenstunden warten, erst um 4.30 Uhr waren wir im Bett. Ich legte mich hin und bildete mir ein, mein Vater hätte nichts gehört. Ich war gerade am Einschlafen – als der Robert plötzlich los schrie. Gerade noch rechtzeitig erkannte ich meinen Vater mit einem Stuhl über mir. Mein Vater wollte mir den Schädel einschlagen! Ich drehte mich zur Seite und konnte gerade so dem Schlag entgehen: Der Stuhl traf die leere Seite von meinem Bett. Wenn er mich erwischt hätte, könnte ich wohl heute nicht mehr schreiben. Insofern habe ich Robert Stolze mein Leben zu verdanken.

Am nächsten Tag erzählte mein Vater ganz unschuldig, er hätte sich Sorgen gemacht. Ich habe ihm das nicht geglaubt. Ich wusste: Er hatte immer noch vor mich umzubringen und wartete nur auf die passende Gelegenheit.

### Mein Vater nutzt mich aus

Meine Mutter schrieb immer wieder, dass das Geld, das wir schickten, nicht ausreichte. Dadurch, dass unser Zigarettengeschäft geplatzt war, konnten wir nicht mehr so viel schicken. Mein Vater hatte fast vier Monate nichts verdient und jetzt wollte er keine Überstunden mehr machen. Das Finanzamt ziehe ihm zu viel ab, meinte er. Ich arbeitete dafür bis spät in die Nacht. Ich kochte auch und musste jeden Sonntag die Wäsche waschen – die Zimmerkollegen lachten mich natürlich aus. Dabei benahm sich mein Vater wirklich lächerlich. Er lief neuerdings mit einem Kopftuch herum: Davon würden sich die Haare legen. Zweimal am Tag rasierte sich der Herr. Von seinem Verdienst behielt er die Hälfte für sich und machte sich ein angenehmes Leben. Aber mein Geld schickte er bis auf den letzten Pfennig nach Butera. Das ärgerte mich maßlos!

Ich war zu der Zeit sehr muskulös und braungebrannt wegen der Arbeit im Freien. Dadurch, denke ich, habe ich unbewusst die Mädchen gereizt. Es war mir schon ein bisschen peinlich, wenn sie abends auf der Straße standen um mich abzupassen. Aber natürlich hat es mir auch gefallen!

In Eschborn gab es noch sehr wenige Ausländer. Wir galten immer noch als Exoten. Mein Vater meinte, es wäre meine Schuld, wenn mir die Mädchen auflauerten. Die anderen Italiener würden schließlich in Ruhe gelassen. „Weil sie anständig sind!" Er steigerte sich derart in seinen Ärger hinein, dass er in seinem nächsten Urlaub meine Mutter gegen mich aufhetzte. Nun fing auch sie noch an mich zu bearbeiten. Sie schrieb mir, wie schlecht die deutschen Frauen seien: Die gingen mit jedem ins Bett und seien alle Schlampen. Ich wurde wahnsinnig – immer dasselbe, in jedem Brief. Aber dass mein Vater mindestens drei Freundinnen hatte, das wusste sie doch auch! Nur bei mir machte sie dieses Theater. Meine Eltern hatten offensichtlich Angst, ich könnte an einer deutschen Frau hängen bleiben. Einmal schrieb mir meine Mutter sogar, ich solle mich umdrehen und woanders hinschauen, wenn ich auf der Straße ein Pärchen sähe, das sich küsst! Sie war davon überzeugt, es gäbe nur in Butera anständige Frauen und Mädchen. Und die Sitten von unserem Dorf hatten auch in Deutschland zu gelten!

Sie konnte oder wollte nicht verstehen, dass ich kein Kind mehr war, und dass wir in einer Großstadt wohnten. Sie war noch nie von Butera weg gewesen, ganz zu schweigen von Sizilien! Für meine Mutter durften die Mädchen erst nach der Hochzeit berührt werden, auf keinen Fall vorher. Bei uns durften sich noch nicht mal Verlobte die Hand reichen oder sich auch nur nebeneinander setzen. Als sie von meinem Vater erfuhr, die Mädchen kampierten wegen mir auf der Straße, dachte meine Mutter sofort an den Teufel. Sie schrieb, sie werde für meine Seele eine Kerze anzünden, damit der mich der heilige Rocco vor den deutschen Mädchen beschütze!

## Ich mache mich älter

Giuseppe mit Freund in Höchst 1964

Jeden Samstag bin ich zum Tanzen ins Edelweiß ausgegangen. Der Eintritt kostete dort nur zwei Mark. Trinken tat ich ohnehin nichts. Ich lief immer herum und tanzte, sobald die Musik spielte. Eines Abends lernte ich eine Frau kennen. Sie hieß Käthe, war 34 Jahre alt und hatte vier Kinder. Ich stellte mich als 27-Jähriger vor und sie glaubte mir das. Ich bildete mir was darauf ein. Ich wollte endlich älter werden, damit ich endlich von meinem Vater wegkam. Die Käthe nahm mich mit zu ihr heim. Ich hatte noch nie eine Wohnung von innen gesehen! In Butera gab es nur Häuser, die alle stanken – meistens nach Mist oder Hühnern. Ich war überrascht über die Sauberkeit und Ordnung bei der Käthe, das kannte ich von Butera nicht!

Am nächsten Tag weckten mich alle vier Kinder. Sie waren 14, 11, 8 und 6 Jahre alt. Käthe war Witwe, die Kinder hatten ihren Vater verloren. Da kam der Älteste und nannte mich „Vater!" Ich wollte meinen Ohren nicht trauen. Wie konnten diese Kinder einen, der erst 19 Jahre alt ist, „Vater" nennen! Ich muss einfach älter ausgesehen haben. Ansonsten hat mich das kalt gelassen – ich wollte nur mit ihrer Mutter ins Bett gehen.

Das klappte sechs Monate, bis eines Tages – oder besser: eines Samstags – beim Tanzen im Edelweiß mein Cousin zu mir kam und fragte, ob er mit der Käthe tanzen darf. Danach erzählte sie mir, mein Cousin habe versucht, sie mir auszuspannen: Er habe ihr mein wahres Alter verraten. Da sagte ich ihr die Wahrheit und meinte sofort: „Ich bin immer noch derselbe – egal, was auf dem Pass steht!" Aber diesen Kampf habe ich verloren. Na ja, mein einziger Trost war, auch mein Cousin erreichte nichts bei ihr!

Nach dieser Erfahrung nahm ich mir wieder mal vor, allein auszugehen und mich von meiner Verwandtschaft fern zu halten. Es gab immer nur Ärger. Mein Cousin war neidisch auf unseren Besitz in Butera, weil sie selbst nichts hatten. Einmal sagte ich zu ihm: „Euer Haus ist so klein, dass deine Schwester fast in der Tür stecken bleibt." Das konnte er nicht von der Hand weisen: Sie war sehr dick, genau wie er! Der hatte schon immer einen Bauch gehabt. Vor allem aber hatte er keine Manieren. Im Edelweiß wollten die Frauen nicht mit ihm tanzen, weil dieses Schwein beim Tanzen oft einen Orgasmus bekam. Mit der Zeit hatte sich das im Lokal herumgesprochen. Auch das ärgerte ihn, denn ich hatte keine Probleme. Mit mir tanzten die Frauen. Ich bekam selten einen Korb.

### Butera holt mich ein ...

Wir mussten in Oberursel eine Baustelle einrichten. Jeden Tag fuhren wir mit einem kleinen LKW raus. Zu allererst bauten wir uns ein Plumpsklo. Ein paar Leute bestanden darauf, so einen komischen Ring draufzumontieren. Wozu sollte der gut sein? Beim Pinkeln achtete ich nicht weiter drauf und machte ihn nass. Gleich hinterher ging ein gewisser Ernst und der setzte sich drauf. Da kam er herausgeschossen und wollte mich verhauen. Warum ich auf die Klobrille gepinkelt hätte! Der Mann konnte ja nicht wissen, dass wir in unserer Heimat Klobrillen nicht kannten und froh waren, wenn wir überhaupt eine Toilette hatten! Aber das wollte ich nicht zugeben - dafür war ich zu stolz. Ich guckte nicht schlecht, als der Ernst auf mich losging. Ich hatte gedacht, außer meinem Vater würde das keiner wagen. Wir kloppten uns bis aufs Blut. Da kam der Polier und trennte uns. Am Abend berichtete er unserem Chef von dem Vorfall. Der sagte mir, ich solle am kommenden Tag im Lager bleiben und Sand auf den Laster schaufeln. Das galt als besonders harte Arbeit. Ich sagte: „O.K.!"

Am kommenden Tag sind die Leute alle auf die Arbeit zur Baustelle, nur ich blieb in Eschborn. Ich fing damit an den Laster zu beladen. Das merkten die Mädchen und prompt waren sie alle wieder da. Sie ließen mich nicht in Ruhe arbeiten. Das gefiel mir sehr - ich fühlte mich wie ein richtiger Frauenheld. Aber meine Freude dauerte nicht lange. Um 14 Uhr kam der Boss zu mir und sagte, ich könnte meine Papiere holen, weil ich die Mädchen nicht in Ruhe ließ und nicht genug gearbeitet hätte. Da schmiss ich die Schaufel hin und packte meinen Koffer. Das ging sehr schnell. Ich hatte so wenige Sachen, dass er nicht mal voll geworden ist.

Abends um 19 Uhr kamen die Leute von der Baustelle zurück und ich erzählte, was passiert war. Ein Zimmerkollege informierte sich bei einem Nachbarn, ob das stimme mit den Mädchen. Der Mann gab mir Recht. Die Mädchen hätten mich den gesamten Tag nicht in Ruhe gelassen. Da haben alle Kollegen beschlossen, sich ihre Papiere zu holen und gemeinsam neue Arbeit zu suchen. Und somit sind von elf Leuten insgesamt acht weggegangen - nach Höchst.

### Dem Vater entwischt

Wir sind auf eine Baustelle der Firma Kunz & Sohn in der Silostraße arbeiten gegangen. Unsere Unterkünfte waren in der Kurmainzer Straße. Man hatte die Wahl zwischen Holzbaracken und einem Haus mit Duschen und Küchen.

Als mein Vater erfuhr, dass ich in das Haus einziehen wollte, war er damit überhaupt nicht einverstanden. Die Monatsmiete betrug in der Baracke nur 15 Mark, im Haus dagegen 10 Mark mehr. Er warf mir vor „in den Sternen" leben. Der wirkliche Grund für seinen Ärger war aber ein anderer: Er hatte sich nämlich nicht ganz freiwillig für die Baracke entschieden. Bei der Zimmerzuteilung hatte er nicht verstanden, dass wir die Wahl zwischen Baracke und Haus hatten. Ich konnte mittlerweile genug Deutsch um mich zu verständigen und hatte gesagt, wohin ich wollte. Als er seinen Fehler bemerkte, wollte auf mich losgehen. Zum Glück war der Hausmeister dabei. Er hieß Erich und hatte mich sofort gern, das spürte ich. Er schrie meinen Vater an, er sollte die Finger von mir lassen, sonst würde er die Polizei rufen. Meinem Vater blieb nichts anderes übrig, als wie ein geprügelter Hund mit Decke, Messer, Löffel, Gabel und seinem Teller in seine Holzbaracke abzuziehen. Diesmal hatte er mir nicht beweisen können, dass er mich verhauen konnte, wo und wann er wollte! Ich bin in mein Zimmer. Es waren vier Betten und eine kleine Küche. Alles war sehr sauber, denn es kamen Putzfrauen. In den Baracken mussten die Bewohner selbst für Ordnung sorgen.

Meine drei Zimmerkollegen kamen aus Messina, aus Neapel und aus den Abruzzen. Der Cesare war mir sofort sympathisch und der Messinese war ein Philosoph. Nur den Neapolitaner mochte ich nicht. Ich bekam das obere Bett, unter mir schlief Cesare. Wir kochten zusammen. Da der Neapolitaner das ganz gut konnte, haben wir immer gespült - bis ich eines Tages merkte, der legte uns rein. Er zahlte nichts zum Einkauf dazu!

Mein Vater konnte einfach nicht glauben, dass ich ihm nicht mehr den Haushalt besorgte. In seiner Baracke ließ ich mich absichtlich nicht oft blicken: vom Kochen und Wäschewaschen hatte ich genug!

## Ein Mädchen aus Eschborn

Zufälligerweise schickte mich die Höchster Firma wieder nach Eschborn auf eine Baustelle. Wir bauten das größte Haus. Damals gab es dort nur Bauernhöfe. Die Mädchen warteten schon auf mich! Mein neuer Chef hatte Verständnis für mich und auch der Polier mochte mich. Der wollte aus mir einen Fachmann machen, denn - wie er immer sagte - ich hätte „das Zeug dazu". Die Mädchen standen jeden Tag an der Baustelleneinfahrt und riefen, ich sollte mich zeigen. Aber ich musste doch arbeiten! Dann ging mein Chef, der Ulrich, hin und scheuchte die Mädchen weg - aber „ganz lieb", wie er sagte, „damit sie wiederkommen". Und so hatten wir den ganzen Tag unseren Spaß.

Ein Mädchen war ziemlich hartnäckig. Sie kam mir bis Höchst nachgefahren und stellte sich an den Eingang der Unterkunft. Dann ließ sie mich rufen. Mir war das etwas peinlich, denn sie hatte in Eschborn einen schlechten Ruf. Sie wohnte mit ihrer Familie in einer Holzbaracke. Ganz in der Nähe war das „Zweite Deutsche Fernsehen", das auch in einer Baracke untergebracht war - nicht mal Straßen gab es dort.

Dieses Mädchen hatte zwar eine große Brust, mir war sie aber zu klein. Die Leute in der Unterkunft zogen mich auf. Sie stellten mich als impotent hin, weil ich nicht runtergehen wollte. Der Cesare drehte bald durch, dass ich „ein Mädchen mit so großen Brüsten" nicht befriedigen wollte.

Das ging viele Monate so. Ich habe mich lieber am Samstag in Frankfurt vergnügt - bis eines Tages der Erich zu mir kam. Ich sollte diesen Zustand beenden, es gäbe schon genug Unruhe in der Unterkunft. Das Mädchen wollte wissen, ob der Pino ein Mann sei! Da lachte sich der Cesare fast kaputt. Ich fühlte mich nun doch etwas in meiner Männerehre gekränkt. Ich würde dem Mädchen zeigen, dass ich ein Mann war!

Am nächsten Tag bin ich zu ihr hin und fragte, was sie von mir wollte. Da sagte sie tatsächlich, ich sollte ihr zeigen, dass ich nicht nur ein Großmaul sei. Ich wusste, was sie meinte. Ich war mittlerweile selbstbewusster geworden. In Eschborn, wo ich vor meinem Vater Ruhe hatte, galt ich als ziemlich frech. Ich nahm sie mit in den Höchster Park. Hinterm Möbel-Wesner sind wir auf eine Sitzbank. Ich sah ihre großen Brüste und stürzte mich auf sie.

Danach begleitete ich sie bis nach Sossenheim durch den Park. Wieder zu Hause, bin ich sofort in den Keller. Mittlerweile hatte ich mich daran gewöhnt, mich jeden Tag zu duschen. Mein Vater war davon nicht begeistert. Er fand, das viele Duschen würde zu teuer, wegen der Seife.

Als ich zu meinem Zimmer kam, merkte ich, dass dort mindestens zehn Leute auf mich warteten. Da sagte der Cesare, sie wären mir und dem Mädchen gefolgt um zu sehen, wie ich mich anstellen würde. Die gaben mir das Gefühl, der Größte zu sein. Alle wollten wissen, wie es gewesen war. Diese verdammten Spanner! Waren tatsächlich hinter mir hergelaufen und ich hatte nichts bemerkt!

### Vater geht wieder in die Schuhfabrik

Nach einem halben Jahr ist mein Vater wieder zu der Schuhfabrik Ada-Ada gegangen – auf der Baustelle hatte er sich „nicht so wohl gefühlt". Er war aber einverstanden, weiterhin nebenher arbeiten zu gehen. Jeden Samstag waren wir bei einer kleinen Firma in Griesheim, der Firma Hackermann. Mein Vater bekam 30 Mark am Tag, ich immer 10 Mark mehr. Das kränkte ihn – aber ich arbeitete auch mehr als er.

Wie jedes Jahr bin ich auch in diesem Sommer nach Italien gefahren. Mein Vater fuhr immer im Dezember. Er bestellte das Land und ich holte die Ernte rein. Da blieb keine Zeit zum Faulenzen. Ich kam zwar braungebrannt zurück – aber nicht vom Strand, wie ich immer erzählte. Ich dachte mir, wenn ich schon keine Ferien hatte, könnte ich wenigstens ein bisschen angeben.

In Butera sprach mich Geremia, der Liliputaner, an, ob er mit mir nach Deutschland kommen könnte. Ich musste innerlich lachen bei der Vorstellung, dass Geremia mit mir auf dem Bau arbeitet! Aber ich versprach ihm mich umzusehen und ihm durch meine Mutter Bescheid zu geben.

In Butera hatte sich nicht viel geändert. Die Hunde liefen immer noch durch die Gassen, die Leute schmissen den Mist an die Straßenecken und bei meiner Mutter tanzten die Hühner auf dem Esstisch herum. Ich gab ihr wie immer mein Geld ab, denn die Schulden waren noch nicht getilgt.

Als ich wieder in Deutschland war, fragte ich sofort in unserem Lohnbüro den Herrn Mertens, ob er einen Liliputaner einstellen würde. Ich habe Geremia beschrieben: Er müsste normalerweise im Zirkus arbeiten, wäre aber kein Artist, sondern Schuster. Der Personalchef war einverstanden. Ich habe sofort nach Butera geschrieben, Geremia könne nach Frankfurt kommen, wann er will.

### ... und zieht mich nach

Mein Vater überzeugte mich, auch in die Schuhfabrik zu wechseln. Dort war es im Winter wärmer. Ich kündigte in Höchst und ging zu Ada-

Ada. Aber die Arbeit an den Maschinen, die hat mir nicht gefallen. Es war sehr eintönig. Und dann diese Akkordarbeit – man hatte nicht mal Zeit, auf die Toilette zu gehen! Vor allem aber gefiel es mir nicht, wieder mit meinem Vater in einem Zimmer zu wohnen und die Hausfrau für ihn zu spielen.

Ich lernte beim Tanzen im Edelweiß eine Frau kennen, die zu mir kommen wollte, was aber wegen meinem Vater nicht ging. Was habe ich mich geärgert! Diese Frau hatte einen Blumenladen und an einem Wochenende zeigte sie mir den Taunus. Ich war sehr beeindruckt: Bis dahin hatte ich mich nicht von Frankfurt entfernt. Jetzt sah ich, auch die Umgebung ist schön! Als ich das meinem Vater erzählte, schaute er mir ganz wütend in die Augen. In Deutschland sei nichts schön, „wer so was behauptet, ist dumm!", sagte er.

In der Schuhfabrik arbeitete ich an einer sehr schwierigen Maschine. Ich musste den Oberschuh an der Form fixieren. Das erforderte viel Fingerspitzengefühl, was ich leider nicht hatte. Die Arbeit auf der Baustelle war mir lieber. Da konnte ich meine Kraft einsetzen und viel rumlaufen. Bei den Schuhen stand ich immer auf der Stelle. Aber damit nicht genug. Eines Tages sollte ich Babyschuhe fixieren: 1000 Paare! Natürlich kam ich damit nicht zurecht – die Maschine riss mir immer die Schuhe kaputt. Ich gab mein Bestes, legte sie in Dampf und versuchte es von neuem. Aber es half nichts. Über 600 Paare kamen zum Nacharbeiten zurück. Das bedeutete, ich musste die Schuhe wieder auseinander nehmen und von vorn beginnen. Meine Akkordzeit konnte ich dadurch unmöglich schaffen.

Da kam der Direktor mit meinem Vater, um mir die Leviten zu lesen. Es seien schon 600 Paar Schuhe kaputt. Ich müsste aufpassen! Meine Antwort lautete, dass es nicht 600, sondern mehr als 800 Paare waren. Denn 200 Paare waren noch unterwegs, die hatte der Direktor noch nicht gesehen. Der Mann lobte mich sogar für meine Offenheit und bot mir an, in der zweiten Etage zu arbeiten. Dort gab es keine Maschinen, sondern nur Farben zu mischen. Aber ich ging auf dieses Angebot nicht ein und sagte, ich wolle lieber meine Papiere zurück.

Von dieser Unterhaltung verstand mein Vater kaum etwas. Er hatte kein Wort gesagt und nur von Zeit zu Zeit etwas gewinselt. Jetzt aber, wo der Direktor fort war, fragte er mich großspurig, ob ich gesehen hätte, wie geschickt er den Direktor besänftigt habe. Da sagte ich ihm, was wirklich geschehen war. Er hätte mich am liebsten erschlagen! Aber er konnte nicht, weil zu viele Leute da waren – und das sagte er auch! Heute Abend in der Unterkunft würde ich ihn kennen lernen! Ich konnte mir nicht vorstellen, dass es noch Seiten von meinem Vater gab, die ich noch nicht kannte! Ich zog meinen Kittel aus, zog mich in der Unterkunft um und bin sofort wieder in die Baufirma Kunze in der Silostraße.

Dort stellte mich der Herr Mertens wieder ein. Ich lief zurück, um meine Sachen zu holen. Als ich gerade dabei war, meine paar Habseligkeiten einzupacken, kam der Herr Rossetti vorbei. Mich von ihm wieder zu verabschieden, machte mich traurig. Er war es gewesen, der mir das erste Buch zum Lesen gegeben hatte. Die Italiener, die ich in Deutschland kennen gelernt hatte, kamen fast alle aus der Unterschicht - bis auf den Herrn Rossetti. Der war einfach anders. Bei ihm konnte ich sogar Gefühle zeigen und über sie reden. Es sei sicher besser, wenn ich meinem Vater aus dem Weg ginge, meinte er. Dann half er mir, meinen Koffer zu packen und ihn die Treppe runterzutragen. Ich musste lachen - ich hatte nämlich nicht nur den Koffer, sondern auch den Herrn Rossetti zu tragen! Aber das war nicht wichtig, ich mochte den Herrn Rossetti.

### Wieder auf dem Bau

Ich bekam wieder mein altes Zimmer in der Kurmainzer Straße. Es war gerade 17 Uhr: Herr Rossetti sagte sicher gerade meinem Vater, ich hätte schon wieder neue Arbeit. Sollte er sich nur ärgern! Ich nahm mir vor, nicht mehr mit ihm privat zu arbeiten. Ich war wütend, weil er mich in der Schuhfabrik wieder vor allen Leuten bloßgestellt hatte!

Am Samstagmorgen kam mein Vater wie immer um 5 Uhr früh um mich abzuholen. Ich tat, als hörte ich ihn nicht. Fast eine Stunde lang klopfte er an die Tür, bis sich die Leute beschwerten und ihn wegjagten. Da hatte ich endlich meine Ruhe! Die Nachbarn lachten alle. Sie wussten, ich wollte mit meinem Vater nichts zu tun haben.

Am Nachmittag kam er noch mal um zu erfahren, warum ich nicht aufgestanden wäre. Die 35 Mark seien verloren und er habe sich Sorgen gemacht! Ich stellte mich einfach dumm und sagte, ich hätte verschlafen.

Er hat mir das nicht abgenommen, genau so wenig wie ich geglaubt habe, dass er sich um meine Gesundheit Sorgen machte. Was er von mir wollte, war immer nur Geld. Dabei gab ich schon meinen ganzen Verdienst ab. Die Schulden waren mittlerweile bezahlt. Aber jetzt tauchte in Butera ein neues Problem auf: Wir mussten für die Hochzeit meiner Schwester sparen. In Butera ist es Sitte, dass die Familie der Braut die Hochzeit und die Hauseinrichtung, Bettwäsche, Klamotten und

Möbel, bezahlt. Das würde sehr teuer. Da war die größte Angst meines Vaters, ich könnte auf die Idee kommen, mein Geld auf die hohe Kante zu legen.

### Geremia zeigt es allen

Dieses Jahr kam Geremia nach Deutschland. Ich holte ihn vom Hauptbahnhof ab und brachte ihn ins Büro der Firma. Wir standen in einer Art Wartezimmer und warteten, dass das Fensterchen aufging. Endlich guckte der Herr Mertens raus und fragte mich, wo dieser Geremia wäre. Mein Freund war so klein, dass der Chef ihn nicht sehen konnte. Das hatte er nicht erwartet. Er rief, „Die Firma Kunze ist kein Zirkus!“ Ich hatte Angst, er könnte den Geremia wieder nach Hause schicken. Das wäre schlimm gewesen, denn seine Familie war auf das Geld angewiesen. Ich bestand darauf, ich hätte den Geremia genau so beschrieben. Zum Glück hat sich der Chef doch erweichen lassen und stellte den Liliputaner ein. Der Geremia entschloss sich wegen der billigen Miete für die Baracke. Er zog in das Zimmer rein, wo mein Vater früher gewohnt hatte und lebte sich sehr schnell ein. Dabei hatte er es wirklich nicht leicht. Aber Geremia war daran gewöhnt, dass die Leute lachten. Sie fanden es besonders lustig, wenn wir beide zusammen waren: der Geremia mit seinen 133 cm – und ich langer Kerl! Schon als Kind in Butera ist mir immer bewusst gewesen, dass wir beide ein komisches Bild abgeben.

Beim Einkaufen in der Königsteiner Straße war es besonders schlimm. Die Leute lachten, wenn sie sahen, dass Geremias Tüten immer auf dem Boden schleiften. Aber Geremia sagte nur: „Ob in Höchst oder Butera, die Leute sind überall die gleichen!“ Für mich steckte immer viel Weisheit in seinen Worten. Ich mochte den Geremia – er hatte so einen offenen Charakter. Und das Problem mit der Größe kannte ich nur zu gut.

Der erste Arbeitstag war nicht einfach. Das Büro war meiner Bitte nachgekommen, den Geremia zu mir auf die Baustelle zu schicken. Ich wollte mich um ihn kümmern.

Wir bauten damals eine Straßenbrücke von Schwalbach nach Limes[2]. Die Fundamente, die wir legten, waren mindestens fünf Meter tief.

Alles wurde von Hand gemacht: Wir gruben mit Pickeln und schippten den Sand auf ein Zwischengerüst. Das war eine Arbeit für große, starke Leute. Ich selbst war mittlerweile zum Zimmermann avanciert und verdiente mehr als die anderen. Mit mir meinte es der Ulrich, mein

Polier, gut. Aber den Geremia teilte er zum Graben ein, damit die Kollegen was zu lachen hatten. Er sagte, der Geremia verdient genau so viel wie die anderen, darum müsste er dieselbe Arbeit wie seine Kollegen machen. Mein Freund ließ sich nicht beirren. Er beruhigte mich, ich solle mir keine Sorgen machen. Dann bat er mich, ihm den Pickel- und den Schaufelstiel zurecht zu schneiden. Als ich fertig war, sah die Schaufel aus wie ein Sandspielzeug! Geremia ist damit in die Fundamente gestiegen. Er schippte den Sand direkt nach oben, ohne das Zwischengerüst zu benutzen!

Da verging den Kollegen das Lachen. Keiner von ihnen war im Stande das nachzumachen.

Am nächsten Tag kam ein besonders großer LKW, den wir entladen sollten. Der Geremia war zu klein, um mir die Säcke runterzureichen. Da bin ich hoch und reichte ihm die ersten. Er machte sich so eine Art Treppe. Jetzt konnte er problemlos abladen. Und mit welchem Tempo! Wir luden uns immer nur einen Sack auf, aber der Liliputaner nahm gleich zwei auf einmal. Das waren immer 100 Kilo! Nach wenigen Tagen machte keiner mehr Witze. Alle nannten Geremia freundschaftlich „Zwerg“, wie ich ihn als Kind immer gerufen hatte.

### Wildern im Park

Im Höchster Park gab es immer Schwäne und viele Hasen. Da kam der „Zwerg“ auf die Idee, welche zu fangen und zu kochen. Ich war einverstanden. Jeden Freitag stellten wir Fallen für die Hasen auf. Bei den Schwänen war Geremia geschickter. Er brauchte sich nicht zu bücken, um sie zu fangen, denn die Schwäne waren größer, als er selbst. Er drehte ihnen einfach den Hals um und steckte sie in unsere Reisetasche. Die trug ich dann nach Hause, damit sie nicht am Boden schleifte. Geremia kochte die Schwäne in seinem Zimmer. Das Fleisch war so zäh, dass wir es nicht essen wollten und deshalb an unsere Zimmerkollegen verkauften. Die Hasen, die ließen wir uns aber selbst schmecken!

Eines Morgens, als wir wie gewohnt nach den Fallen schauten, entdeckten wir ein paar Polizisten. Wir bemerkten sie gerade noch rechtzeitig und sind weggerannt – und die natürlich hinter uns her. Wir versteckten uns in unserem Duschkeller. Durch ein kleines Fenster konnten wir sehen, wie die Polizisten fragten, ob zwei komisch aussehende Typen vorbeigekommen wären. Aber zum Glück sagte keiner etwas. Die Polizei ist wieder weg.

Ab diesem Tag konnten sich die Schwäne und Hasen wieder vermehren. Auf so verrückte Ideen konnten nur wir aus Butera kommen!

### Interkulturelle Hygieneprobleme

Der Geremia machte Karriere. Als der Erich in Rente ging, wurde er Hausmeister. Aber ein leichter Job war das nicht. Eines Tages kamen drei Busse voller Türken. Die sahen erbärmlich aus – genau wie wir, als wir in Deutschland ankamen. Alles war fremd für sie und Angst mussten sie haben vor der Zukunft. Von diesem Tag an kam es zu Problemen in den Unterkünften. Die Türken kamen aus irgendwelchen Bergdörfern im hintersten Anatolien und konnten mit unseren Duschen und Toiletten nicht viel anfangen. Oft lagen nun Rasierklingen auf den Fliesen. Anscheinend war es bei ihnen Sitte, sich die Schamhaare zu rasieren. Außerdem schienen sie sich zu verstecken, wenn einer von uns Italienern unter die Dusche ging. Die Toiletten richteten sie auch böse zu. Jemand hätte ihnen erklären müssen, wie man sie benutzt – aber dafür fühlte sich die Firma nicht verantwortlich. Es gab keine Ruhe mehr in der Unterkunft. Wir Italiener verstanden die Türken einfach nicht. Die wuschen sich ständig die Füße und wollten sauber sein – und dann verschmutzten sie die Duschen so. Die Firma versuchte schließlich, diesen Problemen beizukommen, indem sie mit den Leuten sprach. Aber das brachte nichts. Die Situation wurde unerträglich. Bei der nächsten Gelegenheit, die sich bot, wollte ich die Firma Kunze verlassen. Bis dahin bin ich immer in das Höchster Stadtbad zum Duschen gegangen.

### Erwischt!

Wir merkten, im Bus kamen keine Kontrollen. Da fingen wir an schwarz zu fahren, mindestens fünf Monate lang, bis eines Tages doch ein Kontrolleur kam und uns alle sechs ohne Fahrschein erwischte. Wir mussten in Sossenheim aussteigen und sollten insgesamt 100 Mark Strafe bezahlen! Alle zusammen hatten wir aber nur ein paar Mark einstecken – zumindest taten wir so. Da brachte der Kontrolleur uns zur Polizeiwache. Wurden wir jetzt festgenommen? Zum Glück waren die Polizisten nett. Sie nahmen unsere Personalien auf und kassierten ganze acht Mark. Bei sechs erwachsenen Menschen war das wirkliche eine beschämende Summe!

So ganz stimmte es auch nicht: Ich hatte mindestens 1000 Mark einstecken. Damals war ich der so genannte „Kaffeebub". Ich bekam das Trinkgeld von den Kunden in Schwalbach und gab es nicht immer an meine Kollegen weiter. Da hatte sich mit der Zeit einiges angesammelt! Das Schwarzfahren hat Spaß gemacht – vor allem im Nachhinein, denn ein bisschen Angst hatten wir doch immer gehabt.

### Spass mit Geremia

Mit den Frauen und den Puffs hatte der Geremia in Deutschland genau dieselben Probleme wie in Gela. Auch hier ließen sie ihn oft nicht rein. Er erzählte mir von seinem Kummer – aber wie sollte ich ihm helfen? Er musste sehr unglücklich mit seinem Liebesleben sein.

Im Sommer sind wir zusammen nach Sizilien gefahren. Es wurde sehr lustig unterwegs. Die Leute waren wirklich überall dieselben: Wo wir auftauchten, lachten sie. In Messina kam es zu einem richtigen Volksfest, als ich meinen Fotoapparat aus Eschborn herausholte. Wir wollten Fotos vom Schiffsdeck aus machen – und waren plötzlich von einer Menge von Leuten umzingelt! Da haben wir Tano aus Gela kennen gelernt und uns sehr mit ihm befreundet. Wir haben ihm versprochen, ihn während des Urlaubs zu besuchen.

### Das Mädchen mit den blauen Augen

Das haben wir auch getan. Wir besuchten ihn in Gela in seinem Haus. Er stellte uns seiner Schwester vor. Die hatte sehr schöne blaue Augen! Aus diesem Grund bin ich ihn dann öfter besuchen gefahren. Wir unternahmen alles Mögliche zusammen. Einmal nahm mich Tano auch zur Jagd mit. Ich hatte das Gewehr von meinem Vater!

Eines Tages sagte ich meiner Mutter, mir gefiele Tanos Schwester sehr gut. Als sie das hörte, hat sie mir sofort den Umgang mit dieser Familie verboten, weil sie Angst hatte, ich könnte das Mädchen heiraten. Für meine Mutter kam nur eine Frau aus Butera in Frage – und es sollte auch eines mit Ländereien sein! Ich war anderer Meinung. Ich wollte auf keinen Fall noch mehr Ländereien am Hals haben. Ich arbeitete jetzt schon genug auf den Feldern.

Das Fest von San Rocco ist auch für die Geleser ein wichtiger Feiertag. Darum lud ich Tanos Familie zu uns ein. Hätte ich das bloß sein gelassen! Die Leute blieben auch zum Essen und meine Mutter steckte natürlich ihre Finger in die Teller. Konnte sie sich denn nie benehmen? Später habe ich mich bei den Gästen für ihre Manieren entschuldigt. Sie hatten sich sehr geekelt. Ich schämte mich so sehr, dass ich diesen Kontakt einschlafen ließ.

Von da an habe ich keine Leute mehr zu uns eingeladen, weil ich wusste, meine Mutter konnte es einfach nicht lassen, mit den Fingern im Essen zu hantieren. Aber es war nicht nur das. Ich schämte mich auch, weil wir noch nicht mal ein Radio hatten. Das musste sich ändern. Ich suchte Geld im Haus zusammen und kaufte sofort eines mit eingebauter Bar, die damals so modern waren. Dann stellte ich es in unser so genanntes „Wohnzimmer". Am Tag darauf machte ich das Radio an und schaute voller Stolz in die Bar hinein. Da wollte ich meinen Augen nicht trauen: Meine Mutter hatte sie mit Auberginen gefüllt!

### Nie wieder in Sizilien auf Brautschau!

Als ich mit dem Geremia nach Frankfurt zurückgefahren bin, hatte ich den festen Plan im Kopf, mich in Deutschland zu verheiraten. Ich konnte diesen Schmutz nicht mehr ertragen. Und da war keine Besserung in Sicht! Meine Mutter ging jetzt auch privat Mandeln schälen, um noch mehr Schalen in unserem Ofen zu Kohle zu verarbeiten. Das machte unglaublich viel Dreck. Die Hühner – ich denke, es waren mittlerweile 30 – machten alles voll mit Kot. In Deutschland angekommen, musste ich meine Klamotten eine Woche lüften, so bestialisch stanken sie, unter anderem nach Käse, den ich in meinen Koffern immer transportierte. Die stinkenden Hosen habe ich oft einfach weggeworfen – falls das meine Mutter nicht schon erledigt hatte. Die weiten Hosen, die in den 1960er Jahren modern waren, konnte sie nämlich nicht leiden und sie schmiss sie deshalb gern weg!

Das alles waren schon genug Gründe, um in Deutschland zu heiraten. Jede Schlampe war sicher eine bessere Hausfrau als meine Mutter. Aber mit meinem 18. Lebensjahr kam noch etwas hinzu: Ich wurde zum Militärdienst in Italien einberufen. Zum Glück konnte ich mich als Italiener im Ausland davor drücken. Und wenn ich bis zu meinem 30. Lebensjahr im Ausland blieb, würde ich ihn überhaupt nicht leisten müssen! Ich hatte vor, so lange wie möglich weg zu bleiben. Nun musste ich vor jedem Urlaub zum Konsulat gehen, um eine Freistellung zu beantragen. Sie galt genau 30 Tage. Wenn ich länger in Italien blieb, hätten sie mich in eine Militärkaserne stecken können. Mir war das ganz Recht. Ich blieb nicht einen Tag länger als nötig in Butera.

Auf der Arbeit sind Geremia und ich leider getrennt worden. Die Baustelle in Limes wurde abgebaut. Jetzt musste ich jeden Montag mit einem Firmenbus in einen Vorort von Köln fahren, nach Porz. Wir mussten auf der Baustelle übernachten, was mir überhaupt nicht gefallen hat. Ich kannte niemanden und die Unterkünfte waren sehr schmutzig. Der „Zwerg" hatte es da besser. Er spielte noch immer den Hausmeister in Höchst. Ich erklärte im Büro, ich wollte nicht mehr nach Porz. Dieser Wunsch ist mir genehmigt worden. Ich kam nach Frankfurt in die Goethestraße – für sehr lange Zeit.

Ich bin oft gefragt worden, was ich für Hobbys hätte. Meine Antwort lautete immer: „Frauen!" Meine „Vielweiberei" hatte sich zu einem richtigen Sport entwickelt. Durch meine Größe hatte ich in Deutschland mehr Glück bei den Frauen als die anderen – kleinen! – Italiener.

Damals lernte ich Ruth kennen. Sie war aus Offenbach und hatte zwei Kinder. Meine Mutter hatte mir eingetrichtert, die deutschen Mädchen wollten alle nur eines: heiraten. Eigentlich sollte es eine Warnung sein, aber ich nutzte es aus. Gerade die etwas älteren Frauen ließen sich gerne ein bisschen anmachen.

Im Edelweiß ging ich immer nach dem Aussehen. Wenn sie mir gefielen, dann setzte ich allen meinen Charme auf, um ihnen zu imponieren – auch bei der Ruth. Die war dunkelhaarig und groß, darum wusste ich, dass meine Chancen gut waren. Ich forderte sie zum Tanzen auf. Da stellte sich heraus, sie hatte ein Auto, eine Isabella[3]. Das fand ich toll. Ich stellte mir schon vor, wie sie mich von der Unterkunft abholen würde. Und so ist es auch gekommen. Nach dem Tanzen brachte sie mich nach Höchst und am nächsten Tag holte sie mich zum Neid aller mit dem Auto ab. Meine Kollegen und der Liliputaner guckten nicht schlecht, als wir davonfuhren. Ich war sehr stolz!

Sie fuhr mit mir nach Lohr am Main und lud mich zum Essen ein. Ich kannte die deutsche Küche nicht, aber ich hatte sehr viel Schlechtes gehört. Wie sollte ich mich davor retten? Ruth bestellte Klöße. Ich hatte so getan, als kennte ich Klöße, aber als sie kamen, dachte ich, mich trifft der Schlag! Sie sahen dem Essen, das meine Mutter mit ihren Dreckfingern fabrizierte, verblüffend ähnlich. Ich konnte dieses Gericht nicht essen, auch wenn ich wusste, ich blamierte mich. Ruth verstand mich nicht und ich wollte es ihr auf keinen Fall erklären. Was hätte sie dann von mir gedacht? Meine ganze Angeberei wäre hin gewesen. Der Rest des Tages wurde trotzdem noch sehr schön. Wir sind den ganzen Tag im Spessart herumgefahren, was mit sehr gefallen hat.

### Beziehungen

In der Unterkunft hatte ich mich mit einem Mann angefreundet. Er war aus Kalabrien und mit seinem Sohn nach Deutschland gekommen. Er hatte die ganze Zeit mit mir in Limes gearbeitet und war sehr nett. Ich hatte mir oft gewünscht, dass der Zio Gennaro mein Vater wäre! In Schiavonera in Kalabrien war er Bäcker gewesen. Er erklärte mir, er sei wegen seinem Sohn nach Deutschland gekommen. Der Junge wollte einfach nicht in die Schule. Ich kannte den Ermanno. Er war sehr nett, aber er konnte nicht mal seinen Namen schreiben. Da er bei seinem Vater nichts lernen wollte, machte ich das Angebot, ihm Lesen und Schreiben beizubringen. Und so kam der Ermanno jeden Tag nach der Arbeit zu mir und wir übten Lesen und Schreiben, bis er wenigstens seinen Namen buchstabieren und ein bisschen Lesen konnte. In Höchst waren viele Leute aus Kalabrien, fast alle aus Schiavonera und fast alle Analphabeten. Der Schwiegersohn von Zio Gennaro konnte auch nicht lesen und schreiben. Ich musste ihm immer die Briefe an seine Frau schreiben und die Antworten vorlesen. Es war mir sehr peinlich, die intimen Angelegenheiten einer fremden Frau vorzulesen, aber der Zio Gennaro beruhigte mich, ich sollte mir nichts dabei denken. Er sei froh, dass ich das mache und nicht jemand anders. Wahrscheinlich hatte er damit sogar Recht.

Im Sommer sind wir oft in den Höchster Park ins Nidda-Schwimmbad gegangen. Dort bändelte ich mit einem Mädchen an, obwohl ich wusste, mein Zimmerkollege, unser so genannter „Koch“, war scharf auf sie gewesen. Der Neapolitaner fing natürlich einen großen Ärger an – ich hätte ihm das Mädchen ausgespannt. Er hatte irgendwo Recht, aber sie wollte lieber mit mir gehen. Der war ganz außer sich: Ein Sizilianer spannte ihm sein Mädchen aus! Unsere gemeinsame Kocherei brach auseinander und wir sprachen nicht mehr miteinander.

Obendrein holte mich Ruth, die mit dem tollen Auto, jeden Samstag und Sonntag von der Unterkunft ab, was die Lage nicht gerade besserte. Der Neapolitaner platzte vor Wut, er wollte sich unbedingt mit mir hauen. Ich musste an mein erstes Jahr in Deutschland denken, als ich mich mit diesem Liguori auf den Gleisen geprügelt hatte. Der Neapolitaner provozierte mich immer und überall, wo er nur konnte. Er dachte, ich ginge ihm aus dem Weg, weil ich Angst vor ihm hätte. Ich hatte mich noch nie richtig gekloppt und wusste nicht wie schlimm das sein konnte.

Mein Zimmerkollege Cesare, der Geremia und der Zio Gennaro waren der Meinung, ich sollte dem Neapolitaner zeigen, mit wem er es zu tun hatte. Aber ich wollte keine Schlägerei riskieren, denn in den Unterkünften sind die Leute sehr schnell mit Messern bei der Hand und davor hatte ich Angst. Das verstand der Zio Gennaro. Solange nicht einer von uns die Firma verließ, wäre das Problem wohl nicht zu lösen. Die Ruth machte mit mir Schluss. Sie wollte unbedingt hören, dass ich sie liebe. Ich sollte die drei Wörtchen endlich sagen! Aber ich wusste nicht, was Liebe ist – wie hätte ich es da sagen können. Jetzt hatte ich keine Frau mehr, die mich mit dem Auto abholte.

Aber ich hatte Glück. Ich ging wie immer tanzen und lernte die Martha-Sophie kennen. Die hatte einen Käfer. Da konnte ich wieder vor der gesamten Unterkunft angeben – und vor allem vor dem Neapolitaner! Der drohte mir mittlerweile, mich im Schwimmbad ertränken zu wollen. Er wusste, ich ging regelmäßig ins Niddabad, schließlich hatte ich dort sein Mädchen getroffen.

Nach reiflicher Überlegung habe ich den Entschluss gefasst, die Firma zu verlassen. Es war ohnehin schon Oktober und die Baustelle in der Goethestraße würde bald abgebaut. Meine Sorgen hätte ich gern mit meinem Vater besprochen, aber seine Antworten waren immer noch dieselben: Ich war an allem schuld und am liebsten würde er mich verhauen. Am Ende sagte er noch, ich hätte in der Firma Kunze & Sohn zu bleiben, weil man dort gut verdienen kann. Mittlerweile war ich nicht mal mehr enttäuscht – ich hatte nichts anderes erwartet.

Am nächsten Tag meldete ich mich krank und bin zu einer Fabrik in Frankfurt gefahren, bei der mein Cousin arbeitete. Es war eine Gießerei, die in der Solmsstraße am Westbahnhof lag. Ohne meinen Cousin holen zu lassen, bin ich in das Büro und fragte nach Arbeit. Da musterte mich der Geschäftsführer wie einen Esel auf dem Wochenmarkt und sagte Ja – aber nicht im Apparatebau. Dort arbeitete mein Cousin. Der Mann hatte gemerkt, wir waren verwandt, weil wir genau die gleichen Namen hatten. Er schickte mich in die Gießerei – da könnte ich meine Kräfte spielen lassen.

Ich bin sofort nach Höchst gefahren und holte meine paar Habseligkeiten. Es war immer noch nur eine Handvoll Zeug, weil das ganze Geld nach Butera floss. Mein Vater fing an, unser Haus stückweise in Stand zu setzen. Der hatte sogar eine Badewanne einbauen lassen, was für Butera ein Novum war. Schade, dass es kein Wasser dafür gab!

Ich ließ mir ein Bett in den Holzbaracken zuteilen. Es war deprimierend, die Zimmer zu sehen: sehr, sehr schmutzig und winzig, mit vier Betten. Die Nationalitäten waren gemischt. Das Zimmer musste ich mit zwei Türken und einem Spanier teilen. Ich dachte sofort: „Das kann nicht gut ausgehen!“ und erinnerte mich an die Streitereien in Höchst. Für die Deutschen waren wir vor allem Arbeitskräfte – keiner machte sich Gedanken um die kulturellen Unterschiede zwischen uns „Gastarbeitern“. Wir Italiener und die Türken, wir waren uns damals noch sehr fremd.

Ich bekam ein Bett über dem Spanier zugeteilt, auch ein komischer Kauz. Bald merkte ich, er war sehr geizig. Er kaufte einmal die Woche drei Kilo Kartoffeln, zwölf Eier und ein Kilo Brot. Das musste reichen: Jeden Tag kochte er sich zwei Kartoffeln und zwei Eier und egal, wie dick die Kartoffeln waren, die Zahl blieb immer gleich. Zum Anziehen hatte der Spanier ein Hemd und ein Paar Hosen. Sonntags kam eines

Mit den spanischen Freunden 1964

von beiden in die Wäsche. Wenn das Hemd dran war, lief er so lange mit nacktem Oberkörper herum, bis es getrocknet war. Die Spinde waren von Kakerlaken befallen. Diese Tierchen krabbelten überall herum, so dass ich mich nicht traute was Essbares aufzuheben. Zwei Brüder stellten sich bei mir vor. Einer war der Beppe, der war sehr nett. Aber der Ältere war ein unsympathischer Typ.

Am nächsten Tag ging es an die Arbeit. Ich sollte Sand mischen - in einem tiefen Loch, das ganz schwarz war, schlimmer als die Nacht. Abends war ich auch schwarz, man konnte meine Hautfarbe nicht mehr sehen.

Ich habe es bitter bereut, von der Baustelle weggegangen zu sein. Aber so leicht wollte ich nicht aufgeben. Ich nahm mir vor durchzuhalten und ein bisschen Karriere zu machen, um mehr Geld zu verdienen.

### Sehnsucht nach Lebensqualität

Ich stellte fest, in der Gießerei war ich der Einzige, der einigermaßen Deutsch sprach. Man holte mich sogar zum Übersetzen. Das machte mich schon ein bisschen stolz und meinen Cousin neidisch. Er sprach nicht besser als mein Vater. Apropos mein Vater: Der hatte seine Stelle auch wieder gewechselt. Er hatte bei der Schuhfabrik aufgehört und arbeitete nun beim Rhein-Main-Flughafen in der Küche. Er und sein Bruder waren dort Tellerwäscher. Es gab eine große Geschirrspülmaschine, die sie zu sechst bedienten. Mein Vater klaute bei dieser Gelegenheit sehr viel Besteck, das er kiloweise nach Butera transportierte. Ich konnte mir nicht vorstellen, was er damit machen wollte. Da erklärte mir meine Mutter, meine Schwester sollte das ganze Zeug bekommen, zu ihrer Hochzeit.

Ich blieb etwa zwei Monate in diesem schwarzen Loch und mischte Sand. Dann holte mich der Meister Franke raus und teilte mich einem gewissen Karl zu. Der war Fachmann, als „Former". Eigentlich sollte ich dem Karl helfen die Formen zu füllen, aber es kam anders. Mit der Zeit trank der Karl immer mehr und konnte darum kaum arbeiten. Trotzdem verdiente er doppelt so viel wie ich. Jeden Morgen musste ich um 7 Uhr Karls Kasten Bier von der Kantine holen. Am Nachmittag, gegen 15 Uhr war dieser Kasten leer - und der Karl voll.

In dieser Zeit habe ich einen neuen Freund gefunden. Er hieß Lello und stammte auch aus Sizilien. Ich beneidete ihn, weil er seine Familie in Frankfurt hatte. Der Lello war immer sauber angezogen, weil seine Mutter darauf achtete. Das machte mich richtig eifersüchtig! Ich besuchte ihn oft zum Essen, um mich auch ein bisschen verwöhnen zu lassen. Ein richtiges Zuhause in Deutschland zu haben, genau wie der Lello, davon träumte ich. Ich versuchte, meinen Vater davon zu überzeugen, meine Mutter und meine Schwester nach Deutschland zu holen. Concetta wollte auch unbedingt nach Deutschland kommen, weil sie die gleichen Probleme mit der Größe hatte wie ich. Sie fand weder Freundinnen noch einen Mann in Butera. Aber mein Vater war dagegen. Ich wusste warum: Er wollte nicht auf sein wildes Leben verzichten. Er ging nach wie vor jeden Abend tanzen und hatte mehrere Freundinnen gleichzeitig - sozusagen für jeden Tag eine andere. Alle zwei Monate fuhr er nach Berlin, auch dort hatte er sich eine Freundin zugelegt.

In Sachen Familie war der Lello mein Vorbild. Aber nicht nur das. Er hatte den Führerschein gerade gemacht und das reizte mich natürlich auch. Ich wollte unbedingt Autofahren können, auch wenn mein Vater wieder dagegen war wegen des Geldes.

Ich hatte mittlerweile mit Martha-Sophie Schluss gemacht. Ich ging jetzt mit der Dagmar aus. Sie war verheiratet und wohnte in Niederursel. Sie bot mir an, meine Wäsche zu waschen. Das gefiel mir sehr! Ich war der Einzige, der saubere Wäsche im Spind hatte und das machte mich auch ein bisschen stolz den anderen gegenüber. In unseren Baracken war alles schmutzig, auch die Leute. Keiner wollte sauber machen, keiner wollte aufräumen. Und ich sah nicht ein, den Dreck der anderen wegzumachen! Ich sagte mir immer: „Bis der Dreck bis zu meinem Bett reicht, bin ich schon längst weg von der Gießerei." Ich denke, die Dagmar hatte Mitleid mit mir. Ich besuchte sie vor allem, um der Kälte und dem Gestank für ein paar Stunden zu entgehen.

Jetzt hatte ich saubere Hemden, aber meine Arbeitsklamotten blieben dreckig. Am Freitag, nach der Arbeit, habe ich sie in der Fabrik in eine Art Wassertrog gelegt. Wenn ich sie am Montag wieder rausholte, stanken sie schlimm, weil ich meine kaputten Hosen immer mit Draht genäht hatte, der natürlich im Wasser rostete.

Der Türke in meinem Zimmer hatte keine Dagmar. Er trug ein halbes Jahr lang immer denselben Schlafanzug. Abends ging er damit ins Bett und morgens zog er sich die Arbeitsklamotten einfach drüber. Nach der Arbeit lief er mit diesem Schlafanzug herum, dabei war es in den Baracken oft so kalt, dass uns im Zimmer die Scheiben einfroren.

Es muss irgendein muslimischer Feiertag gewesen sein, da fingen die Türken an, Weinrebenblätter einzukochen. Das stank bestialisch. Ich kochte in der Regel nicht in der Küche, weil man dort vor lauter Dreck und Kakerlaken kaum laufen konnte. Ich briet mir höchstens schnell ein Kotelett und war sofort wieder draußen!

Einmal machte ich mir gerade so ein Kotelett, als der Beppe in die Küche kam. Wir unterhielten uns und ich habe die Pfanne vergessen. Das Öl spritzte in den Topf des türkischen Zimmerkollegen, der immer im Schlafanzug herum lief. Als der das sah, wurde er sehr wütend. Mein Öl, infiziert mit Schweinefleisch, war in seine Weinblätter gespritzt. Jetzt musste er die ganze Arbeit von neuem beginnen! Er schnappte sich meine Pfanne und schmiss sie in den Müll. Ich verstand nicht, warum der Mann wegen ein paar Fettspritzern so ein Theater machte. Dass es da um Religion ging, konnte ich mir nicht vorstellen! Der wollte doch nur Ärger – und den konnte er haben. Ich habe mich zum ersten Mal richtig gekloppt. Mittlerweile war ich stärker geworden und hatte keine Angst mehr vorm Verlieren. Meine ganze Wut kam plötzlich hoch. Ich nahm den Topf des Türken und schmiss ihn ihm samt Weinblättern an den Kopf.

Es war, als hätte ich ein Signal gegeben, denn plötzlich war der Teufel los: Es ging Italiener gegen Türken. Der Mann mit dem Schlafanzug war vom Kopf bis zu den Füßen verbrüht und betete zu Allah. Beppe hatte eine Platzwunde im Gesicht. Zwei andere Türken waren auch verletzt – nur ich war in Ordnung. Da ging eine richtige Schlägerei los. Die Leute kloppten sich wie die Wilden in der Küche und im Flur. Ich bin schnell in mein Zimmer, habe mich umgezogen und drohte allen damit, die Polizei zu holen. Da bekamen sie doch Angst und hörten auf sich zu schlagen. Um auf andere Gedanken zu kommen, ging ich ins Edelweiß. Dort war ich im Winter auch oft, weil es warm war. Als ich um 3 Uhr morgens heimkam, war alles wieder ruhig.

Um 7 Uhr ging die Arbeit wieder los. Ich musste den obligatorischen Kasten Bier holen und fing an die Gussformen zu füllen. Der Karl trieb mich den ganzen Tag mit dummen Witzen oder mit Drohungen an. Ich sollte mich beeilen, sonst hätte er ja weniger verdient! Er wurde schließlich nach Leistung, nicht wie ich nach Stunden bezahlt.

Da sah ich plötzlich den Türken. Der hatte den Kopf so verbunden, dass man nur die Nase sehen konnte. Mir wurde doch etwas bange. Was hatte ich getan! Aber es passierte nichts. Der Türke erklärte, er wäre in der Küche ausgerutscht und dabei war ihm der Topf auf den Kopf gefallen. Später erfuhr ich vom Beppe, die Italiener hatten dem Türken mit der Mafia gedroht, er sollte lieber aufpassen. Das war natürlich Quatsch, aber die Italiener, vor allem die Sizilianer machten den Leuten gern ein bisschen Angst damit. Das funktionierte fast immer!

Im Nachhinein glaube ich, es gab immer solchen Ärger mit den Türken, weil die genau so stur und unwissend waren wie wir. Keiner kannte die Gewohnheiten der anderen und fand sie einfach komisch. Andauernd kam es zu Missverständnissen und Provokationen. Eigentlich war es in Höchst noch besser gewesen. Dort hatten wir wenigstens in der Dusche Ruhe vor ihnen gehabt, weil die Türken aus Angst, wir könnten sie sehen, nur sonntags duschten.

In unserer Baracke wohnte auch ein Jugoslawe, der Cicic. Er arbeitete im Apparatebau und kam nun anstelle des Türken in mein Zimmer. Der Cicic war viel älter als ich. Zu Hause, in Sarajewo, hatte er eine Tochter, mit der er mich unbedingt verkuppeln wollte. Dann hätte sie nämlich auch nach Deutschland kommen können. Aber ich machte dieses Spiel nicht mit. Ich hatte im Moment genug von Frauen und irgendwelchen Manövern. Darum machte ich auch mit Dagmar Schluss. Es gab Probleme mit ihrem Mann. Irgendwann konnte sie mir die Wäsche nicht mehr waschen, weil sie dafür Ärger bekam. Lellos Freundin war mit der Dagmar befreundet und darum verließ er sie auch, aus Solidarität sozusagen.

Lello machte mich immer neidischer auf sein Auto, einen Fiat 850. Ich bin zur Fahrschule, ohne meinem Vater etwas zu sagen. Für insgesamt 275 Mark machte ich im Juli 1967 den Führerschein. Ich kaufte mir einen Fiat 600 mit 125 000 Kilometern und bezahlte dafür 125 Mark. Der fuhr immerhin noch etwa sechs Monate, das reichte gerade zum Üben. Jetzt musste ich mich nicht mehr von meinem Freund Lello abholen lassen. Ich bin fast jeden Tag nach Sindlingen zu meiner neuen Freundin Hildegard gefahren. Ich hatte sie, wie fast alle Bekanntschaften beim Tanzen kennen gelernt. Offensichtlich hatten meine Vorsätze nicht lang gehalten! Bei Hildegard gab es wieder was zu essen und es war schön warm.

Stolzer Besitzer eines Fiat!

Aber der Frieden dauerte nicht lang. Bald fing sie an was von Verlobung zu reden. Von meinen Plänen, mir eine deutsche Frau zu suchen, war ich zwar mittlerweile abgekommen, aber ich machte das Theater mit, um nicht auf das warme Essen verzichten zu müssen. Sie wollte unbedingt einen Verlobungsring haben und ich wollte kein Geld investieren. Da bot sich eine Gelegenheit. Ihr Bruder Heinz wollte einen Gebrauchtwagen kaufen und ich kannte einen Italiener, der seinen Fiat 1100 verkaufen wollte. Ich verhandelte zwischen den beiden und verlangte von dem Italiener 300 Mark Provision. Der zukünftige Schwager bezahlte 2000 Mark und ich kassierte insgesamt 500 Mark Provision. Mit einem Teil davon kaufte ich mit Hildegard in der Leipziger Straße Verlobungsringe. Aber nach etwa sieben Monaten fing die Hildegard vom Heiraten an. Da wurde mir aber doch mulmig zumute – Deutschland oder Butera, heiraten wollte ich damals einfach noch nicht.

Mein Cousin hatte sich inzwischen in Butera verkuppeln lassen. Dort durfte man immer noch nicht mit den Frauen und Mädchen reden. Den ganzen Urlaub war ich mit ihm die Straße auf und ab spaziert, in der die Auserwählte wohnte. Irgendwann fragte meine Schwester nach, ob deren Familie damit einverstanden wäre, dass mein Cousin Lia heirate. Sie sagten zu, da sie längst überfällig war. Mein Cousin war es übrigens auch. Er war schon weit über 30. Die Hochzeit wurde kurz vor Urlaubsende beschlossen. Fünf Tage nach der Verlobung sind wir zurück nach Deutschland gefahren. In diesen fünf Tagen durfte mein

Cousin zweimal mit dem Mädchen spazieren und einmal mit ihr ins Kino gehen. Ihre Familie erlaubte leider nicht, dass sie sich bei meinem Cousin unterhakte und so liefen sie getrennt nebeneinander her. Die Eltern der Braut und meine Tante und mein Onkel waren selbstverständlich auch dabei. Der Spaziergang auf der Piazza hatte vor allem den Zweck, den Leuten zu zeigen: Dieses Mädchen ist jetzt vergeben. Von Frankfurt aus fiel es mir wirklich schwer, diese Geschichten für wahr zu halten!

### Mit Familie auf Reisen ...

Zurück in Deutschland kaufte ich mir endlich den ersehnten Fiat 850. Natürlich wollte ich damit auch nach Butera in Urlaub fahren, um wie die anderen ein bisschen anzugeben. Hätte ich geahnt, was für ein Theater das geben sollte!

Im April wollte mein Cousin heiraten und darum musste ich auf jeden Fall runterfahren. Ich wollte nett sein und schlug meinem Vater und meinem Onkel vor, mich im Auto nach Sizilien zu begleiten. Beide freuten sich sehr. Ich konnte nicht wissen, dass sie dachten, die Reise wäre für sie geschenkt!

Mein Onkel rief seine Frau an um ihr mitzuteilen, er würde mit mir fahren. Das hat ihm die Tante aber sofort verboten. Ich wäre Anfänger, unterwegs könnte was passieren. Der Onkel sollte lieber den Zug nehmen. Ich war ein bisschen beleidigt in meiner Ehre als Autofahrer, aber wenigstens würden wir mehr Platz im Auto haben. Dann konnte ich mir auch den Gepäckträger sparen. Ich war ziemlich aufgeregt vor der Reise. Die Autobahnen in Italien waren noch nicht bis Sizilien ausgebaut, sie gingen nur bis Salerno. Danach musste ich mich selbst durchschlagen! Aber damit nicht genug. Am Morgen unserer Abreise hatte mein Onkel einen Arbeitsunfall. Jetzt traute er sich nicht mehr, mit dem Zug zu fahren. Ich musste mit ihm zum Hauptbahnhof fahren und dem Bahnbeamten die tollsten Geschichten erzählen, damit der Onkel sein Geld für die Fahrkarten wiederbekam.

Wir sind abends um 22 Uhr losgefahren. Das Auto war ziemlich schwer beladen, weil mein Onkel anscheinend ganz Deutschland mitnehmen wollte. Ich musste auf die Schnelle einen Gepäckträger auftreiben, damit ich die Koffer unterbringen konnte. Mein Vater saß vorne, mein Onkel hinten. Sobald wir auf der Autobahn waren, sind die beiden eingeschlafen. Nach etwa zwei Stunden hielt ich die Schnarcherei nicht mehr aus. Ich konnte nicht mal mehr den Motor hören. Vielleicht konnte ich die beiden mit lauter Musik wach bekommen! Ich hatte mir nämlich einen batteriebetriebenen Plattenspieler gekauft. Bei Mannheim schnauzte mich mein Vater wegen des Lärms an. Ich sollte mich aufs Fahren konzentrieren, sonst würde er dieses verdammte Ding wegschmeißen!

Da ist auch mein Onkel wach geworden und beschwerte sich. Er fragte mich, ob ich nicht den Motor vom Auto ein bisschen leiser machen könnte. Der hatte Wünsche! Aber egal: Immerhin hatte ich die beiden wach bekommen. Sie fingen sofort an zu essen und schmissen die Abfälle einfach auf den Boden, wie ich später feststellte. In Basel legte ich auch eine Essenspause ein. Ich musste mich beeilen, denn von unserem Proviant hätten mir die beiden natürlich nichts übrig gelassen.

Dann ging es weiter. Mein Vater ermahnte mich nochmals, ich hätte mich nur auf das Autofahren zu konzentrieren. Später sind wir zum Sankt Gotthard gekommen. Damals gab es noch keinen Tunnel, man musste entweder über den Pass oder mit dem Autozug fahren. Als es ans Bezahlen ging, hoffte ich, die beiden würden sich endlich an den Unkosten beteiligen. Aber da konnte ich lange warten. Ich musste alles allein zahlen! Mein Vater fühlte sich als der Eigentümer und mein Onkel als der schlaue Bursche – und ich? Ich war wie immer der Dumme.

Da in den Tank nur 25 Liter Benzin reinpassten, musste ich alle 250 bis 300 Kilometer tanken. Wir kamen nur langsam voran. Auch der italienische Zoll machte Probleme. Ohne Schmiergeld kam keiner vorbei. Ein Zollbeamter sagte mir, wir dürften ohne Kontrolle vorbeifahren, wenn ich ihm fünf Schachteln Zigaretten gäbe. Ansonsten würde er uns das Auto auseinander nehmen! Da gab ich ihm die fünf Schachteln und wir sind ohne Kontrolle weiter gefahren. Ich hatte in der Schweiz vorsorglich noch Zigaretten gekauft. Die waren immer nützlich. Auch mein Vater hatte welche dabei, um seine ehemaligen Kreditoren damit zu schmieren.

Ich wurde sehr müde und hätte gern ein bisschen geschlafen. Da wurde mein Vater sauer. Er konnte sich nicht vorstellen, von was ich müde sein sollte. Ich würde ja nur den Lenker festhalten. Da bin ich so böse geworden, dass ich plötzlich wieder hellwach war.

Es war Spätnachmittag als wir in Bologna ankamen. Ich musste unbedingt was essen und einen Kaffee trinken. Da waren sie einverstanden und haben, wieder mal auf meine Kosten, sehr viel gegessen und getrunken. Mein Onkel sagte, er hätte nicht mal bei seiner Hochzeit so gut gegessen – aber bezahlt hat er keine Lira. Die Fahrt ging weiter und die Stunden vergingen. Eigentlich wollte ich schon am nächsten Tag in Butera sein, das war der Palmsonntag. Aber ich wusste jetzt schon, wir konnten es nicht mehr schaffen. Wir waren kurz vor Rom, da sah ich, wie mein Vater eine leere Wasserflasche aus dem Fenster schmiss! Sie zerplatzte auf der Autobahn. Ich konnte es nicht glauben. Ich sagte, ich müsste jetzt halten, um die Autobahn sauber zu machen: „Das ist gefährlich für die Autoreifen!"

Da brach ein großer Streit los. Mein Vater und mein Onkel verstanden meine Reaktion nicht. Es reichte mir! Ich habe angehalten und meinem Vater gesagt, er könnte mit dem Zug weiterfahren und seinen Bruder mitnehmen. Wir haben uns mindestens eine Stunde gestritten – aber was sollte ich tun? Ich konnte die beiden nicht auf der Autobahn stehen lassen! Ich war sehr müde, seit Donnerstagnacht hatte ich nicht mehr geschlafen. Die Herrschaften dagegen waren putzmunter. Kein Wunder! Sie hatten die gesamte Fahrt kaum gesprochen, nur geschlafen und gegessen. Die konnten sich nicht vorstellen, dass ich etwas Ruhe gebrauchen könnte.

In Rom bin ich an einer Raststätte stehen geblieben, um vielleicht doch ein bisschen zu schlafen. Aber es ging nicht, die beiden hatten immer was im Auto zu suchen. Es war nicht zum Aushalten! Bald war ich wieder zu wütend zum Schlafen und setzte mich ans Steuer.

Wir mussten mitten durch Neapel fahren, weil die Autobahn damals noch in die Stadt reinführte. Was für ein Chaos! Ich wollte nur weiter kommen – für die Landschaften und Städte hatte ich in dem Moment kein Interesse. Kurz vor Salerno gab es unverhofft ein paar Kilometer Autobahn, aber das brachte auch nicht mehr viel. Mittlerweile war es Sonntagmorgen geworden. Das heißt, wir waren schon zwei Nächte und einen Tag unterwegs. Eigentlich wollte ich schon in Butera sein und wo waren wir? In Battipaglia!

Es war etwa 7 Uhr. Ich bin in eine Bäckerei und kaufte etwas Brot, denn meine beiden Begleiter hatten schon alles verbraucht. Wir hatten nur noch leere Flaschen im Auto. Ich habe mir dann in einer Bar ein großes Glas Zitroneneis geholt. Dazu habe ich das frische Brot gegessen. Das tat sehr gut! Es half mir ein bisschen über die Müdigkeit hinweg.

Ab Battipaglia mussten wir von Dorf zu Dorf fahren. Allein bis Reggio di Calabria brauchte ich 16 Stunden. Die Straßen waren schlecht beschildert und sehr eng. Es war 23 Uhr, als wir die Fähre nach Sizilien nahmen. Dort waren die Autobahnen erst in Planung. Für 250 Kilometer brauchte ich einen ganzen Tag, denn die Straßen waren nicht besser als in Kalabrien. Am Montagnachmittag kamen wir endlich in Butera an. Ich brachte erstmal meinen Onkel nach Hause, sonst hätte der sehr weit laufen müssen. Aber obwohl mein Fiat ein kleines Auto war, kam ich nicht weit. Im Viertel meines Onkels sind die Straßen sehr eng. Ich trug ihm die Koffer bis vor die Haustür. Dann bin ich mit meinem Vater in unser Viertel gefahren. Im Schlossviertel sind die Straßen gerade so breit, dass ich mit dem Auto reinfahren konnte.

Ich habe alles abgeladen und wollte sofort ins Bett. Aber da kam die gesamte Nachbarschaft um uns zu begrüßen. Alle fragten, ob wir ihren Mann, ihren Sohn oder Bruder gesehen hätten. Die Leute stellten sich vor, Deutschland sei nicht größer als Butera. Ich sagte einfach immer, es ginge den Verwandten gut. Wenn die gewusst hätten, dass ich den Leuten aus Butera absichtlich aus dem Weg ging!

Zur Feier des Tages kochte meine Mutter ihr berühmtes Huhn. Jetzt musste ich auch noch diese verdammte Hühnersuppe essen! Ich bin im Sitzen eingeschlafen. Es war Montag, fast Abend und ich hatte Donnerstagnacht zuletzt geschlafen. Mein Vater konnte meine Müdigkeit nicht verstehen. Er sagte, ich sollte mich nicht so anstellen und lieber spazieren gehen. Anstatt wie ich dazuliegen, zog er sich seinen schwarzen Anzug an, schimpfte meine Mutter noch mal aus und ist dann wie immer auf die Piazza gegangen um sich zu zeigen.

### ... und unterwegs in Sizilien

Am nächsten Tag bin ich auch auf die Piazza. Das ist sozusagen Pflicht gewesen - und davon abgesehen, gab es auch nichts anderes zu tun. Von meinen Freunden und Bekannten war keiner da. Die kamen erst am 15. August zum Fest von San Rocco. Es war sehr langweilig. In dieser Jahreszeit gab es nicht mal Arbeit auf dem Acker. Dafür musste ich meine Mutter und meine Schwester herumkutschieren. Die wollten die Gelegenheit ausnutzen, dass es jetzt ein Auto in der Familie gab, und das auch noch umsonst.

Am dritten Tag machte ich mit Mutter, Schwester und Vater einen Ausflug. Ich zeigte ihnen Catania und Taormina. Mein Vater tat den ganzen Tag so, als ob er der Fahrer wäre. Man hätte glauben können, er hätte das Auto von Deutschland hergefahren. Jedes Mal, wenn ich mich etwas verfuhr, kam es zum Streit. Er ging mir gewaltig auf die Nerven. Ich wollte endlich meine Ruhe haben!

Ich fuhr sie zum Hafen in Catania, um selbst die großen Schiffe zu sehen. Mein Vater saß immer vorne, er war der Boss, meine Mutter und meine Schwester hinten. Da stellte sich meine Mutter beim Aussteigen ein bisschen dumm an und stieß mit dem Kopf an den Türrahmen. Ich saß noch am Steuer, mein Vater war schon draußen und schaute ein paar Weibern hinterher. Als er Mama sah, verpasste er ihr eine schallende Backpfeife, anstatt ihr zu helfen. Dabei fluchte er so laut, dass die Leute guckten. Es war mir sehr peinlich. Wie konnte mein Vater seine eigene Frau so behandeln?

Ich wollte in ein Restaurant gehen, aber der große Rat entschied, belegte Brötchen zu kaufen und auf der Straße zu essen. Ich stellte gleich klar, ich würde nichts bezahlen. Ich hatte mein Geld abgeliefert und war pleite. Von Catania bis Taormina haben sich meine Eltern nur gestritten. Mein Vater wetterte, wie dumm seine Familie sei. Außerdem schämte er sich mit meiner Mutter, weil sie immer schwarz angezogen war. Typisch sizilianisch! Er war jetzt Besseres gewöhnt mit seiner Irmgard und den vielen Weibern, die er in Deutschland hatte!

Wir sind wieder nach Butera zurückgefahren, zerstritten und stumm. Keiner traute sich ein Wort zu sagen. Jeder hatte Angst, das Feuer wieder anzufachen. Ich hatte Tränen in den Augen. Warum war ich mit so einer Familie bestraft? Ich träumte davon, eine Familie zu haben, bei der man ein bisschen Liebe bekommen konnte. Bei uns gab sich keiner einen Kuss – alles war eiskalt und gefühllos. Ich hatte die Vorstellung, mir mit dem Geld, das ich verdiente, etwas Zuneigung zu erkaufen. Deswegen versuchte ich, mehr als mein Vater zu verdienen, und deswegen gab ich alles ab – immer in der Hoffnung auf ein Lob oder etwas Anerkennung. Diese Idee war mir zur Lebensaufgabe geworden. Aber es war ein hoffnungsloses Unterfangen.

In Butera angekommen, sagte mein Vater, er hätte jetzt Hunger und wollte heute Spaghetti essen. Dann ging er ins Bett, um sich von den Strapazen des Tages zu erholen. Währenddessen kochte Mama zwei Kilo Nudeln, wie immer mit sehr wenig Soße: nie mehr als einen Viertelliter. Unsere Nudeln waren weiß und wie in alten Zeiten voller Asche vom Kamin.

Ausnahmsweise hat mein Vater gegessen ohne zu maulen. Dann zog er sich den schwarzen Anzug an und ist ab auf seine Piazza. Kaum, dass er aus dem Haus war, bin ich ins Schlafzimmer gelaufen und holte mir 20.000 Lire aus seinem Versteck. Es gab mittlerweile ein Geschäft, das Gasherde verkaufte. Da bin ich hin und bestellte eine Gasflasche und einen Herd mit vier Flammen.

### Hochzeit in der Familie

Dann bin ich auch auf die Piazza. Ich traf einen Ex-Genossen und unterhielt mich mit ihm in einem Café über Politik. Da kam mein Cousin vorbei und fragte mich, ob ich nicht seine Hochzeit mit meinem Auto ausrichten könnte: „Anstatt ein Mietauto zu nehmen, werde ich dich bezahlen", sagte er. Ich dachte sofort, dann würde auch mein Onkel seinen Anteil für die Rückfahrt nach Deutschland geben. Bis jetzt hatte er sich nur durchfüttern lassen. Aber mein Cousin war noch nicht fertig. Er fragte mich, ob ich nicht auch Trauzeuge sein will. Darüber wollte ich erst mit meinen Eltern reden. Am Hochzeitstag gibt es nämlich traditionell einen Autokorso und ich wusste nicht, wie meine Familie ohne mein Auto daran teilnehmen sollte. Aber mein Vater beruhigte mich: Er werde schon eine Gelegenheit für alle drei finden. Ich könnte bei so einer Bitte doch nicht Nein sagen! Am Tag darauf, bei der „Ausstellung" der Mitgift, könnte ich meine Zusage geben. Und ich könnte mir was verdienen, dachte ich mir.

So bin ich am Tag darauf zu meiner Tante gegangen. Auf dem Bett lag alles, was mein Cousin als Mitgift mitbekam. Es waren zwei Schlafanzüge, ein paar Hemden und Strümpfe. Alles passte auf das Ehebett seiner Eltern. Zeitgleich lief auch bei der Verlobten die Ausstellung. Dort konnte man sehen, was die Braut von ihren Eltern mitbekam. Im gesamten Haus lagen Bettwäsche, Decken, jede Menge Hüte, sieben paar Schuhe, Kleider und noch mehr. Die Verlobten selbst durften das alles nicht sehen, sie waren ins Kino gegangen – aber nicht allein! Vorneweg lief die Braut und hinterher der Vater mit Sohn und seiner zweiten Tochter. Der zukünftige Schwiegervater von meinem Cousin hatte wieder nicht erlaubt, dass sich die Verlobten unterhakten.

Ich sagte meiner Tante Bescheid, ich könnte die Hochzeit ausrichten. Dann wollte ich auch ins Kino. Dort lief schon seit zwei Wochen der Film „Die zehn Gebote", den ich schon mindestens sechsmal gesehen hatte – aber egal: besser als auf der Piazza spazieren zu gehen!

Im Kino erkannte ich meinen Cousin auf einem der Sitze vor mir. Sicher war er geil wie ein Bock, aber er saß vier Plätze von seiner Verlobten weg. Zwischen ihnen saßen die zukünftigen Schwiegereltern, die zukünftige Schwägerin und der zukünftige Schwager. In Butera war alles so primitiv geblieben!

### Sie sind hinter mir her!

Im Kino sagte mir der Brautvater, ihm sei langweilig – und ließ mir seinen Platz neben der anderen Tochter. Ich hatte bereits einen Verdacht gehabt, der sich nun bestätigte. Er wollte mich mit seiner Tochter verkuppeln. Aber die Giovanna gefiel mir nicht: Die hatte zu viele Haare im Gesicht und an den Beinen. Und außerdem war sie zu klein für mich. Anscheinend wusste das Mädchen auch Bescheid! Während des ganzen Films rieb sie ihr behaartes Bein an meinem. Mir war das einerseits peinlich und andererseits machte es mich an. Ich dachte nur an Sex - nicht ans Heiraten! Ich liebte das Mädchen nicht. Aber wen interessierte das in Butera? Man heiratete schließlich nur aus wirtschaftlichen Gründen.

Damals schwärmte ich gerade für ein anderes Mädchen. Als ich aber meiner Mutter davon erzählte, gab es wieder jeden Tag Ärger. Sie meinte, sie passte nicht zu unserer Familie. Wir waren reiche Leute und dieses Mädchen stammte aus einer Straßenkehrer-Familie. Ich bin sogar zu meiner Tante gegangen und habe sie gebeten, mit dem Mädchen zu reden. Sie tat mir den Gefallen und - das Mädchen war einverstanden! Jetzt musste ich mich aber erst mal um die Hochzeit von meinem Cousin kümmern. Meine Hochzeit, dachte ich mir, hätte noch ein bisschen Zeit. Warum sollte ich mir jetzt schon so einen buterischen Klotz ans Bein hängen!

Wir sind aus dem Kino raus und ich verabschiedete mich sofort von der Gesellschaft. Die Giovanna muss gemerkt haben, dass mich ihre Beinreiberei nicht kalt gelassen hatte. Ich konnte nicht richtig laufen! Zum Glück ist in Butera die Beleuchtung nie so besonders toll gewesen.

Ich glaube, Giovanna dachte, sie hätte mich weich gekocht. Sie wollte, dass ich während des Urlaubs um ihre Hand anhalte oder mit ihr abhaue. Denn wenn sich in Butera zwei wollen, die Eltern aber dagegen sind, hauen sie für ein paar Tage einfach ab. Dann müssen die beiderseitigen Eltern die Hochzeit akzeptieren. Aber sie täuschte sich! Ich hatte noch keine Lust aufs Heiraten.

### Jungegesellenabschied

Am nächsten Tag fragte mich mein Cousin, ob ich ihn zu einer Nutte nach Gela bringen könnte. Ich sagte Ja, wunderte mich aber schon etwas - so kurz vor der Hochzeit! Er war alle zwei Tage im Puff gewesen. Aber in der Familie darf man sich keinen Gefallen abschlagen.

Während sich mein Cousin vergnügte, wartete ich im Auto auf ihn. Es dauerte mindestens drei Stunden bis er drankam, weil nur eine Frau da war. Als er zurückkam, sagte er, die Preise seien wieder gestiegen. Zum Glück würde er in einer Woche heiraten - dann hätte er eine Zeitlang Ruhe. Da kamen sie aus dem Puff, die anständigen Familienväter und stolz waren sie auch noch! Jeder tat so, als hätte er die Nutte entjungfert und erzählte die Stellungen, in denen sie es getrieben hätten. Mein Cousin hatte 5000 Lire bezahlt. Dafür hatte er der Frau aber gezeigt, was für ein Mann er ist! Er werde am Freitag wiederkommen. Ich wollte das nicht glauben, er hatte doch am Samstag seine Hochzeit! Da meinte er, ich könnte das nicht verstehen, weil ich noch zu jung wäre. Er sei dagegen ein gestandener Mann. Und überhaupt würde ich zuviel grübeln anstatt heranzugehen.

Am Freitagabend brachte ich meinen Cousin nach Gela in eine Schäferhütte, angeblich zu einer Frau aus Mailand. Er hatte im Dorf gehört, sie wäre besonders gut. Ich merkte nur: Es stank erbärmlich! Im Haus standen mindestens tausend Schafe! Aber davon ließen sich die Männer nicht abschrecken. Die Schlange war so lang, dass er erst nach vier Stunden dran kam.

Ich weiß nicht, wie er erklärte, dass er so spät heimkam, aber er bekam keine Probleme. Meine Mutter war da schwieriger. Sie ging nicht ins Bett, bevor sie nicht wusste, wo ich gewesen war. Aber das konnte ich ihr wirklich nicht sagen! Zum Glück konnte sie sich denken, dass ich keine Frauen besuchte - wie auch, ohne Geld!

### Ich gebe mein Bestes

Am nächsten Tag bin ich mit meiner Schwester sehr früh aufgestanden. Wir mussten das Auto waschen und dann mit Blumen schmücken. Mein Fiat 850 war mausgrau. Wir beklebten ihn mit vielen weißen Bändern und Blumen und ich machte nach meinem Geschmack einen Strauß. Das gefiel mir sehr! Vor lauter Blumen konnte man das Auto kaum noch sehen.

Gegen 11 Uhr holte ich die Braut ab und brachte sie in die Kirche. Als Trauzeuge hatte ich mich auch ein bisschen herausgeputzt. Ich war sogar zum Friseur gegangen, um mir die Haare legen zu lassen!

Ich vermute, die Giovanna dachte, ich hätte mich ihretwegen schön gemacht. Ich bemerkte, die Blicke, die sie mir zuwarf, sie waren mehr als eindeutig. Anstatt die Heilige Messe zu verfolgen, schaute sie immer zu mir rüber. Wenn sie glaubte, ich beobachtete sie, machte sie die Beine auf, damit ich sehen konnte, was für schöne Unterhöschen sie anhatte. Ich sah, sie trug rosa Schlüpfer und hatte ein rosa Band um den Oberschenkel gebunden. Sie musterte mich von oben bis unten und merkte natürlich, dass meine Hosen eine Wölbung bekamen. Ich konnte mich nicht mal umdrehen, denn die Kirche war voll. Es gab gut 200 Gäste und die waren alle in der Kirche. Ich kämpfte mit mir, aber es wurd e immer schlimmer. Die Giovanna spielte immer mehr mit den Beinen und ihr Rock rutschte immer mehr nach oben, so dass daraus ein Minirock geworden war! Ich konnte mich nicht mehr auf die Feier der Messe

Hochzeit in der Familie

konzentrieren, bis der zweite Trauzeuge, ein Freund von meinem Cousin, mich am Ärmel zupfte und fragte, ob ich nicht unterschreiben wollte. Ich setzte an und merkte, ich hatte mich verschrieben!

Ich guckte wieder zur Giovanna rüber und sah, sie lachte. Ich merkte auch sofort, warum! Mit Schrecken spürte ich eine gewisse Wärme, dann Kälte und Nässe - und Ekel, von den Fußzehen bis an die Haarwurzeln. Ich hatte einen Samenerguss gehabt. Ich fand mich selbst widerlich und ärgerte mich, weil ich mich so hatte gehen lassen.

Nach der Zeremonie bin ich sehr schnell zum Auto gerannt. Ich wollte auf keinen Fall, dass mich die Leute mit nassen Hosen sehen. Aber ich stellte zu meiner Erleichterung fest, nur meine Unterhosen waren nass. Ich steckte mir ein Taschentuch rein und versuchte mich ein bisschen abzutrocknen. Das ist mir einigermaßen gut gelungen. Dann fuhr ich das Auto vors Kirchenportal. Alle waren da, auch der Fotograf und jeder knutschte jeden. Ich bin auch aufgefordert worden, mich zum Fotografieren hinzustellen. Das wollte ich unbedingt vermeiden, weil ich nicht so sicher war, ob mein Taschentuch das alles aushielt. Ich stellte mich hin - und prompt war diese Frau schon wieder an meiner Seite. So sind wir verewigt worden: Giovanna und ich, fast wie ein Liebespaar! Dann wollte sie mir etwas ins Ohr flüstern. Sie zog mich zu sich herunter, krallte sich an meinem Arm fest und sagte: „Du kannst alles haben. Wenn du willst, werde ich jeden Tag eine Schleife um mein Bein binden – und jeden Tag eine neue Farbe!" Ich muss wohl sehr verlegen gewesen sein, denn mein Vater kam und fragte, was mit mir los sei. Ich sagte einfach, die Giovanna hätte mich gefragt, ob sie auch nach Catania mitfahren kann, um das Hochzeitspaar wegzubringen. Und tatsächlich: Das hat er mir geglaubt!

Dann kam das Brautpaar mit dem Brautvater und ich fuhr langsam los. Wir formierten einen Autokorso durch das Dorf. Viel rumfahren konnten wir nicht, wegen der engen Gassen, aber wir hupten viel. Nach ein paar Runden sind wir zum Kloster. Dort war ein großer Saal mit Garten gemietet worden. Es wurde gegessen und getrunken. Eine Blaskappelle spielte und die Leute fingen an zu tanzen. Die Giovanna versuchte immer wieder mich auf die Tanzfläche zu ziehen, aber ich wollte nicht. Sie wollte mich nur vor den Leuten provozieren, um mich dann zu zwingen sie zu heiraten. Ich wollte dieses Spiel nicht mitmachen und lehnte immer wieder mit einer Ausrede ab. Da fing auch ihr Vater an auf mich einzureden. Nun konnte ich nicht mehr Nein sagen. Das Tanzen wurde nicht so einfach, denn ich machte mich noch größer, als ich ohnehin war. Auf die Art musste ich wenigstens nicht mit ihr reden. Aber diese Göre begann ihre Brust an mir zu reiben. Bald hatte sie mich so weit wie in der Kirche. Ich sollte von meinem hohen Sockel runterkommen, sie wollte mir was sagen! Sie hätte in der Kirche auch einen Orgasmus gehabt. Ich könnte sie jeden Tag haben und mir die Unterwäsche aussuchen, die sie tragen soll. Sie wollte mit mir nach Deutschland. Dabei rieb sie immer wieder ihre Brust an meinem Gürtel, was mich immer verlegener machte. In meiner Hose regte sich wieder was. Als sie das spürte, verdrehte sie die Augen. Ich sagte ihr, wenn sie unbedingt mit mir schlafen wollte: „Das kannst du haben! Aber heiraten möchte ich noch lange nicht!" Ich überlegte, wie ich sie endlich loswerden könnte. Schließlich erklärte ich, ich wäre ein sehr perverser Junge und verlange Sachen, die sie bestimmt nicht kann und nicht wollte. Ich wollte sie abschrecken, aber da kannte ich sie schlecht. Von wegen, die Frauen in Butera wissen über Sex nicht Bescheid! Sie wusste alles! Sie sagte, sie hätte vor solchen Stellungen keine Angst, im Gegenteil – aber das alles nach der Hochzeit!

Ich bin ziemlich wütend wieder zu meinem Tisch gegangen. Am liebsten hätte ich mich aus dem Staub gemacht, aber ich musste das Brautpaar noch nach Catania fahren. Der Tag war noch lang. Zwei Stunden später zog die ganze Gesellschaft ins Haus des Schwiegervaters. Dort wurde wieder gegessen.

Der Schwiegervater nutzte das aus um mich weiter zu bearbeiten. Er hätte wohl gemerkt, ich und die Giovanna passten zusammen und ich hätte mitgemacht. Darüber freute er sich sehr. Wenn ich seine Giovanna nähme, werde er mir einen Anteil seiner Ländereien vererben. Denn durch die Agrarreform hatte er Land am Meer bekommen. Ich wäre am liebsten im Erdboden versunken um diesem Martyrium zu entgehen. Aber es gab kein Entrinnen. Da sagte ich, ich werde es mir noch überlegen mit der Giovanna und ihm sobald wie möglich eine Antwort geben.

Da war er ziemlich zufrieden und zwinkerte seiner Tochter zu. Giovanna himmelte mich die ganze Zeit mit einem Siegerblick in den Augen an, so ungefähr: „So, jetzt habe ich dich dort, wo ich wollte!“ Aber zum Heiraten gehören zwei - das hatte sie wohl vergessen!

Gegen Abend sind wir nach Catania abgefahren. Mein Vater wollte unbedingt mitfahren, angeblich, damit ich nicht allein zurückfahren musste. Unterwegs haben er und mein Cousin über Deutschland gesprochen. Sicher wäre es vernünftiger, wenn mein Cousin nach der Hochzeitsreise erst mal allein nach Frankfurt kommt. Auf die Art könnte er in Ruhe eine Wohnung für sich und seine Frau suchen. Dann könnte er die Lia nachholen. Mein Cousin schien ganz einverstanden mit dem Plan.

In Catania mussten wir ein Hotel für die Hochzeitsnacht suchen. Eigentlich heißt es immer, in solchen Fällen spielt Geld keine Rolle. Aber denkste! Mein Cousin benahm sich so, als hätte er seine Frau im Bahnhofsviertel kennen gelernt. Schon unterwegs machte er mir Zeichen durch den Rückspiegel, weil sich seine Hosen wölbten.

Es war nicht einfach ein passendes Hotel zu finden. Ich kannte mich in Catania nicht aus und mittlerweile war es dunkel geworden. Wir standen mit unserem Talent vor dem Hauptbahnhof und ich wusste nicht, wie es weitergehen sollte. Ich wollte möglichst nach dem Äußeren der Hotels gehen, nicht nach den Namen, denn die versprachen sowieso jedem das Blaue vom Himmel herab. Ich konnte die beiden ja nicht in irgendeine Absteige bringen. Es war immerhin die Hochzeitsnacht!

Da fiel mir genau gegenüber vom Bahnhof ein Hotel ins Auge. Das machte mir einen sehr sauberen Eindruck. Aber erst wollte ich mir das mal ansehen. Ich platzierte die drei in einem kleinen Café und bestellte ihnen Kaffee, den ich auch bezahlen musste. Das Hotel erschien mir überraschend gut und sehr sauber. Es hatte ein großes Foyer mit vielen Pflanzen - schöne, große Stech- und Bergpalmen. Alles war rustikal gehalten, auch die Sitzmöbel. So ein schönes Hotel hatte ich in Sizilien nicht erwartet. Der Empfangschef versicherte mir, sie seien sehr gut auf Hochzeitsgäste eingerichtet. Das Brautpaar würde am nächsten Tag sogar zum Bahnhof gebracht werden und ein Zimmerservice sei mehr als selbstverständlich. Ich fragte nach dem Preis. Dabei stellte ich gleich klar, der Bräutigam bezahlte am nächsten Tag selbst. Es sollte 15.000 Lire kosten, ein guter Preis für mein Empfinden. Man heiratet schließlich nicht jeden Tag! Das Appartement mit zwei Zimmern, Bad und das Frühstück waren darin enthalten. Der Salon hatte einen Balkon, der um das gesamte Hotel herumging mit einem wunderschönen Blick aufs Meer und – was für die damaligen Zeiten schon ein Luxus war – ein Telefon. Das gesamte Appartement war ganz aus Carrara-Marmor. Das machte mich richtig neidisch, am liebsten wäre ich selbst hier geblieben! Ich gab die Personalien der beiden an und bin ganz froh zurück in die kleine Bar gegangen, wo ich die drei „geparkt" hatte. Aber ich wollte meinen Augen nicht trauen als ich sah wie sich mein Cousin dort aufführte – genau wie im Meiergustl! Er behandelte seine Frau wie eine von denen, die er in Frankfurt am Bahnhof aufgabelte. Von wegen Liebe! Er war der Besitzer eines Stücks Fleisch. Das Bild werde ich nie vergessen.

Ich überbrachte ihnen meine Neuigkeiten. Ich lobte das Hotel und meinem Vater flüsterte ich den Preis ins Ohr, wobei ich meinte, Lia brauchte das nicht zu wissen. Ich fand es nicht schön, vor einer Frau, die ihre Hochzeitsnacht vor sich hat, über Geld zu reden. Mein Vater fand das auch. Ich denke, mein Cousin hoffte, ich würde ihm auch das Hotel bezahlen. Aber so weit ließ ich es zum Glück nicht kommen.

Schon in der Eingangshalle waren alle drei positiv überrascht. Ich stellte das Brautpaar vor und bat um die Schlüssel, da platzte es auf einmal aus meinem Cousin heraus. Er fragte, was der Spaß kosten soll! Ich hätte ihn am liebsten verkloppt. Der Mann, der uns die Schlüssel übergeben hatte, schaute mich verunsichert an, ich war rot vor Wut und Scham. Dem Portier war es offensichtlich peinlich, bei solch einer Gelegenheit über Geld zu sprechen. Schließlich sagte er, mein Cousin soll sich keine Sorgen machen: Alles wäre geregelt. Da kannte er meinen Cousin aber schlecht. Mein Cousin kam sich sehr wichtig vor und ließ nicht locker. Er wollte die Katze nicht im Sack kaufen. Jetzt war es sogar meinem Vater peinlich. Der Portier kämpfte mit sich und sagte dann, wenn es nicht anders ginge, müsste er eben übers Geld reden. Dabei schaute die Lia mitleidig an. Aber er sagte nicht wie besprochen „15 000 Lire", sondern „13 000 Lire". Dabei warf er mir einen Blick zu, als wollte er sagen: „Ein Bräutigam fragt so etwas nicht!" Aber was konnte ich denn jetzt noch tun? Der Kater war in den Brunnen gefallen und ich konnte ihn nicht mehr retten.

Giuseppes Schwester mit Fiat

Mein Vater und ich haben uns sehr schnell verabschiedet, so unangenehm war uns die ganze Angelegenheit. Ausnahmsweise waren wir uns einig. Bevor wir ins Auto stiegen, erinnerten wir meinen Cousin ein letztes Mal daran, seine Frau fürs Erste in Italien zu lassen. Wir hatten es zwar schon mehrfach besprochen, aber lieber einmal mehr, als hinterher dumm dazustehen!

Auf dem Heimweg nach Butera waren wir noch immer verärgert. Wir hofften, dass mein Cousin nicht noch mehr Eseleien machte. Als ich an unserem Haus hielt, verglich ich es sofort mit dem sauberen Hotel, das wir gerade noch gesehen hatten. Da saß wieder meine Mutter am Fenster und nähte irgendeinen Strumpf mit dem Licht, das aus der Straße rein schien und das war weiß Gott nicht viel. Im Erdgeschoss war alles voller Kakerlaken. Die gab es zu Tausenden, da half kein Spray und kein Gift, selbst wenn ich alles einnebelte! Sobald es dunkel wurde, kamen die Biester rausgekrochen.

Mein Vater ist wieder auf die Piazza gegangen und ich wollte lieber gleich ins Bett gehen und schlafen, denn der Tag war sehr lang gewesen. Da fing meine Mutter an, mir unbedingt was zu essen machen zu wollen: Auberginen, in der Pfanne gebraten. Ich ekelte mich aber davor, weil sie immer noch alles auf dem Boden und auf einem Tisch lagerte, den ich mal als Kind gebastelt hatte. Er stammte aus der Zeit, als ich beim Schreiner lernen sollte und stattdessen kranke Hühner rupfen musste. Da fiel mir ein, ich hatte heute Geld verdient. Ich wollte einen Küchenschrank kaufen, damit ein bisschen Ordnung ins Haus kam.

Schon um 9 Uhr stand ich vor dem Geschäft, wo ich eine Woche zuvor den Gasherd gekauft hatte. Ich bestellte einen ziemlich großen Küchenschrank. Ich dachte mir, meine Mutter könnte dort nicht nur das Essen aufbewahren, sondern noch viel mehr. Außer dem Schlafzimmerschrank, der noch von der Hochzeit meiner Eltern stammte, hatten wir keinen. Der war voll mit Klamotten von meinem Vater, seinem Gewehr und noch anderem Kram von ihm. Ich bewahrte meine Klamotten im Koffer auf, weil ich keinen anderen Platz für mein Zeug gefunden hatte. Meine Mutter besaß immer noch nur zwei Kleider. Ich brachte ihr öfters Stoff mit, damit sie sich welche nähen könnte, aber sie machte daraus meiner Schwester etwas Neues. Auch die Handtaschen, die ich ihr oft mitbrachte, benutzte sie nicht. Sie schämte sich damit rumzulaufen. Sie trug lieber ein Taschentuch in der Hand oder ein schwarzes, dünnes Kopftuch, wenn sie das Haus verließ. Sie ging sowieso kaum weg, nur jeden Tag in die Kirche.

Es ist so gekommen, wie ich es mir gedacht hatte: Sobald ich den Schrank holte, stopfte sie ihn mit allem Möglichen voll, nur nicht mit Lebensmitteln. Ich musste ihr den Schrank ins Wohnzimmer stellen, nicht in die Küche, wie ich es mir vorgestellt hatte.

### Sizilianische Ostern

Am Gründonnerstag beginnen in Butera die Prozessionen. Um 14 Uhr geht es los: eine Statue Jesu Christi in Ketten wird zur Hinrichtung gebracht. Dann, am späten Abend - um 22 Uhr - kommt eine neue Statue aus dem Dom heraus und wird um das Dorf herumgetragen. Dieses Mal liegt Christus in einem Bett. Diese Prozession dauert bestimmt bis 1 Uhr nachts. Am Karfreitag geht das gleiche Spiel von vorne los. Jeder Priester will sich bei seinen Gläubigen bestätigen und somit macht jede Kirche eine eigene Prozession um das Dorf herum. Das dauert bis spät in die Nacht. Wie schon erwähnt, gibt es in Butera neun Kirchen und jede will bei der Karwoche mitmachen.

Am Samstag ist es ruhiger. In den verschiedenen Kirchengemeinden finden Messen und Gebete für die Auferstehung Jesu Christi statt. Dann kommt der Höhepunkt: der Ostersonntag. Da finden zwei Prozessionen statt. Eine beginnt an der Franziskanerkirche. Sie bringt den auferstandenen Christus in Richtung Piazza. Gleichzeitig wird die Madonna von einer anderen Seite des Dorfes herbeigetragen. Beide Prozessionen treffen sich auf der Piazza und gehen gemeinsam in Richtung Dom weiter. Um die Mittagszeit wird dort eine Messe zelebriert, um Gott für die Auferstehung Jesu zu danken. Abends werden beide Statuen, die Muttergottes und ihr Sohn, in Richtung Franziskuskirche getragen. Dort findet nun die letzte Messe statt. Danach kehrt Maria allein in den Dom zurück, wo sie auf das nächste Jahr wartet.

Der Ostermontag heißt auf Italienisch „Pasquetta“[4]. Es ist ein ganz besonderer Tag für die Italiener. Alle Welt fährt aufs Land und macht ein Picknick, kaum einer bleibt im Dorf. Alle essen, feiern und trinken und Jungen und Mädchen haben wieder mal Gelegenheit sich etwas näher zu kommen.

Wir wurden von den Schwiegereltern meines Cousins eingeladen. Der war mittlerweile nach Mailand zu seiner Schwester abgereist. Aber ich wollte nicht nochmal Giovanna in die Falle tappen. Ich habe meine Eltern und meine Schwester abgesetzt und mich mit einer Ausrede verdrückt.

Ich bin nach Gela gefahren. Fast den ganzen Tag saß ich am Strand. Plötzlich wurde mir bewusst: Wir hatten das Meer in unmittelbarer Nähe. Auch die Natur sah ich mit anderen Augen. Ich hatte nie bemerkt, dass es bei uns in Südwest-Sizilien Eukalyptus-Bäume gibt und die Oleander wild wachsen. Wie war es möglich, dass ich das nie gesehen hatte! In Frankfurt verkauften die Blumengeschäfte Gummibäume und nun saß ich unter so einem Gummibaum! Und der war groß! Ich kannte diesen Baum seit meinem Erlebnis mit dem Muli auf der Mole. Dieser Gummibaum war schon immer dagewesen, aber ich hatte ihn mir nie richtig angesehen. Dann dachte ich mit Wehmut, dass ich noch nichtmal schwimmen kann. Wer hätte es mir auch beibringen sollen?

Mich befielen sehr traurige Gedanken. Ich wusste: Ein Sizilianer aus Butera darf keine Gefühle wie Sehnsucht zeigen. Aber es war mir egal! Ich war allein, mich kannte keiner und die Leute dachten ohnehin alle, ich sei Ausländer. Ich hatte das weiße Nummernschild am Auto und war ja auch so groß und blass. Jedes Mal, wenn ich in ein Geschäft ging, redeten die Leute mit Händen und Füßen. Vielleicht dachten sie, ich wäre ein Deutscher. Sie sprachen genau so mit mir, wie die Deutschen früher mit mir gesprochen hatten! Es machte mir aber Spaß, die kleinen Taschendiebe reinzulegen. Die waren immer überrascht, wenn ich ihnen auf Sizilianisch antwortete und ihnen das Geschäft vermasselte. Jeder war darauf bedacht, mir alles teurer zu verkaufen und wenn es nur ein Brötchen war.

Ich entschloss mich, doch ins Wasser zu gehen. Dann konnte ich in Deutschland wenigstens sagen, ich sei am Meer gewesen. Ich bin barfuss runter an den Strand und lief ein bisschen im Wasser herum. Da merkte ich, meine Füße wurden nicht sauber, sondern ganz schwarz. Es war der Teer von der Erdölraffinerie. Jetzt erst fiel mir auf: Der gesamte Strand von Gela war vollkommen schwarz. Der Teer ging auch nicht so einfach ab. Ich musste Benzin aus dem Autotank raussaugen und mir damit die Füßen waschen. Aber immerhin war ich am Meer und konnte unter einem so großen Gummibaum sitzen, dass man in Deutschland nur davon träumen konnte!

Diese widersprüchlichen Seiten von Sizilien waren mir ganz plötzlich bewusst geworden und ich hätte meine Gefühle gern jemandem anvertraut. Aber in Butera sprach man nicht über so etwas – es wäre nur ein Zeichen von Schwäche gewesen. Ich wollte lieber alles für mich behalten, sonst würde ich wieder als dummer Junge hingestellt, wie es früher wegen meiner Größe gewesen war.

Am Abend holte ich meine Eltern vom Picknick ab. Mein Vater und meine Mutter hatten sich wieder mal gestritten. Nicht, dass meine Mutter was sagte! Sie sagte nie was und das machte meinen Vater noch wilder. Sie hatte sich in dieser Gesellschaft nicht wohl gefühlt und beklagte sich, den ganzen Tag hätte keiner sie beachtet. Mein Vater fand, das wäre ihre Schuld. Seiner Meinung nach ekelten sich die Leute vor ihr, weil sie so schmutzig war. Ich machte ihn darauf aufmerksam, dass er sie geheiratet hatte, wohl wissend wie sie war. Da sagte er rundheraus, er hätte sie nur wegen dem Land und dem Haus genommen. Und das Theater ging von vorne los. Meinen Vater ärgerte es vor allem, dass ich meine Mutter verteidigte. Er konnte es nicht haben, wenn man ihm widersprach. Als ich dann auch noch damit anfing, ich wollte meine Mutter und meine Schwester mit nach Deutschland nehmen, wurde er noch wütender. Er zog sich zu Hause schnell um und weg war er!

So ging der Urlaub vorbei. Mein Onkel machte keine Anstalten, mir auch nur eine Lira zurückzuzahlen – weder für die Fahrt noch für die Hochzeit. Ich dachte, in Deutschland würde abgerechnet. Aber ich irrte mich: Die haben mich reingelegt! Während der Rückfahrt fraß sich mein Onkel wieder auf meine Kosten durch. In Messina musste ich die Fähre bezahlen. Auch für die Autobahnmaut und die anderen Unkosten musste ich alleine blechen. Es lag jenseits meiner Vorstellungskraft, jemand könnte sich so unverschämt aushalten lassen. Bis zuletzt hoffte ich auf die große Abrechnung in Deutschland. Denkste – er zahlte gar nichts!

Auf der Rückfahrt haben mein Vater und der Onkel geschlafen, gegessen und mich laufend daran erinnert, ich wäre noch jung und sollte mich nicht so anstellen: „Auto fahren ist doch keine Arbeit!"

Dieses Mal brauchte ich von Catania bis Messina, das sind etwa 100 km, fast 18 Stunden. Die Landstraßen, die durch die Dörfer führten, waren alle zugeparkt. In Acireale stand ein LKW mitten auf der Straße und sein Fahrer war nicht zu finden. Die Polizei und die Nachbarn haben überall gesucht: Erst nach vier Stunden haben sie den Mann gefunden und mit viel Geschrei und Flüchen den LKW entfernt.

In den anderen Dörfern war es nicht viel besser. Aber ich durfte nicht zeigen, dass ich müde bin. In Messina auf der Fähre trank ich erst einmal einen Espresso, das half ein bisschen die Müdigkeit zu überwinden. Dann kam dieses unendlich lange Kalabrien, mehr als 500 km und das ohne Autobahn! Ich brauchte bis Frankfurt zwar nicht ganz so lange wie für die Hinfahrt, aber es hat mir gereicht. Dort angekommen, musste ich die Herrschaften erstmal am Südbahnhof absetzen. Die beiden wohnten in einem Haus der Flughafengesellschaft. Dann endlich bin ich zu mir in die Solmsstraße am Westbahnhof gefahren. Ich war so müde, dass ich sicher in mein Bett gefallen wäre, wenn ich in den Etagenbetten nicht immer oben geschlafen hätte!

Die Unterkunft war noch genauso schmutzig wie vor dem Urlaub. Um die Toiletten stand es besonders schlimm: Manche Bewohner benutzten kein Toilettenpapier. Das waren Zustände! Wir beschwerten uns wieder, aber ohne Erfolg. Die Firmenleitung erklärte uns, wir sollten „Verständnis" haben. Von denen kam keiner in unsere Toiletten um zu sich anzusehen, wie es wirklich aussah. Was sollten wir tun? Ich habe irgendwann beschlossen, nicht mehr in unserer Unterkunft auf die Toiletten zu gehen, sondern die in der Firma zu benutzen. Aber war das wirklich die Lösung?

### Freizeitspass

Ich bin wie immer abends ausgegangen, vor allem zum Tanzen ins Edelweiß.

Dort lernte ich eine junge Australierin kennen. Sie war mit ihrer Oma da und konnte so gut Deutsch sprechen, dass wir uns gut verständigen konnten. Noch in der ersten Nacht ist sie in mein Auto gestiegen. Dort konnte ich ihr meine Männlichkeit beweisen, auch wenn wir bei unserem Vorhaben Probleme hatten. Mein Auto war sehr klein und wir waren beide über 1,80 m groß!

Am nächsten Tag lud mich ihre Oma zum Kaffee ein und zu einer Taunusfahrt. Ich guckte nicht schlecht als die Dame mir die Schlüssel von einem Super-Sportwagen in die Hand drückte und sagte, sie hätte dieses Auto von Australien mitgebracht, damit ihr Enkelkind seinen Spaß in Deutschland hätte. Wir sind auf den Feldberg gefahren, wobei ich am Messegelände fast einen Unfall gebaut hätte! Ich kannte mich mit großen Autos nicht aus und kam mir mit so einer nicht enden wollenden Motorhaube ziemlich verloren vor. Es war zwar sehr schön, ein bisschen angeben zu können, aber so richtig gefiel es mir nicht mit diesem Mädchen. Sie dachte nicht mal im Traum daran, mir die Wäsche zu waschen. Das gefiel auch meinem Freund Lello nicht. Ich wollte Schluss mit ihr machen, aber „... nicht, bevor ich noch einmal mit ihr geschlafen habe!" - Lello und ich lachten beide: Mittlerweile war es unser Hobby geworden, mit so vielen Frauen wie nur möglich zu schlafen! Die einzige Frau, die Tabu für mich war, war Lellos Schwester. Es gab so eine Art stillschweigende Abmachung, dass ich sie in Ruhe lasse und daran hielt ich mich auch.

Aber als ob sie geahnt hätte, was ich dachte, machte die Australierin mit mir Schluss, bevor ich ihr was sagen konnte. Sie hätte „einen so schönen Jungen" kennen gelernt, der hätte so schöne schwarze Augen. Ich wollte die Niederlage nicht akzeptieren und das merkte auch der Lello. Um mich abzulenken, sind wir ins „Witwenlokal" gegangen. Und wer saß dort? Die Australierin mit ihrem „schönen Jungen"! Der hatte nicht nur schwarze Augen, sondern war von Kopf bis Fuß schwarz, dass man ihn im Abendlicht kaum sehen konnte! Was mir an dem Mann gefallen hat, waren seine weißen - besser gesagt: schneeweißen Zähne: Die konnte man schon von weitem sehen.

Lello und ich haben im Oktober eine Wette abgeschlossen: Wer an Heiligabend die meisten Frauen und Mädchen in den Hauptbahnhof bringt, wäre Sieger! Wir gaben uns alle Mühe, so viele Frauen wie möglich kennen zu lernen. Sogar Lellos Mutter machte diesen Spaß mit. Wir hatten sie eingeweiht und sie war überzeugt, ihr Lello hätte viel mehr Chancen als ich - denn ihr Sohn wäre schöner!

An Heiligabend waren wir schon um 16 Uhr am Bahnhof und beobachteten das Gleis 13, wohin wir die Damen bestellt hatten. Wir waren gespannt, für wen die erste Frau kam, weil das besonders zählte. Es ging schon um 17 Uhr los. Für mich kam die erste! Bis 18 Uhr waren es für Lello 14 und für mich 12, aber es änderte sich doch noch: Um Viertel nach hatte ich 17!

Es war zwar gemein, aber auch lustig, von unserem Versteck aus zu sehen, wie die Frauen alle auf ihre Uhren schauten und immer nervöser wurden. Nach 20 Minuten gingen die Ersten, nur eine wartete bis 19 Uhr auf mich. Mit ihr bin ich dann auch gegangen. Der Lello machte es genauso - auch auf ihn hatte ein Mädchen bis dahin gewartet. Die Wette hatte sehr viel Spaß gemacht, aber sie gab mir auch zu denken.

Ich dachte an die Giovanna in Butera: Ob sie mich immer noch haben wollte, wenn sie wüsste, was für ein Typ ich im Grunde war! Im Dorf hielten sie mich für einen Heiligen, weil sie mitbekommen hatten, dass ich trotz Auto nicht zu Nutten ging. Ich hatte den Ruf, mich nicht besonders für Frauen zu interessieren.

Der Lello wollte mich im Sommer wie abgemacht in Butera besuchen. Da er bei Palermo wohnte, hätte er bei uns übernachten müssen, was ich ihm lieber ersparen wollte. Aber Lello wollte unbedingt das berühmte Butera sehen. Er konnte sich nicht vorstellen, was ich da immer erzählte! Er dachte, Sizilien sei überall so schön und fruchtbar wie bei Palermo. Er kam aus Chiusasclafani. Dort in der Nähe hatte vor zwei Jahren ein sehr starkes Erdbeben stattgefunden. Zum Glück war seinem Dorf aber nichts passiert.

Jetzt aber waren wir noch in Frankfurt und Sizilien war weit weg. Lello und ich, wir hatten nur Flausen im Kopf. Eines Abends waren wir tanzen. Wir saßen vor unserem Glas Bier, das wir immer noch bestellten, obwohl wir beide keinen Alkohol und erst recht kein Bier mochten. Da kam ein komischer Kerl ins Lokal. Er trug einen Umhang wie der alte Garibaldi[5]! Er war Italiener, sah aber mehr wie ein Marokkaner aus. Seine Freundin war dabei und noch eine ältere Frau. Die setzten sich weit weg von uns und unterhielten sich angeregt. Die Frau hatte schöne Beine, fand ich! Da sagte Lello sofort, ich soll sie mir aus dem Kopf schlagen: „Ihr Freund ist Italiener." Lello wusste, ich war immer darauf aus, den anderen die Frauen auszuspannen – zumindest wenn sie jünger waren. Und es gelang mir fast immer. Ich wollte mich auch jetzt von dem „Bonsai", wie ich sagte, nicht einschüchtern lassen. Ich konnte nicht wissen, dieser Tag sollte zu meinem Schicksalstag werden.

Lello glaubte, ich schaffe es nicht an die Frau heranzukommen. Wir wetteten um 50 Mark, dass ich innerhalb von zwei Wochen mit ihr zusammen sein werde und dass der „Garibaldi" mit Umhang weg vom Fenster sei.

Die Bedingung für die Wette war, dass Lello mir den Italiener vorstellte – dann würde ich meine Taktik einsetzen. Er sagte, das sei O.K., stand auf und ging zur Toilette. Dann kam er mit „Garibaldi" zurück und stellte mich vor. Der Mann setzte sich sogar zu uns und ich konnte ihn sofort ausfragen. Der stellte sich als Bastiano vor und erklärte, seine Freundin sei ihm voll ergeben. Angeblich machte er mit ihr, was er wollte. Er war oft bei ihr, kochte für sie und nähte ihr Klamotten. Ich machte Lello ein Zeichen und er verstand sofort, was ich wollte! Er lenkte den Bastiano ab, während ich an dieser Frau vorbeigelaufen bin, um mich ihr in meiner vollen Größe zu zeigen. Ich blinzelte rüber und merkte, die Dame schaute zu mir. Da grinste ich verlegen und bin schnell zur Toilette. Als ich zurückkam, saß der Bastiano immer noch beim Lello, der ihn fröhlich weiter ausfragte. Der Bastiano stammte aus Gela und wohnte in Offenbach. Auf uns machte er einen etwas dümmlichen Eindruck.

Als Bastiano zu seinen Frauen zurückgegangen war, schlug ich Lello vor, zusammen an ihrem Tisch vorbeizugehen, damit uns Bastiano der Frau vorstellte. Der Bastiano wollte doch bestimmt mit seinen Bekanntschaften angeben. Denn im Grunde wollen alle Italiener - von meinem Vater bis zum letzten Gastarbeiter - immer nur angeben! Tatsächlich rief uns der Bastiano an seinen Tisch. Wir haben so getan, als seien wir sehr überrascht und stellten uns vor. In diesem Augenblick sah ich, „Garibaldis" Freundin trug einen sehr gewagten kurzen Rock. Es war ja die Minirock-Zeit! Seit meiner Kindheit fielen meine Blicke immer zuerst auf die Beine. Das, was ich sah, war nicht von schlechten Eltern. Und eine Frau die so viel Bein zeigte, war bestimmt leicht zu kriegen!

Wir tauschten die üblichen Formalitäten aus und gingen an unseren Tisch zurück. Ich beobachtete die Tanzfläche um zu sehen, ob „Garibaldi" mit seiner Freundin tanzte. Nach einer Weile machte ich der Dame von meinem Platz aus ein Zeichen, ob sie mit mir tanzen wolle und ihr Blick war zustimmend. Da prahlte ich vorm Lello, dass ich 10 von den 50 Mark schon in der Tasche hätte. Wir lachten sehr: Wie naiv waren die Frauen eigentlich!?

### Butereser in Frankfurt

Ich besuchte meinen Vater sehr oft auf seiner Arbeit, denn er brachte mir aus der Flughafenküche, wo er schaffte, immer was zu essen mit.

Eines Tages fand ich ihn und meinen Onkel sehr wütend vor. Ich erfuhr, mein Cousin war doch mit seiner Frau eingetroffen, und zwar mitten in der Nacht. Er hatte nicht mal gewusst, wo er mit ihr schlafen sollte. Mein Vater und sein Zimmerkollege mussten ihre Betten für sie räumen.

Wie konnte mein Cousin einfach nach Deutschland kommen, ohne auch nur die geringsten Vorbereitungen zu treffen?

Bei der Gelegenheit fragte ich meinen Vater, ob mein Cousin Geld mitgebracht hätte, um meine Dienste zu bezahlen. Aber mein Vater winkte ab: Mein Cousin hätte nie Geld und könnte mir folglich auch keins geben.

Ich war damals sehr oft krank. Ich hatte mit meinem Hals Probleme und bekam mitten im Sommer Fieber. Meinem Personalchef passte das gar nicht. Da nahm ich mir vor mich operieren zu lassen, denn ich hatte das Gefühl, meine Firma wollte meine Fehltage nicht mehr dulden. Am Westbahnhof fand ich einen Arzt, den Dr. Tiede. Der entpuppte sich als ein großer Stotterer. Ich konnte ihn kaum verstehen. Der war fast so schlimm wie Zio Graziano aus Butera. Er fragte mich nur, wie lange ich zu Hause bleiben möchte und ich sagte drei Wochen oder mehr. Da nahm er ein Stück Papier und schrieb mich krank. Aber untersucht hat mich der gute Mann nicht!

Luigi Bruno 1971 mit Kollegen in der Küche des Frankfurter Flughafens

Bald war es wieder Zeit nach Butera zu fahren: die Mandelernte stand bevor. Ich hatte mich mit Lello in Butera verabredet – er wollte mich besuchen, das stand fest. Ich bin allein gefahren, ohne Begleitung. Das wusste ich zu schätzen! Ich brauchte niemand zu fragen, ob er seinen Anteil bezahlt oder nicht. Und niemand konnte auf meine Kosten essen und trinken.

Mein Cousin hatte bei der Stadt Frankfurt Arbeit als Straßenkehrer gefunden und eine Wohnung im Praunheimer Weg bekam er auch. Mein Onkel hatte sich auch eine neue Stelle gesucht. Er ging in die Eisengießerei, damit er es nicht so weit zur Arbeit hatte. Er ging grundsätzlich nur zu Fuß und nahm nie den Bus oder die Straßenbahn. Das Problem war nur: Er konnte sich die Straßen nicht merken. Er verlief sich sehr oft und wir haben ihn dann suchen müssen. Der Onkel machte sich immer Zeichen mit Kreide an die Wände und an die Kreuzungen. Das war für ihn das einzige Mittel, den Weg über die Ludwig-Landmann-Straße zur Praunheimer Brücke zurück zu finden.

Auch wenn ich nie schwimmen gelernt hatte, bin ich sonntags sehr gerne ins Schwimmbad gegangen. Das Brentano-Bad war nicht weit weg von der Solmsstraße. Meistens war ich allein – der Lello blieb sonntagvormittags daheim und nachmittags verdiente er sich in der VDM-Unterkunft mit Haareschneiden was dazu. Ich wollte nicht in unserer schmutzigen Unterkunft bleiben und habe mich lieber im Freibad unter die Bäume gelegt und gelesen. Ich suchte immer noch den Schatten – von der Sonne hatte ich schon als Kind genug gehabt! Eines Sonntags döste ich vor mich hin, als eine Frau mit einem Kind vorbeikam und mich ansprach. Ich habe sie nicht gleich erkannt, aber sie half mir auf die Sprünge: Es war die Freundin von „Garibaldi"! Ich dachte sofort an meine noch nicht gewonnene Wette. Die Frau war allein, ohne den Bastiano und stellte sich noch mal vor. Sie hieß Gabriele und ihr Sohn, der etwa fünf Jahre alt war, Holger. Es war ein sehr schönes Kind.

Ich war beeindruckt und fragte, ob sie sich ein bisschen zu mir setzen möchte. Aber sie war nicht allein, eine ältere Tante wartete auf sie. Wenn ich möchte, könnte ich aber mit zu ihrem Platz kommen. Ich sagte zu und dachte: „Die 50 Mark sind jetzt fällig!" Die Tante stellte sich als Gerda vor. Sie hatte einen Buckel und war sehr nett. Ich stellte mich mit meinem Familiennamen vor. Meinen Vornamen konnten die meisten Deutschen nur schlecht aussprechen und darum riefen mich die Leute oft „Josef", „Sepp" oder „Seppel". Das gefiel mir nicht. Darum stellte ich mich lieber mit „Bruno" vor.

Nach einer Weile wurde es mir doch etwas langweilig und ich bot an, die Damen mit Kind heimzufahren. Die Gabriele freute sich sehr über mein Angebot und ich triumphierte innerlich – die Wette hatte ich gewonnen!

Sie dirigierte mich nach Preungesheim und fragte mich unterwegs, ob ich noch mit hochkommen möchte, einen Kaffee trinken. Ich war begeistert, damit hatte ich nicht gerechnet. Der kleine Holger war wohl sehr müde, ich trug ihn huckepack die Treppen hoch. In der zweiten Etage sagte mir Gabriele, hier wohnte ihre Freundin, die Frau Christa. Später sollte sie Lellos Freundin werden. In der Wohnung setzte ich mich ziemlich schüchtern in die Küche und die Tante Gerda verzog sich ins Wohnzimmer. Ich denke, dass ihr meine Anwesenheit so peinlich war wie mir selbst. Da bot mir die Gabriele Kaffee an und eine Scheibe Brot. Die war so dünn geschnitten, dass ich dachte, sie müsste sehr arm sein. Ich blieb nicht lange, weil ich mich noch mit Lello treffen wollte, um meine 50 Mark für die Wette zu kassieren.

Ich bekam die Steuerrückzahlung wie jedes Jahr ausgezahlt und brachte das Geld meinem Vater, damit er es nach Butera schickte. Dadurch, dass ich sehr viele Überstunden machte, verdiente ich nach wie vor viel mehr als er. Mittlerweile war ich in der Gießerei zum Staplerfahrer avanciert. Da konnte ich viele Überstunden machen und außerdem verdiente ich mir als Dolmetscher was dazu. Am Nachmittag wurde immer der Restsand von den Formen rausgefahren, das dauerte bis spät in die Nacht. Ich arbeitete von 6 bis etwa 20 Uhr. Da hatte ich immer meine 2500 bis 3000 Mark netto und mit der Auszahlung vom Finanzamt brachte ich etwa 5000 Mark zu meinem Vater. Er sollte 1300 Mark dazugeben, so war es ausgemacht.

Der aber zeigte mir stolz seine neue Errungenschaft: Er hatte sich wieder mal ein paar neue Anzüge zugelegt. Aus diesem Grund steuerte er gerade mal 500 Mark dazu! Ich habe mich sehr darüber geärgert. Ich wollte, dass meine Mutter mit meiner Schwester nach Deutschland käme. Dann hätte er sparen müssen und ich hätte wieder eine komplette Familie gehabt. Ich drängte ihn so lange, bis er einmal Ja sagte. Das kam so unverhofft, dass ich vor Aufregung unterwegs einen schweren Unfall in der Eschersheimer Landstraße baute. Darüber war ich nicht wirklich unglücklich: Jetzt hatte ich einen Grund gefunden, ein größeres Auto zu kaufen! Dann wollte ich meine Mutter und meine Schwester nach Deutschland holen. Ich kaufte mir einen weißen Fiat 124 – der war im Vergleich zum Fiat 850 um vieles größer. Sogar die Freundin meines Vaters war einverstanden damit, dass ich meine Mutter holte. Sie hatte dafür „Verständnis“. Ich bin wieder allein nach Butera in Urlaub gefahren. Es wartete viel Arbeit auf mich: Die Mandelernte war dieses Jahr besonders groß. Die Bäume legen immer ein Jahr Ruhe ein und tragen im folgenden Jahr dafür mehr. Ich freute mich auf Lellos Besuch. Aber als ich ihn meiner Mutter ankündigte, gab es großen Ärger. Sie wollte absolut nicht, dass ich jemanden in unser Haus einlud. Schämte sie sich vielleicht? Ich war mir nicht so sicher.

Nach zwei Tagen kam der Lello mit seinem Auto zu uns nach Butera. Da dämmerte mir, warum meine Mutter so ein Theater gemacht hatte: Sie befürchtete, die Leute reden, weil wir ein heiratsfähiges Mädchen hatten – meine Schwester. Auf die Idee war ich gar nicht gekommen. Ich wollte das einfach nicht verstehen!

Zum Glück konnte der Lello sich kein richtiges Bild von unserem Haus machen, weil mein Vater es in eine komplette Baustelle verwandelt hatte: Jedes Mal, wenn er nach Butera auf Urlaub kam, baute er irgendeine alte Wand ab und eine neue auf. Eine Badewanne hatten wir schon und nun bekamen wir eine richtige Toilette. Leider hatte sie eine Lüftung zum Treppenhaus, weshalb ich mich kaum drauf traute. Wir hatten noch eine mitten im „Wohnzimmer", die hatte überhaupt keine Lüftung. Meine Mutter jammerte, weil es im Winter überall reinregnete. Das Dach platzte immer wieder wegen der Temperaturschwankungen, die wir in Butera haben. Ich suchte den Maurer auf - zufällig war das der Ex-Vorsitzende der Partei. Ich fragte ihn, was er da für einen Pfusch fabriziert hatte und erfuhr, mein Vater wollte kein Geld ausgeben. Von daher könnte er nicht besser bauen und nichts Besseres abliefern. Ich nahm mir vor, in Deutschland mit meinem Herrn Papa zu reden. Wohin sollte diese Bauerei führen? Das war reine Verschwendung, was er da trieb!

Mein Freund Lello hat so getan, als wäre er begeistert. Aber ich wusste, er wollte mich nur nicht verletzen. Höchstens die Badewanne konnte ihm gefallen haben. Meine Mutter blamierte mich wie immer mit ihrer Kocherei. Es fing bei ihrer berühmten Soße an. Zum Glück war wenigstens keine Asche mehr drin, weil ich ja mittlerweile einen Gasherd gekauft hatte. Auch das alte Bleibesteck war ausrangiert, dank der Raubzüge meines Vaters in der Flughafenküche. Besonders schämte ich mich für die Kakerlaken, die jeden Abend herauskamen. Ich hatte das Gefühl, die Viecher wurden immer dreister.

Am Tag darauf fuhr der Lello heim nach Chiusasclafani und ich ging meiner Arbeit nach.

### Interessiert hier irgendjemand dafür, was ich möchte?

Am Abend traf ich mich mit meinem Freund Giovannino, der auch gerade im Urlaub war, und wir sind wie immer auf der Piazza spazieren gegangen. Da merkte ich, ein Mädchen schaute mich besonders interessiert an. Ich war mir unsicher, denn so etwas hatte ich in Butera noch nicht erlebt. Es war Graziella, die Enkelin des Gefängniswärters von Butera, Lombardias Tochter! Giovannino war wie ich begeistert, das Mädchen sah sehr gut aus. Ich ging zu ihr und fragte, ob sie sich mit mir auf dem Belvedere treffen wollte. Sie sagte Ja und wir verabredeten uns für den nächsten Tag. Ich konnte es natürlich kaum abwarten.

Als wir uns trafen, fing sie sofort an vom Heiraten zu reden. Ich gefiel ihr und sie hatte Ersparnisse. Damals war fast jeder Mann aus Butera in Deutschland. Und darum war für sie klar, sie wollte mich auch nach Frankfurt begleiten. Sie und ich, wir schmusten ein bisschen, dann ist sie weg mit dem Versprechen, wir würden uns am Samstagabend wieder dort treffen. Ich war ziemlich von den Socken - so etwas hatte ich in Butera noch nicht erlebt.

Wie jedes Jahr suchte ich mit Giovannino auf der Piazza Tagelöhner für die Mandelernte. Wir bekamen etwa 20 Leute zusammen. Diesmal wollte ich unbedingt schnell fertig werden, um vielleicht doch ein bisschen Urlaub zu machen. Schon um 4 Uhr nachts bin ich mit den Tagelöhnern losgezogen, nach Santa Bella. Dort hatten wir mindestens 400 Mandelbäume. Ich bestellte auch einen Lastwagen, der am Nachmittag kommen sollte, um die Leute und die Ernte nach Butera zu bringen.

Um 5 Uhr machten wir uns an die Arbeit. Wir fingen an die Mandeln von den Bäumen zu schlagen. Santa Bella ist sehr steil, darum machte ich es mir zur Aufgabe, die geernteten Mandeln an eine Stelle zu tragen, wo der LKW hinkommen konnte. Ab 9 Uhr wurde es wieder sehr heiß - ich denke, es waren schon 35 Grad. Die schweren Säcke brachten mich zum Schwitzen und ich zog mein Hemd aus. Die Tagelöhner lachten mich aus, weil ich ganz weiß war! Ich sollte bloß aufpassen! Aber mein Wille war stärker als die Vernunft. Gegen 15 Uhr bekam ich Fieber und musste mich unter einen Johannisbrotbaum setzen. Meine Schultern waren rot wie rohes Fleisch. Abends kam dann der LKW und holte uns und die Ernte ab. Ich konnte vor lauter Schmerzen nicht mehr laufen und das Fieber machte mir zu schaffen. Was sollte ich mit meiner Verabredung machen? Wie konnte ich Graziella erklären, dass ich kommen wollte, aber nicht konnte! Der Giovannino dachte jedenfalls, ich wollte nichts mehr von ihr wissen, als ich ihm sagte, ich müsste zu Hause bleiben. Meine Mutter rieb mir den Rücken mit Olivenöl ein und hat das Fieber gemessen: 40 Grad! Ich wollte trotzdem zu meiner Verabredung gehen, schaffte es aber nicht aufzustehen. Mir blieb keine andere Wahl, als meine Schwester zu bitten, mich bei dem Mädchen zu entschuldigen. Die sagte mir, das ginge in Ordnung.

Die nächsten Tage kurierte ich meinen Sonnenbrand. Es hat fast eine Woche gedauert, weil das Fieber einfach nicht weggehen wollte. Die Verbrennungen waren so schlimm, dass mein Rücken heute noch voller Flecken ist.

Zur Graziella habe ich den Kontakt seitdem verloren. Dabei habe ich alles versucht! Aber meine Möglichkeiten waren begrenzt. In Butera konnte man nicht ohne weiteres mit einem Mädchen reden. Der Urlaub ging vorbei, ohne dass ich sie noch mal traf.

Ich habe erst viele Jahre später erfahren, meine Schwester war zwar zum Belvedere gegangen, aber nicht um mich zu entschuldigen. Sie hatte die Graziella bedroht und gewarnt sich mit mir zu treffen! Das Mädchen hat bis heute nicht mehr mit mir gesprochen. Ich konnte nicht wissen, dass meine Schwester ein schlimmerer Tyrann als mein Vater und meine Mutter zusammen war!

### Bloss weg von Taormina!

Drei Tage vor Urlaubsende fragte mich mein Freund Giovannino, ob wir nicht nach Taormina fahren könnten, um mich endlich auf andere Gedanken zu bringen und vielleicht auch ein bisschen zu tanzen. Ich sagte, es ist in Ordnung, aber wir sollten meiner Mutter nichts sagen: „Sonst macht sie wieder Probleme!"

Es war das erste Mal, dass ich in meiner Urlaubszeit was unternommen habe. Ich hatte 300 000 Lire einstecken und Giovannino 200 000. Wir sind in eine Diskothek rein und mir gefiel sie sehr gut. Zu meinem Vorteil gab es auch sehr viele deutsche Frauen, Urlauberinnen. Wir tanzten bis spät in die Nacht und bestellten uns auch was zu essen. Ich wollte ein bisschen angeben und bestellte sogar eine Flasche Sekt. Aber mit den Frauen wollte ich an diesem Abend nichts anfangen. Mich beschäftigte die Angelegenheit von Butera noch zu sehr.

Der Giovannino tanzte weiter und ich blieb ein bisschen sitzen. Aus Langeweile schaute ich mir die Speisekarte an und entdeckte, allein der Sekt kostete schon 400.000 Lire. Unter dem Eiskübel fand ich die Quittung! Wir hatten 800.000 Lire zu bezahlen – und hatten nur 500.000 einstecken.

Ich machte dem Giovannino ein Zeichen, er sollte nach dem Tanz sofort zum Tisch zurückkommen! Ich zeigte ihm ohne Aufsehen zu erregen die Rechnung. Auch er wollte seinen Augen nicht trauen. Er sagte, nicht mal in Norditalien sei es so teuer wie hier in Taormina!

Ich machte den Vorschlag, uns heimlich zu verdrücken: „Bis sie es merken, sind wir schon längst in Catania!" Er war mit meinem Plan einverstanden – uns blieb sowieso keine Wahl! Ich leerte die Schachtel Zigaretten, die ich noch nicht bezahlt hatte, in meine Hosentasche und ließ die Zündhölzer liegen. Dann machte ich mich als erster aus dem Staub, während der Giovannino nochmal tanzen ging. Es sollte nicht auffallen, dass wir beide plötzlich weg waren. Ich wollte im Auto auf ihn warten.

Ich stand auf und tat so, als ob ich eine Tanzpartnerin suchte. Dann bin ich über den Hinterausgang rausgerannt. Ich versteckte mich in meinem Auto bis nach etwa zehn Minuten der Giovannino kam. Ich trat aufs Gaspedal. Erst nach 150 Kilometern hielt ich an. Wir waren bis Ragusa gefahren, weil wir Angst vor den Carabinieri hatten. In der Nähe vom Strand legten wir uns schlafen, mit der Absicht am nächsten Tag schwimmen zu gehen. Leider hatten wir vergessen: Wir konnten beide nicht schwimmen! Wir fuhren los, erst Richtung Vittoria, dann nach Gela. Dort sind wir in einer Trattoria essen gegangen. Wir haben sehr gut und reichlich gegessen und das für nur 50 000 Lire!

In Butera haben wir angegeben wie schön Taormina ist. Wir haben so getan, als hätten wir mindestens zwei Millionen ausgegeben!

### Italiener gegen Türken

Bald bin ich nach Deutschland zurückgefahren, der Urlaub war zuende. Kaum war ich in der Baracke angekommen, ärgerte ich mich über die Türken. Sie hatten ihren Feiertag - ich denke, es war im Ramadan. Die kauften sich ein Lamm und schlachteten es vor unserem Fenster im Freien. Das Blut begruben sie teilweise im Boden. Danach konnten wir uns vor lauter Ungeziefer nicht mehr retten. Es war Sommer und eine flirrende Hitze. Unsere Sperrholzbaracken waren heiß wie Backöfen, so dass wir die Fenster Tag und Nacht geöffnet lassen mussten, wenn wir nicht ersticken wollten. Und Kühlschränke - so einen Luxus hatten wir damals noch nicht. Es stank bestialisch! Dann haben sie die Knochen auch noch zum Trocknen auf die Leine gehängt, was die Fliegen anlockte. Das brachte das Fass zum Überlaufen. Wir beschwerten uns bei der Firmenleitung! Aber nichts passierte. Die versuchten uns mit tollen Sprüchen zu beruhigen - von wegen multikulturell und dergleichen. Wir Italiener haben dann beschlossen uns selbst zu helfen. Eines Nachts haben wir die Knochen von der Leine genommen und in die Mülltonne geschmissen. Ich bekam sehr viel Ärger, denn man erwartete von mir eine Vorbildfunktion, weil ich mittlerweile gewählter Vertrauensmann war. Ich sagte zu dem IG-Metall-Vertreter, er sollte mal selbst in unsere Unterkunft einziehen und sich eine Meinung bilden, dann könnten wir uns unterhalten. Aber dieses Opfer wollte er nicht bringen. Er glaubte mir auch so, sagte er.

### Unfälle

Ich fühlte mich schon ziemlich wohl in der Firma Volz & Sohn. Ich kam mir sehr wichtig vor. Man holte mich oft als Dolmetscher, ich war ziemlich beliebt bei den Kollegen und konnte so ziemlich alle Arbeiten machen, die es in der Firma zu machen gab. Nur mit der persönlichen

Verantwortung nahm ich es nicht so genau – ich war damals noch sehr verspielt! Ich musste eine Zeit lang als Schleifer in der Schleiferei arbeiten. Es war sehr anstrengend, aber ich konnte es sehr gut – auch das Schweißen und andere Arbeiten. An einem Tag stellten sie mich an eine besonders große Schleifmaschine. Sie hing an der Decke und wog mindestens zwei Tonnen. Ich musste große Schieber schleifen. Da kam mir eine Idee! Ich träumte schon lange davon, in einem sauberen Bett zu schlafen. Ich könnte einen Unfall simulieren – dann würde ich ins Krankenhaus kommen. Dort wurde man bedient, es gab warmes Essen, alles war schön sauber – und es gab keinen Streit mit irgendwelchen Zimmerkollegen.

Ich fixierte den Schieber absichtlich schlecht auf dem Tisch. Sobald ich den Schleifer aufsetzte, flog ein Griff der Schleifmaschine in meine Rippen und der Schieber flog vom Tisch! Ich ließ mich auf den Boden fallen und krümmte mich wie ein Wiesel. Da kamen die Kollegen und brachten mich an den Eingang zum Portier, der sofort eine Ambulanz bestellte. Ich kam ins Krankenhaus in der Ginnheimer Landstraße. Innerlich musste ich lachen: Schon der Krankenwagen gefiel mir, weil er so schön sauber war.

Im Krankenhaus wurde ich sofort untersucht. Dann nahm man mich stationär auf, für fast zwei Wochen. Da ich eigentlich gesund war, bin ich abends immer tanzen gegangen. Der Pfleger machte das mit: Nachts ließ er mich heimlich wieder rein. Ich bin nach der Visite regelmäßig ausgegangen. Es war ein wunderschöner Urlaub – so, wie ich ihn in meiner Heimat nie gemacht hatte!

Zurück in der Unterkunft hatte ich neue Zimmerkollegen: zwei türkische Brüder, die beide kaum Deutsch verstanden. Einer ist bald wieder weg. Aber der Jüngere hat in der Türkei geheiratet und brachte auch gleich seine Frau nach Deutschland mit (wie mein Cousin). Mit diesem Mann gab es sehr viel Ärger. Er bekam von der Firma eine Wohnung zugeteilt, an der wir zufälligerweise immer vorbeilaufen mussten. Wie es sich gehört, grüßten wir die Frau. Aber bald merkten wir, es gab kurz darauf immer Geschrei und Tränen. Der Mann verkloppte seine Frau, weil sie unseren Gruß erwiderte. Es eskalierte so sehr, dass wir, das heißt die gesamte Firma, sich nicht mehr traute die Frau zu grüßen. Aber die Türkin hat sich ohnehin nicht mehr blicken lassen. Sie schloss sich lieber in der Wohnung ein. Solche Geschichten gab es viele unter uns Gastarbeitern. Nur mit den Spaniern hatten wir Italiener keine Probleme. Anscheinend waren sich unsere Kulturen etwas ähnlicher. Und wir konnten uns auch ganz gut verständigen: Wir verstanden ungefähr was sie sagten, wenn sie Spanisch redeten und umgekehrt. Umso schlimmer war für uns ein tragischer Vorfall, der im Winter passierte. Es hatte sehr viel Frost gegeben. Ein Spanier wohnte mit seiner Frau über der Fabrik. Er kam gerade von seinem Schwager José zurück, der im selben Haus wie besagte türkische Familie wohnte. Am Hauseingang stellte er fest, er hatte seinen Schlüssel vergessen. Seine Frau konnte ihm nicht öffnen, sie war mit der kleinen Tochter spazieren gegangen. Da kam er auf die Idee, über die Notleiter in die Wohnung zu steigen. Er balancierte mit seinen Gummilatschen auf dem Glasdach der Fabrik, um an die Feuerleiter zu gelangen – in mindestens 15 Meter Höhe.

So ging es Schritt für Schritt. Aber plötzlich, kurz vor der Feuerleiter, rutschte er aus. Die Scheiben gaben natürlich sofort nach und er brach durch das Dach. Der Mann fiel auf den Boden der Halle. Ich habe das Ganze beobachtet, weil ich gerade auf der Straße beim Autowaschen war. Ich schrie und rief in die Unterkunft, die sollten sofort einen Krankenwagen und die Feuerwehr rufen. Auch der Schwager hat meine Schreie gehört. Im Unterschied zu meinen Unterkunftskollegen reagierte der José sofort. Ich bin über den Firmenzaun gesprungen, um vielleicht helfen zu können. Dabei wusste ich, es war unmöglich so einen Sturz zu überleben.

Ich kam dort an und was ich gesehen habe, war unbeschreiblich grausam. Der Kopf meines Kollegen war platt wie eine Briefmarke, der Schädel war aufgebrochen. Arme und Beine konnte man gar nicht unterscheiden, denn sie waren wie ein Knoten verschlungen. Nach einer Ewigkeit trafen der Krankenwagen, die Polizei und die Feuerwehr ein. Das Bild des toten Spaniers trage ich noch immer in mir – ich kann es nicht vergessen. Nach ein paar Tagen reisten die Angehörigen aus Spanien an um die Leiche entgegenzunehmen. Wir Italiener haben uns viel Mühe gegeben – wir halfen so gut wir konnten. Da war ein Onkel mit einem Buckel, der uns sehr dankbar war. Das war ein trauriges Erlebnis.

### Im Krankenhaus

Im Jahr 1970 haben sich die Ereignisse bei mir überschlagen. Mein Cousin hatte – wie schon erwähnt – eine Wohnung an der Praunheimer Brücke gefunden. Bald brachte er auch seine Mutter und seine Schwester nach Deutschland. Meine Cousine ging auch arbeiten. Sie war mittlerweile so dick geworden, dass ihr das Laufen schwer fiel. Die ganze Familie wohnte in einer Wohnung.

Ich musste mich noch im selben Jahr einer Mandeloperation unterziehen. Ich wurde im Rotkreuz-Krankenhaus operiert und durfte die ersten Tage nicht reden, denn sonst – wie der Arzt sagte – konnte die Wunde wieder aufreißen. Natürlich besuchte mich die ganze „Verwandtschaft" am Tag nach der Operation. Sofort fingen wir an uns zu streiten – ich beharrte immer noch auf meinem Geld, das ich für die Hochzeit vorgelegt hatte. Wir wurden so laut, dass die Krankenschwester die gesamte Meute rausgeschmissen hat. Meine Wunde blutete schon.

Wenigstens bekam ich von meinem Vater viel Schokolade vom Flughafen, mit der ich die Schwestern bestechen konnte: Sie gaben mir viel mehr zu essen, als mir zugestanden hätte. Aber ich habe es wohl etwas übertrieben, denn ich wurde schon drei Tage früher entlassen. Statt acht blieb ich nur fünf Tage. Es hatte mir wieder gut im Krankenhaus gefallen, vor allem, weil mich die Freundin, mit der ich die Wette gewonnen hatte, zweimal besuchen kam. Sie brachte mir Zigaretten. Auch wenn ich damals nicht rauchte, kam ich mir sehr verwöhnt vor. Da fing ich an, die Gabriele nicht mehr als „Wettgewinn" zu sehen. Mein Gewissen machte sich langsam bemerkbar.

Mama schrieb, sie mache sich Sorgen, dass Concetta keinen mehr abbekäme. Kein Wunder: In unserem Dorf war meiner Mutter keiner gut genug. Die Jungs, die nach meiner Schwester fragten, hatten entweder kein Land, kein Haus oder waren zu klein. Meine Mutter brachte es fertig jeden zu vergraulen. Da bekam meine Schwester Torschlusspanik, obwohl sie erst 22 Jahre alt war. Das konnte ich sehr gut verstehen, denn in Butera mussten die Mädchen mit spätestens 20 unter der Haube sein. Meine Mutter hatte bei jeder Gelegenheit Sachen für meine Schwester gekauft – keinen Markt ließ sie aus. Es war so viel, dass sich die Schränke bogen!

Nachdem ich aus dem Krankenhaus entlassen worden war, bin ich zur Gabriele gegangen. In der Baracke hätte ich mich unmöglich normal kurieren können. Dort war es im Winter so kalt, dass sogar die Fensterscheiben einfroren! Das war ein Dauerzustand. Ich konnte nie verstehen, wie der eine Spanier im Unterhemd rumlaufen konnte! Ich lebte nicht gern mit solchen Leuten zusammen. Das roch alles so nach Armut. Drum suchte ich mir immer Freundinnen, bei denen ich Unterschlupf finden konnte.

In diesem Winter fielen mir die ersten Haare aus. Ich machte mir große Sorgen, weil ich auf keinen Fall eine Glatze bekommen wollte! Ich war noch sehr jung und mit 24 oder 25 eine Glatze zu bekommen, ist nicht so besonders schön. Der Beppe hatte noch größere Probleme als ich. Eines Tages beschlossen wir zu einem Hautarzt in der Leipziger Strasse zu gehen.

Wir waren ziemlich geschockt, als wir sahen, dass der Hautarzt eine totale Glatze hatte! Aber wir konnten nicht mehr zurück. Wir gaben unseren Krankenschein ab und der Arzt rief mich als Ersten ins Untersuchungszimmer. Er wollte die Hormone untersuchen, was ich für sehr verständlich gehalten habe. Leider musste ich dafür die Hosen runterlassen, was mir sehr peinlich war. Es ging gegen die Moral, die ich mir von Kindesbeinen an zugelegt hatte. Der Arzt machte mir Mut: Ich bräuchte keine Angst haben, er würde mir nichts abschneiden.

Ich muss mich ziemlich angestellt haben. Ich konnte ja nicht wissen, wie schmerzhaft das sein konnte. Der Arzt nahm einen langen Draht, so was wie eine Sonde. Damit wollte mich dieser Kahlkopf von einem Arzt vor meinem Haarausfall retten! Ich konnte mir das nicht vorstellen, aber was sollte ich tun? Ich war jetzt dort und konnte keinen Rückzieher machen, zumal der Beppe draußen wartete und ich wollte nicht als Feigling dastehen.

Der Arzt nahm diesen für mich unnatürlich langen Draht mit einem kleinen Ringchen an der Spitze und steckte ihn in meinen größten Reichtum. Denn damals war ich noch der Meinung, ein Mann müsste sich mit diesen paar Zentimetern beweisen. Wenn der Arzt Haare gehabt hätte, ich hätte sie ihm herausgerupft! Es wurde eine sehr schmerzhafte Untersuchung. Ich habe mir das Schreien verbissen, damit der Beppe nicht weglief und dabei Blut und Wasser geschwitzt - ich denke, mehr aus Angst als aus Schmerzen. Der Arzt schüttelte seinen kahlen Kopf und fragte, ob die Italiener alle so mutig sind wie ich. Ich sagte Nein und fügte hinzu, mein Kollege draußen sei viel mutiger als ich. Der Arzt sagte: „Wir werden sehen." Als ich nach dieser schrecklichen halben Stunde rauskam, schaute mich der Beppe sehr erwartungsvoll an und fragte: „Wie war es?" Ich hatte mich schon ein bisschen gefasst und sagte, es wäre gar nicht so schlimm gewesen.

Nun war er dran. Ich dachte, der Beppe müsste sterben. Nach einer vollen Stunde, trug der Arzt den armen Kerl ins Wartezimmer und sagte mir, er sollte erst einmal sitzen bleiben - etwa eine halbe Stunde. Dann könnten wir unsere Rezepte abholen.

Der Beppe drohte mir mich draußen zu verkloppen. Wenn er gewusst hätte, was ihn erwartete, wäre er nicht reingegangen. Er fühlte sich hereingelegt. Ich musste ihn mit viel Palaver und mit vielen dummen Sprüchen beruhigen, weil ich Angst hatte, er würde sich mit seinem

Bruder und mit seinen Freunden auf mich stürzen. Die waren alle aus demselben Dorf in Sizilien und hielten zusammen wie Pech und Schwefel.

In Bockenheim holten wir die Medikamente bei einem Apotheker. Es waren Shampoos, die wir jeden Tag benutzen sollten. Den Schaum musste man eine Stunde einwirken lassen. Wir Idioten haben das gemacht! Wir sind in der Baracke immer mit nassen Haaren und Schaum auf dem Kopf herumgelaufen. Die Kälte machte uns fast kaputt. Drinnen hatten wir nicht mehr als acht Grad! Der Beppe bekam eine Lungenentzündung und auch ich bekam Fieber. Wir konnten beide nicht arbeiten gehen: drei Wochen!

Unser Betriebsleiter zeigte (mit Recht) keine Begeisterung. Das Schlimme war, wir wohnten auf dem Firmengelände. Dadurch hatte er uns immer unter Kontrolle. Er wusste genau, warum und wieso wir nicht arbeiten konnten. Ich denke, uns wurde vieles verziehen, weil wir noch jung waren: Wir konnten überall in der Gießerei eingesetzt werden, auch für schwere Arbeiten.

### Das Ende eines Arbeitsverhältnisses

Damals bin ich fast jedes Wochenende zur Gabriele gegangen. Sie hat mir die Wäsche gewaschen und am Sonntag konnte ich sogar dort essen. Mein Bestreben war es immer, spätestens bis Mitternacht heimzukommen, um meine Karte zu stechen. Die Firma bezahlte mir bis zu 20 Stunden am Tag, ohne die Zeiten wirklich zu kontrollieren. Im Prinzip konnte sich keiner beschweren, denn ich arbeitete immer schnell. Bis 20 Uhr spätestens war ich fertig. Danach ging ich tanzen, anstatt in die Unterkunft, dieses Schmutzloch.

Da hatte ich einen doppelten Vorteil: Ich konnte beim Tanzen Geld verdienen und brauchte in der Baracke nur zu schlafen. Was ich da trieb, war nicht ganz ehrlich, das muss ich zugeben. Aber der Vorfall, der mir zum Verhängnis wurde, war wirklich lächerlich.

Eines Tages ist der Stapler kaputt gegangen. Ich reparierte ihn in der Regel selbst. Ein Schlauch war geplatzt und ich musste ihn auswechseln, sonst hätte ich am Tag darauf nicht arbeiten können. Gegen 19 Uhr war ich fertig. Die Firma stellte uns keine Arbeitskleidung und ich hatte meine Klamotten mit dem Schmieröl sehr schmutzig gemacht. Bevor ich meine Karte stechen ging, wollte ich mich umziehen. In diesem Moment kam der Betriebsleiter um nachzusehen, wie weit ich mit meiner Reparatur gekommen war. Er sah, ich war fertig und ging wieder. Ich bin mich duschen gegangen und habe meine Karte eine Viertelstunde später gestochen. Das waren 15 Minuten Betrug, wobei ich aber für die Firma meine Klamotten und mich selbst verschmutzt hatte!

Am Tag darauf arbeitete ich wieder mit dem Stapler. Ich musste das glühende Gusseisen im Wasserbad abschrecken. Es hat Spaß gemacht die Wasserspiele zu beobachten, die entstanden, wenn das Gusseisen mindestens 600 Grad heiß ins Wasser tauchte! Sie reichten oft bis an die Decke. Um Viertel nach sieben kam Herr Fechner, der Betriebsleiter. Er warf mir allen Ernstes vor, ich hätte die Firma um 15 Minuten betrogen. Er hätte am Tag zuvor genau gesehen, ich wäre schon um 19 Uhr fertig gewesen. Warum ich erst um Viertel nach sieben gestochen hätte? Er meinte, das wäre Betrug. Ich hätte ihm gern meine Argumente gesagt, aber das wollte er nicht hören. Ich sollte als Betrüger dastehen! Da verlor ich die Fassung. Ich griff nach dem Schlüsselbund vom Stapler - er war ziemlich schwer - und warf ihn dem Betriebsleiter ins Gesicht. Er blutete sogar! Ich hatte eines nicht bedacht: Er konnte mir dafür fristlos kündigen. Und das tat er auch. Er schrie mich an, ich sollte sofort verschwinden. Die Gewerkschaft versuchte zwar das Ganze ein bisschen zu meinen Gunsten zu regeln, da ich Vertrauensmann von der IGM war. Aber der Betriebsleiter kündigte mir fristgemäß wegen Betrug an der Firma Fritz Volz & Sohn, wobei er von einer Anzeige wegen Körperverletzung absah. Ich holte mein gesamtes sizilianisches Register heraus und fing an ihm zu drohen, obwohl ich selber sehr viel Schiss hatte. Am Ende schrie ich, ich ginge lieber sofort, als auch nur eine Minute länger bei so einem ... zu bleiben. Dann bin ich sofort ins Büro und verlangte umgehend meine Papiere zurück. Da schlug mir der oberste Chef vor in den Apparatebau zu gehen, dort hätte ich mit Fechner nichts zu tun. Aber ich schaltete auf stur und lehnte ab. Innerhalb von 20 Minuten hatte ich mein Hab und Gut eingepackt und ins Auto geladen. Es hat noch immer alles in den Kofferraum gepasst.

### ... und ein unerwarteter Neuanfang

Nach etwa zwei Stunden bekam ich tatsächlich meine Unterlagen und die Abrechnung. Wo sollte ich nun hin? Da fiel mir ein: Die Höchst AG suchte immer Leute - nur war ich in der Vergangenheit immer dagegen gewesen, in einer chemischen Fabrik zu arbeiten. Dann hätte ich genauso gut in Sizilien das Angebot wahrnehmen können, das mir die Christdemokraten gemacht hatten!

Aber jetzt war ich in Not geraten und musste schnell Arbeit finden. Wo hätte ich sonst übernachten sollen? Ich nahm mich zusammen und schlug die Straße Richtung Höchst ein. Wegen einer Umleitung in der

Mainzer Landstraße, musste ich aber über Griesheim fahren und kam dadurch am Griesheimer Werk vorbei. Da dachte ich: Ich könnte genau so gut hier erstmal nach Arbeit fragen. Ich meldete mich im Personalbüro bei einem Herrn Mattes. Ich hatte das Gefühl, der Mann war sehr in Ordnung. Ich war ihm wohl auch nicht unsympathisch, denn er bot mir sofort Arbeit an und ein Bett in einem Zweibettzimmer in der Elektronstraße. Es war gerade mal 13 Uhr!

Ich stellte mich dem Hausmeister vor, und der machte mich mit meinem Zimmerkollegen bekannt. Er hieß Giulio und kam aus Sardinien. Der Mann war sehr nett und auch sehr freundlich. Während ich meine paar Sachen ausräumte, fragte er mich ein bisschen aus: über meine Herkunft und meine Gewohnheiten. Als ich erzählte, ich stamme aus Sizilien und meine Gemeinde heißt Butera, fing er an laut zu lachen und ich staunte nicht schlecht. Dann klärte er mich auf: Im Werk arbeitete ein Italiener, dessen Familienname „Butera“ ist. Das fand ich auch komisch: Es gab tatsächlich Leute auf dieser Welt, die den Namen unseres Kaffs trugen! Ich fand es so absurd, dass ich nachdenklich wurde. Der Giulio hatte Angst, ich wäre beleidigt. Da rief ich: „Wie kann man mit so einem Namen leben?! Wie kann ein Mensch mit so einem Namen bestraft sein – und es aushalten, ein Leben lang damit herumzulaufen!“ Daraufhin zog der Giulio los, den Herrn Butera in unser Zimmer zu bitten. Er wohnte unter uns, in der ersten Etage. Nach einer Viertelstunde kam er mit einem Haufen Leute aus der ersten Etage und vom Nachbarhaus. Es kam mir sehr merkwürdig vor, dass ich keinen Türken ausmachen konnte, hier wohnten wohl nur Italiener.

Der Giulio stellte mir zuerst den Herrn Butera vor. Vielleicht war sein Name schuld daran, dass er mir keinen vertrauenswürdigen Eindruck machte. Ich dachte mir: „Dem gehe ich besser aus dem Weg!“ Er hatte diese rattenhaften Augen, die ich von Butera sehr gut kannte. Sofort fing er an Süßholz zu raspeln, wie schön Butera wäre und dass er selbst schon mal in Butera gewesen sei! Da wusste ich: Der Mann lügt! Was hätte man in Butera loben können? Aber ich spielte wohl oder übel mit. Der Herr Butera freute sich wie ein kleines Kind und war stolz wie ein Gockel über seinen Familiennamen. Er plusterte sich vor uns auf, als wären wir die Hühner, denen er sich in seiner ganzen Schönheit zeigt und die er besteigen will. So jedenfalls fühlte ich mich in diesem Augenblick.

Der Giulio stellte mir auch eine Menge Leute aus Neapel vor. Ich glaubte immer noch, die Leute, die dort herkommen, seien alle wie der Liguori: Den Streit um den Bierkasten bei meiner ersten Arbeit in

Deutschland hatte ich nicht vergessen. Darum war ich sofort ein bisschen vorsichtig und misstrauisch. Unter meinen neuen Kollegen waren ein Arturo, der mir auf Anhieb sympathisch war und auch ein Massimo mit seinem Bruder. Ich verglich die Leute mit den Gießerei-Kollegen und war glücklich über meinen Umzug. Nur ein Haken war dabei: Der Massimo fragte, ob mir der Giulio auch gesagt hätte, dass er schnarcht wie eine Lokomotive. Darum sei das Bett im Zweibettzimmer frei! Ich sah den Giulio an und der sagte ganz kleinlaut, dass es stimmte.

Ich konnte dazu noch keinen Kommentar geben und davon abgesehen, war die Atmosphäre einfach toll, weil die Leute alle so nett waren. Ich war in eine andere Welt geraten! Der Massimo fragte mich, ob ich gern mit tanzen gehe – wir könnten zusammen auf Frauenjagd gehen. Ich sagte natürlich zu und wir haben uns für den kommenden Samstag verabredet.

Nach einer Weile sind die meisten wieder gegangen. Aber der Arturo blieb bei Giulio und mir. Wir drei witzelten noch ein bisschen über die Schnarcherei meines Zimmerkollegen. Dann brach Giulio auf. Er sagte voller Stolz, er müsste jetzt zur Nachtschicht. Dann hätte ich meine Ruhe. Ich meinte, sein Schnarchen würde mich nicht besonders stören. Ich war schließlich einiges von meinen Vater gewöhnt! Und außerdem hätte ich eine Freundin, bei der ich sehr oft übernachten würde. Bei der Gelegenheit erzählte ich auch gleich, dass sie mir die Wäsche macht und so weiter. Aber damit konnte ich den Arturo nicht beeindrucken. In der Unterkunft gab es eine Waschmaschine und sogar Putzfrauen, die dreimal die Woche die Zimmer putzten. Ich wollte das nicht glauben: Es gab Firmen, die sogar Putzfrauen stellten!

Der Giulio ist zur Nachtschicht gegangen – nicht ohne sich mit Handschlag zu verabschieden! Ich dachte, ich träume. Es fehlte nur noch, dass er mir einen Abschiedskuss gab.

Der Arturo blieb bis spät in der Nacht bei mir. Er erzählte mir, er hätte normalerweise Priester werden sollen und war auch schon im Internat gewesen. Er arbeitete im Kohlebetrieb. In welchen würde ich wohl kommen? Wir hofften, wir kommen zusammen. Wir wollten zusammen tanzen und auf Frauenjagd gehen!

Es war schon ziemlich spät, als mir der Arturo einen Freund vorstellen wollte. „Der heißt Enrico und ist sehr lustig“, sagte er. Er ist weg und ich konnte mich gedanklich noch nicht fassen: Ob in Frankfurt bei der Eisenbahn, in Eschborn auf der Baustelle, in Höchst in der Schuhfabrik oder in der Gießerei – nie hatte ich so viel Offenheit erlebt! Man konnte sich wie unter Erwachsenen unterhalten, auch über persönliche Dinge. Der Enrico war in unserem Alter und arbeitete als Elektriker bei den Farbwerken. Er erzählte bis mindestens 3 Uhr morgens Geschichten und Witze, dass wir vor Lachen nicht mehr konnten. Ich glaube, ich hatte bis dahin nie so gelacht! Aber am lustigsten war: Der Enrico konnte selbst nur lachen, wenn er sich unterm Arm kitzelte. Er wartete bis die Pointe ankam und dann kitzelte er sich unterm Arm.

### Eine Arbeit, die mich fordert

Am Tag darauf bin ich zur Fabrik gegangen, um mich einweisen zu lassen. Da bekam ich zu meiner Verwunderung drei Blaumänner, Schuhe, drei Hemden und sogar Unterhosen. Ich musste immer wieder an die Gießerei denken, wo der Dreck so unbeschreiblich war! Ich dachte mir sogar: „Was soll ich mit den ganzen Klamotten anfangen?" Ich war es gewöhnt, meine Klamotten nur einmal die Woche zu wechseln, weil ich sie auch selbst waschen musste. Jetzt hatte ich täglich frische Kleider und bekam sie sogar gewaschen! Ich bin mit dieser Unmenge von Klamotten zum Waschhaus gewackelt. Dort waren die Duschen in der Mitte des Raumes. Man musste auf der linken Seite die Arbeitskleidung ablegen, dann duschen und auf der anderen Seite die privaten Kleider anziehen. Die Sauberkeit gefiel mir sehr. Ich hatte immer noch den Schmutz der Gießerei im Kopf und die ewigen Streitigkeiten in der Unterkunft.

Mittags wusste ich endlich, wo ich arbeiten sollte: im chemischen Betrieb und nicht – wie ich gehofft hatte – mit dem Arturo im Kohle-Betrieb. Ich konnte nicht wissen, dass es besser so war. Nach der obligatorischen Untersuchung auf der Krankenstation begleitete mich ein Italiener zu meinem zukünftigen Arbeitsplatz und stellte mich dem Meister Spangler vor. Er war mir sofort sympathisch. Und auch er hat mich wohl vom ersten Augenblick an ins Herz geschlossen. Der Meister reichte mir die Hand, was ich nicht gewöhnt war! Dann teilte er mich mit einem Italiener ein, der im Tanklager arbeitete. Dort mussten wir die Kesselwagen in die Reservoirs pumpen.

Für mich war alles neu und aufregend: so viele Leitungen und Pumpen auf einmal! Ich dachte, das könnte ich nie lernen. Und all die Namen der chemischen Substanzen! Bestimmt würden sie mich bald wieder entlassen, weil ich das nicht alles lernen konnte – von wegen Ammoniak, PNBP, ACP, DNBP, Benzol, Toluol, Sulfate aller Art, Schwefelsäure, Salzsäure und noch tausend mehr. Wie sollte ich das alles im Kopf behalten?

Mein Kollege machte mir Mut. In seiner Heimat auf Sardinien hätte er auch nur Schafe gehütet und am Anfang die gleichen Probleme gehabt. Er meinte, wenn er das gelernt hätte, würde ich das auch irgendwann verstehen. Er führte mir den Honal-Betrieb vor und ich sah mit Erstaunen, dort hatten alle gelbe Gesichter und Haare. Als wir rausgegangen sind, war ich auch gelb – und das nur vom Durchgehen. Dort arbeitete man mit Ammoniak und entsprechend war der Gestank. Ich lernte auch den Tihodan-Betrieb kennen. Er sollte eines Tages mein Stammplatz werden. Dort arbeitete man mit Essigsäure, Natronlauge, Tionilchlorid und anderen Substanzen. Fürs Erste nahm ich nur den unangenehmen Geruch war – die Namen sagten mir nichts.

Mit der Zeit lernte ich die Kesselwagen zu rangieren und die Lokomotiven und Kipplaster an die entsprechenden Stellen zu bringen. Ich lernte, dass „D.M.S." (Dimethylsulfat) gar nicht riechen konnte, da es wie Wasser geruch- und farblos ist. Diese Kenntnisse und viele andere legte ich mir mit der Zeit zu. Ich hatte das Gefühl, die Gelegenheit ist endlich gekommen das zu lernen, was mir wirklich gefiel. Seit ich als Kind dem Schuldirektor sagen musste, ich arbeitete lieber auf dem Land als in der Schule zu lernen, hatte mich niemand mehr nach meinen Interessen gefragt. Das war jetzt Vergangenheit!

Am ersten Tag besuchte mich der Enrico im Tanklager. Der hatte einen Schraubenzieher bei sich und erzählte wieder seine berühmten Witze. Dabei kam raus, wir hatten die gleichen Autos: einen Fiat 124, nur dass sein Wagen grün war und meiner weiß. Es wurde ein schöner und sehr lehrreicher Tag für mich. Wieder hätte ich das alles gerne jemandem erzählt – aber wem? Etwa meinem Vater oder meinem Cousin? Da bin ich zu meiner Freundin, brachte meine Wäsche hin und berichtete stolz, was mir in den letzten zwei Tagen passiert war.

### Partnertausch

Aber die Beziehung zur Gabriele hatte einen Haken. Ich wohnte jetzt in Griesheim und immer zu ihr nach Preungesheim zu fahren, wurde mir auf die Dauer zu weit. Ich wollte mir eine neue Freundin suchen. Am Samstag bin ich mit Massimo und Arturo, wie versprochen, ins Edelweiß tanzen gegangen. Ich hatte zum ersten Mal keinen Grund, mich meiner Begleitung zu schämen: Die beiden waren sauber und konnten sich benehmen. Wir lernten – jeder für sich – Frauen kennen und tanzten die Nacht durch. Arturos neue Bekanntschaft hatte ein Auto, deshalb fuhr er mit ihr. Ich war froh, nun endlich in einem Haus zu wohnen, das ich nicht vor den Frauen verheimlichen musste. Massimo und ich, wir fuhren mit unseren „Eroberungen“ nach Griesheim. Wir gingen erst einmal in Massimos Zimmer um was zu trinken - Wasser, denn Alkohol trank keiner von uns. Danach hatte ich Glück: Giulio, der Schnarcher, hatte Nachtschicht. Diese Frau erzählte mir, sie hätte einen Ehemann, aber heute sei ihr freier Tag und darum wollten sie und ihre Bekannte sich amüsieren. Sie erklärte mir, die Frau, die jetzt bei Massimo im Bett lag, sei die Schwester ihres Mannes! Gut, das ist mir auch egal gewesen. Am Tag darauf kam dann der Massimo mit „seiner“ Frau hoch. Er fand, sie sei eine Niete im Bett gewesen. Die Damen verstanden uns ja nicht, wenn wir Italienisch sprachen. Leider musste ich den Massimo enttäuschen, denn die, die bei mir gewesen war, war gut gewesen!

Da schlug der Massimo der Dame vor die Partner zu tauschen. Ich dachte, ich spinne - ich wäre nie auf eine solche Idee gekommen! Ich wollte mich schon entschuldigen, da nickten die beiden Frauen. Wir verbrachten fast den gesamten Tag im Bett - auch mein Zimmerkollege konnte nicht ins Zimmer! Ich dachte, es würde Probleme geben. Um 16 Uhr brachten wir die so genannten Damen nach Höchst zum Bahnhof. Wir kamen dann zurück und ich habe mich bei Giulio entschuldigt für meine Frechheit, am ersten Tag das Zimmer so zu besetzen. Er lachte nur und sagte, er sei froh, dass wir Italiener die „Moral und den Stolz Italiens“ hoch halten. Ich solle keine Rücksicht auf ihn nehmen.

### Notnagel bei der Nottaufe

Eines Samstags - ich hatte bis zwei Uhr nachmittags arbeiten müssen - wartete mein Cousin am Firmenausgang auf mich, ganz aufgeregt. Mein erster Gedanke war, er bräuchte wieder mal ein Zimmer für irgendein Schäferstündchen. Denn obwohl er nun mit seiner Frau zusammen wohnte, hatte er seine alten Gewohnheiten beibehalten. Dabei war Lia eine fleißige Hausfrau, die sogar Geld verdiente, indem sie privat Kleider nähte. Ich winkte gleich ab, ich wollte mein Zimmer nicht zur Verfügung stellen. Hier herrschten andere Zustände als in den Baracken der Gießerei. Da erzählte er mir, er hätte am Donnerstag schon seine Befriedigung gehabt. Jetzt sei aber ein anderes Problem aufgetaucht: sein neugeborenes Kind, das ich noch nicht gesehen hatte, sei plötzlich sehr krank geworden. Wahrscheinlich würde es nicht überleben. Und darum sollte es heute noch getauft werden. Ich bin sehr überrascht gewesen. Es ist normal in Sizilien, bei einem Kind Pate zu stehen. Aber ich wusste, ich durfte nur wegen der aufgetretenen Not der Pate sein. Ich ließ mich nicht gern als Reserve behandeln. Aber ich wusste auch, ich konnte in so einer Situation nicht Nein sagen. Ich schimpfte erst mal mit ihm, dann lud ich ihn in mein Auto. Ich wollte mich umziehen und etwas für das Kind besorgen. Ich dachte an meinen eigenen Paten, der mit leeren Händen aufgetaucht war. Aber andererseits schien es mir Zeit, diesem Haufen von primitiven, zurückgebliebenen Idioten endlich eine Lektion zu erteilen.

Kaum saß mein Cousin in meinem Auto, kamen wie immer seine Kommentare: wie neu und vor allem wie groß es sei (mein Cousin wurde immer dicker). Ich musste ihn wieder daran erinnern, er sei selbst schuld daran, wenn er noch kein Auto und keinen Führerschein hatte. Denn damals, 1967, noch bevor ich zur Fahrschule ging, war er schon dreimal durchgefallen, immer in der Theorie. Als ich meinen Führerschein bekam, fing er wieder von vorne an. Am Prüfungstag habe ich mit Herrn Hupp, dem Besitzer der Fahrschule, gesprochen, ob er nicht meinem Cousin ein bisschen bei der Prüfung helfen könnte. Er war nett und sagte zu meinem Cousin, er solle sich während des theoretischen Examens neben mich setzen und bei mir abschreiben. Er würde dafür sorgen, dass der Prüfer das nicht merkt. Aber mein Cousin hatte das nicht nötig! Ich wäre groß und dumm – und er saß lieber alleine. Der Fahrlehrer schaute mich an – verständnislos, genau wie ich. Ich hatte nicht damit gerechnet, dass er so reagieren würde. Nach der Prüfung wurden die Fragebögen ausgewertet. Bei mir waren es null Fehler – bei meinem Cousin waren es 16! Mag sein, dass ich dumm bin wegen meiner Größe, aber das Gesicht von meinem Cousin sah auch nicht gerade intelligent aus, als das Ergebnis bekannt wurde und ihm der Prüfer sagte, er dürfte es zum fünften Mal probieren.

Das alles habe ich ihm im Auto vorgepredigt. Ob er sich das gut überlegt hätte, seine Tochter einem so dummen Menschen wie mir anzuvertrauen? Aber ich merkte, er war sehr niedergeschlagen, drum ließ ich es dabei bewenden. Ich zog mich schnell um.

Im Praunheimer Weg wohnte die gesamte Sippschaft meines Cousins. Wir holten das Kind und die weinenden Weiber. Die haben so getan, als sei das Kind schon längst gestorben. In der italienischen Kirche in Bockenheim wurde das Kind getauft und ich bin Pate geworden ohne zu wissen, wie ich zu dieser Ehre kam. Nach der Taufzeremonie sind wir wieder in die Wohnung gefahren und ich stand da: mit leeren Händen! Da bin ich zu einem kleinen Kiosk und kaufte nur Unfug: Schnaps und Kekse. Als ich dann auch noch fragte, wann ich endlich mein Geld von der Hochzeit zu sehen bekomme, wurde die

Feier unterbrochen. Es waren mittlerweile zwei Jahre vergangen! Natürlich sind wir im Bösen auseinander gegangen. Aber das hat mich nicht so sehr interessiert. Ich merkte, bei mir fand langsam eine innere Wandlung statt. Ich war nicht mehr verletzt, sondern begann, die Mentalität meiner Verwandtschaft langsam, aber sicher zu hassen! Jedes Mal, wenn es mir gelang diese Ratten zu ärgern, verspürte ich eine gewisse Befriedigung. Ich bin einfach weg, weil ich mit dem Massimo im Edelweiß verabredet war.

### Im Edelweiss

Dem Massimo hatte ich versprochen die Gabriele vorzustellen. Ich fuhr zu ihr in die Gießener Straße und lud sie ins Edelweiß ein. Christa, ihre Freundin aus der zweiten Etage sollte in der Zeit auf das Kind aufpassen. Im Edelweiß stellte ich ihr den Massimo vor und wir saßen an einem Tisch. Nach ein paar Mal Tanzen warnte mich der Massimo, ich sollte aufpassen! Ich wusste sofort, was er meinte: Die Konkurrenz schlief nicht und meine Begleiterin kokettierte hinter meinem Rücken.

Es ist so weit gekommen, dass der Massimo sich mit einem Mann kloppte. Massimo konnte Judo und Karate! In Null-Komma-Nichts flogen die Fetzen und ich konnte beruhigt sein: Keiner würde mehr versuchen, mir die Freundin auszuspannen. Die würde jetzt nicht mehr in der Gegend herumgucken, sondern auf den Boden schauen, so der Massimo.

Das stimmte. Aber leider trat sie mir auf die Füße. Gabriele konnte einfach nicht tanzen. Beim Tango legte sie mit Walzern los – und beim Walzer tanzte sie einen Marsch, der eher ein Tango war. Kurz gesagt, sie tanzte alles – nur nicht das, was die Musik gerade spielte. Aber bei der Menge von Leuten, die im Edelweiß waren, fiel das nicht auf. Da brauchte man nicht tanzen, nur wackeln und schon klappte alles! Der Massimo aber konnte sich nicht beruhigen, mit welcher Geduld ich mir die Füße zertrampeln ließ. Er sagte sogar, die Firma kommt nicht für die zerquetschten Füße auf!

Seine Reden waren mir egal. Ich liebte diese Frau nicht und wollte sie auch nicht heiraten. Sie war nur eine meiner vielen Eroberungen! Am meisten zählte für uns Männer der Sex – der stand in unseren Köpfen an erster Stelle. Und ansonsten war ich so lange mit ihnen zusammen wie sie meine Wäsche wuschen.

## Spaghettata mit Umwegen

Zwei Wochen vor meinem Urlaub brachte ich mein Auto zur Inspektion. Zufällig brachte der Enrico sein Auto in dieselbe Werkstatt, zu Fidler in die Kurmainzer Straße in Höchst. Da wir beide ein paar Tage auf unsere Autos verzichten mussten, nahmen wir uns vor, einen schönen, anständigen Abend zu Hause zu verbringen - ganz nach dem Geschmack meiner Mutter!

Aber es kam wie es kommen musste. Unsere beiden Freunde Massimo und Arturo waren nebenan mit zwei Frauen beschäftigt und amüsierten sich prächtig. Das störte uns: Die sollten Spaß haben und wir brav zu Hause hocken? Und schon waren alle guten Vorsätze über Bord. Wir kamen wir auf die Idee die vier zu „stören", indem wir sie zu einer „Spaghettata" einluden. Wir sammelten alle Spaghetti und Makkaroni, die wir in unseren Schränken fanden, so dass es locker für zehn Personen gereicht hätte.

Enrico lief in das Zimmer gegenüber um Arturo und Massimo mit den beiden Mädels einzuladen. Die freuten sich über unsere Einladung sehr und kamen sofort zu uns rüber. Ich krempelte mir die Ärmel hoch und fing an meine berühmte „Buterische Soße" zu kochen. Etwas Tomatenmark, Salz, Pfeffer, Knoblauch, Zwiebeln, Oregano - und fertig!

Wie gesagt, Nudeln hatten wir genug. Aber sie waren von unterschiedlicher Stärke und Härte. Zum Glück kannten sich die Frauen mit Nudeln nicht aus. Also alles rein in den Topf ! Wegen den dicken Makkaroni kochten die Nudeln sehr lange und als sie endlich gar waren, waren die dünneren Spaghetti längst zu Brei verkocht. Das konnte man doch nicht essen! Die Enttäuschung war groß.

Also schickten wir Massimo los neue Spaghetti zu kaufen und Arturo schlug vor einen Wein zu besorgen. Gesagt, getan, die beiden zogen los. Enrico und ich konnten leider nicht fort, weil wir kein Auto hatten. Nun waren wir mit den Mädels alleine! Die fanden es total süß von uns, dass wir uns so viel Mühe gegeben hatten und dann dieser Reinfall! Sie bemitleideten und trösten uns, was uns sehr gefiel. Es war ein sehr schönes Stündchen voller zärtlicher Streicheleinheiten!

Als Massimo und Arturo mit Nudeln und Wein kamen, wollten sie wissen, ob wir auch „anständig" gewesen seien? Da fing der Enrico an, sich unter den Armen zu kitzeln und meinte ganz trocken: „Ich hätte euch mit den Frauen nicht allein gelassen!" Ich denke, die wussten sofort wie er es gemeint hatte, aber es war auch egal, denn damals teilten wir nicht nur die Nudeln miteinander. Es wurde ein sehr gemütliches Spaghettiessen!

## Concettas Verlobung wird vorbereitet

Ich bin wieder in Urlaub gefahren, diesmal mit meinem Vater. Die Autobahn war mittlerweile fast fertig und ich ersparte mir darum beinahe 400 Kilometer! Nach „nur" 30 Stunden kam ich in Butera an.

Meine Mutter überraschte mich mit einer freudigen Nachricht: Ein junger Mann interessierte sich für meine Schwester. Dieser Junge stammte nicht aus Butera, sondern aus Cerda! Er hatte durch eine Tante anfragen lassen und Concetta offiziell einen Antrag gemacht. Ich merkte, meine Schwester war froh, dass sich endlich jemand für sie interessierte. Und mein Vater erst! Auch ihm war ein Stein vom Herzen gefallen. Dann geschah etwas Unerwartetes: Mein Vater fragte mich nach meiner Meinung! Ich staunte nicht schlecht. Er hatte mich trotz meines Zutuns für die „Familie" nie in seinen und unseren, oft sehr wichtigen Entscheidungen konsultiert. Aber was soll's – man lernte eben nie aus! Ich fühlte einen gewissen Stolz, denn ich dachte, meine Familie würde mich jetzt endlich wie einen Erwachsenen behandeln. Natürlich hatte ich nichts gegen Concettas Hochzeit einzuwenden. Dann fragte mich mein Vater, ob ich wüsste, wo um Himmels willen Cerda liegt. Er wollte sich über die Familie des Jungen informieren.

War mein Vater vielleicht so freundlich, weil er einen Dienst von mir wollte? Ich sah es schon kommen: Ich würde meinen so genannten Urlaub damit verbringen ihn herumzukutschieren. Ich schaute nach, wo dieses verdammte Cerda liegt und entdeckte es bei Palermo. Es war ein noch viel kleineres Kaff als unser Butera! Dort hinzukommen, stellte ich mir fast so schlimm vor wie nach Deutschland zu fahren. Keine Autobahn und keine Schnellstraßen. Wir würden etliche Stunden brauchen, weil wir durch viele Dörfern fahren mussten, die nicht einmal eine asphaltierte Straße hatten.

Wir sind am Tag darauf schon in den frühen Morgenstunden aufgebrochen. Mein Vater konnte es offenbar kaum abwarten, meine Schwester unter die Haube zu bringen.

Ich fuhr über Mazarino nach Bellafranca und Pietraperzia nach Caltanissetta. Bis dort kannte ich mich schon ein bisschen aus. Aber von Caltanissetta aus wurde der Weg sehr schwer. Ich musste Richtung Santa Caterina Villarmosa, danach Richtung Resuttano. Die Straßen waren in einem viel schlimmeren Zustand als in Kalabrien – wir kamen kaum voran. Außerdem war ich beim Fahren noch etwas unsicher. Ich hatte es schließlich in Deutschland gelernt und die Huperei in jeder Kurve machte mich nervös. Bei Roccapalumbo war die Straße in einem so erbärmlichen Zustand, dass ich mit dem Auto im Schlamm stecken geblieben bin. Zu meinem Glück kam ein Bauer mit einem Traktor vorbeigefahren und schleppte mich ab – fast zehn Kilometer. Danach musste ich Richtung Caltavuturo fahren. Es war mittlerweile schon 14 Uhr und Cerda war noch lange nicht in Sicht!

Giuseppes Schwester in Butera

Ich sagte zu meinem Vater: „Wenn der Typ, den meine Schwester haben will, genau so bescheuert ist wie diese Straße, sollten wir lieber die Finger davon lassen und sofort zurückkehren!" Ich verlor langsam die Geduld. Mir steckte immer noch die Müdigkeit von der Anfahrt aus Deutschland in den Knochen. Aber nach so vielen Mühen gab es jetzt kein Zurück mehr.

Es geschehen ja noch Zeichen und Wunder, denn in Caltavuturo war die Straße plötzlich einwandfrei. Ich konnte mir diesen Umschwung nicht erklären. Später erfuhr ich: Wir waren auf eine Rennbahn der Formel 1 gefahren: Dort fand die „Targa Florio" statt, von der ich damals zum ersten Mal hörte.

Bis nach Cerda hat es dann nicht mehr lange gedauert. Wir konnten dieses winzige Kaff unter uns sehen. Im Vergleich dazu kam mir Butera groß und schön vor. Und das wollte was heißen! Was wir von oben sahen, war nicht gerade einladend: Nur eine Hauptstraße und rechts ein paar Häuser. Aber was sollte es – nicht ich, sondern meine Schwester sollte in Cerda wohnen. Und die wollte unbedingt aus Butera raus, egal wohin. Um 15 Uhr sind wir in Cerda angekommen: nach neun Stunden Fahrt! Die Geschäfte waren alle geschlossen, nur eine Bar war offen. Da tranken wir endlich einen Espresso. Ich fragte einen Cerdeser, ob er Pietro den Friseur kennt. Der Mann zeigte uns daraufhin ein regelrechtes Loch, Pietros Friseursalon: „Aber jetzt haben die Mittagspause." Und die dauerte bis 17 Uhr. Mein Vater begann den Mann auszufragen. Er war davon überzeugt, die Leute im Dorf kennen sich alle. Und da hatte er Recht. Der Mann sagte, der Pietro sei ein anständiger Junge und sehr fleißig. Auch der Salon läuft sehr gut, obwohl es unmittelbar daneben mindestens fünf andere Friseure gab. Nach einer Weile ist der Mann weggegangen. Wir blieben sitzen und haben ein Eis gegessen, da es in Cerda - genau wie in Butera - keine Gaststätte gab.

Etwas später kam ein Mann, etwa zehn Jahre älter als ich, in die Bar. Er hatte sich in Schale geworfen mit Krawatte und weißem Hemd. Ich hatte ihn schon beobachtet: Er war ein paar Mal die so genannte Hauptstraße hoch- und runter gelaufen, bevor er zu uns kam. Wahrscheinlich muss der arme Typ seine Schwester verkuppeln, dachte ich! Als er auf uns zukam, war ich schon auf Kampf eingestellt: In Sizilien darf man nicht einmal sich selbst trauen. Der Typ fing an irgendetwas zu stottern, bis ich und mein Vater kapierten, es war der Pietro. Wie konnte er wissen, dass wir da waren? Er erklärte, ein Bekannter von ihm habe ihm Bescheid gegeben, in der Hauptstraße suchten ihn zwei Leute, die nicht von Cerda seien und ein Auto mit deutschem Nummernschild hätten. Ich war ehrlich gesagt erleichtert. Vielleicht gab es jetzt auch was zu essen!

Und so war es auch. Der Pietro nahm uns mit nach Hause und dort wartete die ganze Familie auf uns. Ich habe mich doch ein bisschen geschämt, denn die haben uns ausgefragt - nicht wir sie, wie ursprünglich vorgesehen. Die boten uns was zu essen an und wir taten so, als ob wir nicht wollten, das gehörte sich so. Dann aber war mir alles egal und ich rief schnell „Ja!" - bevor die es sich anders überlegten!

Der Pietro hatte zwei Schwestern. Eine war behindert. Aber die andere, die stellte sich als Angela vor und machte mir einen sehr emanzipierten Eindruck. Ich fand sie sehr nett und ihre Blicke waren auch ziemlich begeistert. Als sie sich auf einen kleinen Stuhl setzte, nutzte ich sofort die Gelegenheit, um nach ihrer Unterwäsche zu schauen. Sie hatte rosa Unterhöschen an!

Wir haben die obligatorischen Spaghetti gegessen, mit Salat. Dann gab es Koteletts. Ich war froh, dass der Pietro uns aufgegabelt hatte, denn wenn man satt ist, sieht die Welt um vieles besser aus. Es war mittlerweile 18 Uhr und der Pietro musste sich für die Arbeit umziehen. Ich wusste, mein Vater wollte sich den Salon ansehen. Darum machte ich den Vorschlag, den Pietro zu begleiten und im Anschluss abzufahren. Bevor wir aufbrachen fragte die Mutter meinen Vater, ob er mit einer Verlobung zwischen Pietro und meiner Schwester einverstanden sei. Der antwortete zu meiner Überraschung, er müsste erstmal mit seiner Frau reden. Natürlich wollte er sich nur wichtig machen: Er hatte Mama nie um einen Rat gefragt!

Wir verabschiedeten uns. Die Angela kam zu mir und flüsterte mir zu, sie hätte die Unterhöschen gewechselt: Sie seien jetzt nicht mehr rosa, sondern schwarz. Damit wollte sie mir sagen, dass sie mich mochte. Ich bin rot bis über beide Ohren geworden. Ich fühlte mich ertappt und war gleichzeitig froh. Die Angela gefiel mir immer mehr in ihrer Art und ihrem Aussehen, auch wenn sie ein bisschen klein war. Aber das würde höchstens meine Eltern stören.

Nun führte uns der Pietro zu seinem berühmten „Salon". Diese Bezeichnung war eine Frechheit! Die Stühle waren zerrissen und Wasser hatte er auch nicht. Ich konnte mir nicht vorstellen, wie er unter diesen Bedingungen die Leute - wenn sie überhaupt reinkamen und sich in solche Stühle setzen! - rasieren und schamponieren wollte. Das sagte ich dem Pietro auch: Hatte er überhaupt Kunden? Da machte er mir eine kleine Vorführung: Er hatte zwei 20-Liter-Kanister in der Ecke stehen, aus dem er ein paar Tropfen Wasser herausholte. Damit rasierte und schamponierte er die Leute. Und das sollte eine Weltstadt sein, wo sogar die Formel 1 gefahren wurde! Der Pietro sagte, zum Autorennen kämen bis zu eine Million Zuschauer! Ich konnte mir das im Leben nicht vorstellen.

Es war mittlerweile 20 Uhr geworden und ich hatte noch die Rückfahrt vor mir - von einer Metropole in die andere! Da, genau in diesem Moment kommt die Angela in den Salon und bringt uns was zu essen für unterwegs. Ein Glück, denn wir würden mindestens sieben Stunden unterwegs sein. Die Angela reichte mir den Proviant und sagte dabei, sie hätte das Brot mit Liebe gebacken.

Ich konnte mit dem Wort „Liebe" noch immer nicht viel anfangen. Bisher hatte ich weder welche bekommen, noch welche gegeben. Was mich an Frauen bis jetzt interessiert hatte, war der Unterleib - mit Gefühlen konnte ich nichts anfangen.

Wir sind um 3 Uhr morgens in Butera angekommen. Sofort gab es Ärger mit meiner Mutter, denn sie hatte sich Sorgen gemacht. Mein Vater wollte von ihren ewigen Ängsten nichts hören und beschimpfte sie. Die Sache war, es gab immer Theater, wenn meine Mutter was sagte, was ihm nicht gefiel oder ihn nötigte nachzudenken.

Wir mussten unseren Bericht erstatten, denn meine Schwester war neugierig – schließlich ging es ja um ihre Zukunft! Daran erinnerte ich auch meinen Vater. Da beruhigte er sich und berichtete, wie ich es vermutet hatte: Er war begeistert – nicht von Pietro, sondern ihm hatten die Koteletts und das familiäre Klima gefallen. Das hatte ich gesehen, wie wohl er sich gefühlt hatte. Über Pietro sagte er kaum etwas. Wir wollten ihnen unser Einverständnis über Pietros Tante geben, die in Gela wohnte.

### Mutter im Krankenhaus!

Wir verbrachten den Urlaub mit Mandelnpflücken und Mandelnschälen. Ich fand wie immer keine Zeit, um auch nur einen Ausflug zu machen – und wenn, hätte ich nicht gewusst, wohin.

Drei Tage bevor der Urlaub zu Ende war, ist meine Mutter sehr krank geworden. Sie hatte Gelbsucht und musste sofort ins Krankenhaus gebracht werden. Da wir ein Auto hatten, brachte ich sie nicht nach Gela, sondern nach Vittoria in die Klinik. Dort herrschten bessere Zustände und die Klinik war auf Leberschäden eingerichtet. Meine Mutter musste sofort operiert werden, eine Niere und die Leber hatten versagt. Meine Schwester blieb rund um die Uhr im Krankenhaus um die Kranke zu versorgen. Das war so Sitte. Die Krankenschwestern waren nur dazu da, die Geschenke der Patienten einzukassieren – ohne Verwandte ist man verloren. Mein Vater und ich sind nach Butera zurückgefahren und am Tag darauf gleich wieder hin: 200 Kilometer waren das!

Ich hätte normalerweise nach Deutschland fahren müssen – mein Urlaub war zu Ende. Ich habe den Meister Spangler in Griesheim angerufen und um drei Wochen unbezahlten Urlaub gebeten, was er mir verwehrte. Wenn ich innerhalb von fünf Tagen nicht auf der Arbeit erschiene, werde mich die Firma Höchst rauswerfen. Ich habe gebeten und gebettelt und versucht meine Lage zu erklären. Wie sollte meine Mutter versorgt werden, wenn ich mit dem Auto wegfuhr? Der Meister wollte meine Notlage nicht verstehen. Da bin ich ausgerastet. Ich sagte ihm, dass ich hiermit kündige! Ich würde mich um meine Mutter kümmern, bis sie gesund ist! Das war ihm ziemlich egal, denn es waren meine Sorgen und nicht seine. Die Firma würde mir meine Papiere nach Butera schicken. Das wollte ich auf keinen Fall. Denn dann hätte ich womöglich zum Militär gemusst. Ich brauchte eine andere Anschrift. Auf die Schnelle fiel mir nur meine Freundin aus der Gießener Straße ein.

Drei Wochen lang bin ich Tag für Tag nach Vittoria gefahren. Irgendwann ging es meiner Mutter besser. Sie hatten ihr eine Niere wegoperiert, es war eine schwere Operation gewesen.

Drei Wochen später als geplant kamen mein Vater und ich in Frankfurt an. Gleich am ersten Abend leistete sich der Herr etwas Unglaubliches: Er ging mit seiner Freundin aus Sossenheim tanzen! Hatte der denn gar kein Herz? Seine Frau war doch krank!

Nachdem mir der Herr Spangler gekündigt hatte, suchte ich nun wieder Arbeit. Die fand ich zum Glück schnell – bei Henninger Bier! Ich habe sofort in Vittoria angerufen und nach Mama gefragt. Meine Schwester sagte, es ginge ihr besser. Der Pietro und einer seiner vier Brüder waren mit dem Auto gekommen, darum war sie doch nicht allein. Meine Gabe an die heilige Madonna hatte geholfen: Am Tag der Operation hatte ich nämlich meine Uhr und meine Halskette geopfert. Als meine Schwester das sagte, ist mir eingefallen, ich hatte nicht nur keine Uhr mehr, sondern auch kein Geld!

Ich arbeitete zwei Wochen bei Henninger. Wir wurden dort wie der letzte Dreck behandelt. Bei der Arbeit ist mir eines Tages eine Flasche Bier in der Hand explodiert und schnitt mir tief in die Hand. Es blutete sehr stark. Ich brauchte dringend einen Verband! Als ich den Meister danach fragte, antwortete er mir, wir arbeiten nicht in der Uniklinik, sondern bei Henninger! Da bin ich sehr böse geworden. Ich zog meinen Gummikittel aus und kündigte auf der Stelle. Ich sagte, ich würde mir sofort Arbeit in der Uniklinik suchen. Ich bekam, was mir nach zwei Wochen Arbeit zustand: bestimmt zehn Kisten Bier! Die zahlten ihre Leute sozusagen in Naturalien aus. Leider trinke ich grundsätzlich keinen Alkohol und musste Malzbier nehmen. Das Auto war richtig voll und dann bei meiner Freundin der Balkon. Sobald ich bei Henninger raus war, rief ich meinen alten Meister Spangler an und sagte ihm, ich sei wieder in Deutschland. Die zwei Wochen bei Henninger Bier behielt ich lieber für mich. Der Herr Spangler wollte, dass ich sofort nach Griesheim komme: Die Firma Höchst stellte mich wieder ein.

Zwei Tage später fing ich wieder bei der Höchst AG an. Diesmal kam ich aber nicht ins Tanklager, sondern in den so genannten Tihodan-Betrieb. Jetzt kannte ich die Rohstoffe schon und musste nur den Ablauf des Betriebs lernen.

Ein italienischer Kollege, der Giovanni, sollte mich einarbeiten. Ich wurde ein fleißiger Schüler: Normalerweise brauchten die Leute ein Jahr, bis sie den Betrieb in etwa bedienen konnten. Ich habe die Hälfte der Zeit gebraucht, um alle Etagen, von der 4. Etage bis zum Erdgeschoss, kennen zu lernen. Darauf bin ich bis heute stolz. Die meisten Kollegen kannten eine Etage oder bestenfalls, wie der Giovanni, drei. Ich gab mir viel Mühe und lernte noch die vierte dazu: Das machte einen guten Eindruck.

In der Unterkunft in der Ahornstraße, haben wir uns alle gefreut wieder zusammen zu sein. Nur der Enrico fehlte. Er hatte mittlerweile gekündigt und war nach Karlsruhe zu seinen Verwandten gezogen. Der Arturo schlug mir vor, wir könnten zusammenziehen, aber da war ein Haken: Er teilte sein Zimmer mit seinem Vater und für mich waren alle Väter gleich. Ich zog lieber zum Massimo. Es war alles wieder wie in alten Zeiten. Wir gingen zusammen tanzen und saßen zusammen und quatschten. Massimo und mein Freund Lello warnten mich auch wieder: Ich solle mit meiner Freundin Gabi Schluss machen, die würde zu anhänglich. Ich wusste, sie hatten Recht, war aber zu feige dazu. Ich bat den Lello, meine paar Klamotten bei ihr abzuholen.

Ein paar Tage später traf ich ihn im Edelweiß. War die Gabriele jetzt meine Ex-Freundin? Nein! Lello sagte, sie wollte die Wäsche nicht hergeben. Sie war – mit Recht! – sehr wütend, weil ich nicht selbst erschienen war. Wir haben nur darüber gelacht und lästerten: Die wollte wohl unbedingt meine Unterwäsche verwalten! Massimo meinte, er spürte, von diesem Weib könnte nichts Gutes kommen. Die würde einen Dummen suchen, der ihr über den Berg hilft. Ich nahm diese patriarchalischen Sprüche nicht so ernst. Ich wollte auf keinen Fall in Deutschland heiraten und bildete mir ein, ich hätte alles bestens unter Kontrolle.

In der Firma lief es sehr gut. Man vertraute mir immer schwierigere Arbeiten an. Ich musste die Stoffe nicht mehr nur umpumpen, sondern auch destillieren. Dabei war es wichtig, auf die Zusammenstellungen zu achten und die Reaktionen zu überwachen. Ich versuchte, alle Eigenschaften der verschiedenen Substanzen zu lernen um zu verstehen, was sich in den großen Apparaten abspielt! Ich war sehr neugierig. Was passierte mit der Natronlauge, dem Benzol, dem Sulphat, dem Methanol und dem Tionilchlorid? Es reichte mir nicht, die Prozesse nur in Gang zu setzen. Aber bald merke ich, wie kompliziert das alles war. Meine Fragen führten im Grunde zur Ursachenforschung. Um das zu verstehen, musste ich Chemie lernen. Ich nahm mir vor, bei nächster Gelegenheit in die Schule zu gehen. Vielleicht konnte ich

Die Freunde
im Griesheimer
Wohnheim
1970

dann alles ein bisschen besser überblicken. Meine Mutter schrieb mit meiner Schwester, der Pietro kümmere sich um sie beide.

### Halbnackt im Schnee

Eines Samstags gingen ich und der Massimo wie so oft tanzen. Der Massimo lernte eine Krankenschwester kennen, die nicht gerade hübsch war. Aber er wollte es unbedingt wissen und tanzte die ganze Zeit mit ihr, bis das Edelweiß um 2 Uhr morgens schloss. Ich hatte den Abend mit einer Metzgerin getanzt, die nicht abgeneigt war, auch den Rest der Nacht mit mir zu verbringen. Die wohnte in der Eschersheimer Landstraße, am Dornbusch - und zwar allein! Wir wollten alle vier zu ihr gefahren. Da ich mein Auto nicht dabei hatte, sind wir mit dem Taxi am Dornbusch gelandet. Es war ein winziges Mansardenzimmer in der siebten Etage ohne Aufzug. Darin standen nur ein kleines Bett und ein kleiner Sessel. Es verstand sich von selbst, dass ich mit der Hausdame im Bett landete. Der Massimo und seine Krankenschwester mussten mit dem kleinen Sessel Vorlieb nehmen. Später schlug mir der Massimo auf Italienisch vor die Plätze zu tauschen. Ohne Decke froren die beiden, das konnte ich schon verstehen. Aber ich hatte ihn nicht ganz richtig verstanden. Er wollte nicht nur den Schlafplatz, sondern auch die Frauen tauschen! Ich war völlig platt. Die Metzgerin ließ sich doch bestimmt nicht auf so ein Spiel ein! Bei der Krankenschwester lag der Fall wohl anders. Ich hatte im Laufe des Abends gemerkt, dass sie nichts dagegen gehabt hätte, mit mir im Bett zu landen.

Aber vielleicht würde die Metzgerin auch gar nichts merken. Wir warteten bis sie fest schlief. Es war schon 5 Uhr morgens, als ich schnell und leise auf den Sessel gesprungen bin. Der Massimo kroch auf meinen, viel bequemeren Platz. Nach 20 Minuten hörte ich einen grellen Schrei. Die Metzgerin hatte den Massimo aus dem Bett geworfen und rannte wie eine Furie in dem kleinen Mansardenzimmer herum. Sie schrie, wir sollten sofort ihre Wohnung räumen und schmiss uns alle drei raus, ohne uns die Zeit zum Anziehen zu lassen. Die Klamotten warf sie uns buchstäblich hinterher. Der Massimo war splitternackt, die Krankenschwester hatte aus irgendwelchen Gründen ihr Kleid an und ich trug nur meine Unterhose.

Wir haben fürchterlich gefroren, während wir zur Haltestelle am Dornbusch gelaufen sind. Draußen lag Schnee! Wir zitterten vor uns hin und versuchten uns anzuziehen. Als eine Straßenbahn gegenüber vorbeifuhr, schauten die Leute alle zu uns rüber und lachten uns aus: Wir müssen ein sehr komisches Bild abgegeben haben!

### Die Meister rufen zur Ordnung

Es wurde sehr lustig am Nachmittag, denn wir erzählten unsere Geschichte weiter: dem Arturo und den anderen Freunden. Leider sprach sie sich bis zur Firmenleitung rum, denn wir wurden zur Rede gestellt: Das Maß war voll. Sie hätten genug von unseren Frauengeschichten - wir würden in unserer Freizeit nur Dummheiten anstellen. Massimos und mein Meister machten uns sehr Angst. Irgendwann aber merkte ich, der Spangler lachte unter seiner Lesebrille und genoss unsere verschämten Blicke: Ich war rot bis über beide Ohren!

Sicherlich wollte er es mir ein bisschen heimzahlen. Die Fußball-WM in Südamerika war gerade vorbei und wir Italiener hatten gegen die Deutschen gewonnen. Ich hatte mich unglaublich aufgespielt und den Meister Spangler wohl ganz schön damit verärgert! Dabei hatte ich bis dahin gar kein Interesse an Fußball gehabt. Und ohne Fernseher war kaum Gelegenheit gewesen, überhaupt mal ein Spiel zu sehen. Aber an dem Tag, wo die Italiener gewonnen haben, habe ich so getan, als ob wir die Welt erobert hätten!

Am Tag des Spiels haben wir so einen Krach mit unseren Autos gemacht, dass sogar die Polizei alarmiert wurde. In Deutschland kannte man noch nicht diese Korsos, wie wir sie in Italien veranstalteten, zum Beispiel bei unseren Hochzeiten. Das taten nur die „ausländischen Arbeitnehmer“![6] Natürlich wollten wir die Leute mit unserem Benehmen ärgern. Aber die Korsos waren nicht alles. Am Tag nach dem Spiel sind wir, bewaffnet mit jeder Menge Spaghetti, losgezogen. Wir verteilten sie in der ganzen Firma – alle Büros, auch das vom Spangler war eingesaut! Natürlich hatte er nur darauf gewartet sich zu rächen. Er sagte auch was von „Temperament“ und: „Ihr seid hier nicht in Italien!“ Nach diesem Denkzettel schmissen uns die beiden Meister förmlich aus dem Büro. Wir fühlten uns wie zwei getretene Hunde als wir draußen waren. Ich drehte mich um und sah wie die beiden uns den Stinkefinger zeigten.

Aber so leicht ließ sich der Massimo nicht einschüchtern. Er trieb irgendwo einen mexikanischen Sombrero auf, der so groß war wie ein Traktorreifen und lief den ganzen Tag damit in der Firma herum, anstatt sich ordnungsgemäß einen Helm aufzusetzen!

**1971 ...**

Bei der Arbeit wusste ich immer besser Bescheid. Tihodan und die anderen Stoffe, die im Betrieb benutzt wurden, kannte ich schon so gut, dass mir mein Schichtführer Leute mitgab, die ich anlernte. Ich war sehr stolz darauf. Wie so oft in solchen Momenten hätte ich diese Gefühle gern mit einem Menschen geteilt – nicht nur bei Erfolgerlebnissen, sondern auch bei Misserfolgen. Aber ich hatte immer noch niemanden, der mir wirklich am Herzen lag. Mit Massimo und Arturo ging's meistens doch nur um Frauen. Und mein Vater und meine Mutter kamen auf keinen Fall in Frage. Die waren jetzt damit beschäftigt, die Mitgift meiner Schwester zusammenzustellen. Ständig brauchte Mama Geld. Sie schrieb, sie könnte Pietro und seine Brüder nicht bewirten, wenn die nach Butera kamen. Übrigens war die Angela bei diesen Besuchen auch oft dabei!

Mein Vater hatte dieses Jahr den so genannten Hausbau fertig gestellt. Aber Mama beschwerte sich: Es regnete immer noch ins Wohnzimmer und sie hätte nicht so viele Eimer, wie es Löcher im Dach gab! Außerdem ärgerte sie sich über Corrado, unseren Nachbar, weil er schon seit drei Jahren einen Getreidekorb, der mindestens vier Kubikmeter groß war, in unserem Stall stehen hatte. Sie schämte sich es ihm zu sagen. Das war typisch Mama: Sie beklagte sich immer, aber unternehmen wollte sie nichts. Dafür waren die anderen zuständig.

Ich hatte es mir mittlerweile aus dem Kopf geschlagen, meine Familie nach Deutschland zu holen. Mein Vater, den ich einmal dazu überredet hatte, wollte jetzt auf gar keinen Fall mehr seine Sippschaft in Frankfurt haben. Dabei hatte ich mir extra das große Auto gekauft. Aber Vater blieb der Chef, daran konnte ich nichts ändern.

Meine Mutter fragte mich in einem Brief, ob ich in meiner Firma nicht ein Wort für diesen Corrado einlegen könnte. Er wollte sich in Deutschland Arbeit suchen. Diese Leute hatten sich ein bisschen um meine Mutter und meine Schwester gekümmert und hatten etwas gut bei uns – das glaubte ich jedenfalls. Ich konnte nicht wissen, dass die Frau vom Corrado sich bei meiner Mutter immer Geld lieh, das sie mit irgendwelchen Ausreden nie zurückzahlte. Ich sprach im Personalbüro der Firma Höchst vor und bekam die Zusage. Der Corrado durfte bei den Farbwerken anfangen. Das schrieb ich meiner Mutter, der Corrado könnte sich auf seine Abreise vorbereiten. Ich wusste nur zu gut, was man alles zu tun hat, wenn man etwas Land besitzt und für immer weggehen muss.

### Concetta verlobt sich – und ich?

Als ich diesmal nach Butera fuhr, stand mir nicht nur die Mandelernte und die Weinlese bevor, sondern auch die Verlobung meiner Schwester. In Butera angekommen, ging es ziemlich drunter und drüber. Ich schämte mich Leute einzuladen, aber es half nichts: Jetzt musste die gesamte Sippschaft aus Cerda reingelassen werden! Die Fahrerei ging los und nahm gar kein Ende mehr. Nach Cerda hin- und zurückzufahren kostete immer zwei Tankfüllungen und einen Tag Zeit, aber danach fragte ja keiner! In Cerda angekommen, wurden wir in das einzige Hotel im Ort bugsiert: Einer der Brüder meines zukünftigen Schwagers hatte es gepachtet. Damit wollten sie meinem Vater imponieren. Leider musste aber noch eine sehr unangenehme Frage geklärt werden: der Möbelkauf. Eigentlich war es in Butera Sitte, dass die Familie der Braut die gesamte Einrichtung, die Wäsche und die Kücheneinrichtung kaufte. Da setzte sich mein Vater mit dem „Familienrat“ zusammen und es wurde besprochen, wer wieviel bezahlt. Da kam für meinen Vater eine erfreuliche Nachricht. Denn in Cerda gehörte es sich, dass der Verlobte die Einrichtung kaufte. Pietro & Co. würden diese Kosten übernehmen! Jetzt war mein Vater natürlich Feuer und Flamme – so eine Gelegenheit seine Tochter zu verheiraten, hatte er sich nicht erträumt!

Am Tag darauf ist die gesamte Mannschaft nach Palermo gefahren, um die Verlobungsringe zu kaufen.

Ich hatte mittlerweile die Angela gefragt, ob sie noch Interesse an mir hätte. Sie sagte Ja! Ich sprach mit meinem Vater und mit meiner

Mutter: Sicher hatten sie nichts dagegen – Pietros Familie hatten sie ja akzeptiert. Aber ich sollte mich sehr täuschen. Schon in Palermo fing meine Mutter an mich zu bearbeiten, indem sie mir vorhielt, wie klein die Angela ist. Außerdem hätte sie sich wie eine Schlampe benommen, als sie sich in Palermo plötzlich auf den Bürgersteig gesetzt hatte. „Kein Wunder!", dachte ich – nach dem vielen Herumlaufen in der Hitze. Aber das konnten meine Mutter und mein Vater nicht verkraften. Sie fingen wieder mit der alten Leier an: Diese Familie sei zu arm. Die Angela könnte nicht mal einen Knopf annähen und überhaupt würde sie die Nase zu hoch tragen mit ihrem Hochitalienisch! Meine Argumente zählten überhaupt nicht. Ich sah wieder mal kommen, mein Urlaub ging vorbei, ohne dass ich die Möglichkeit hätte, irgendein Mädchen kennen zu lernen. Meine Eltern hatten immer was auszusetzen und meine Meinung war ohnehin uninteressant.

Ich sagte der Angela, sie sollte sich nichts daraus machen. Meine Familie rede immer nur dummes Zeug. Solange nicht eine spezielle „Sitzung" stattfand, war meine Verlobung nicht offiziell. Dabei wussten alle längst Bescheid! Meine Mutter und mein Vater waren so damit beschäftigt, den Pietro und meine Schwester zu überwachen, dass sie die Angela und mich ganz vergaßen. Wir unterhielten uns über die Möglichkeiten, die uns noch blieben. Sollten wir einfach nach Deutschland verschwinden? Das war ja in Sizilien üblich. Aber das wollte ich nicht, weil ich mir das „Vertrauen" meines Vaters nicht verscherzen wollte. Ich hoffte doch immer noch auf etwas Anerkennung. Denn ich war schon der Meinung, ich hätte mal ein Lob verdient – nach 26 Jahren!

Nach drei Tagen ist die ganze Gesellschaft nach Butera gefahren. Der Pietro kam uns mit seiner Familie besuchen, um die Verlobung auch in unserem Dorf publik zu machen. Darum gingen der Pietro und meine Schwester – natürlich mit meiner Mutter! – spazieren. Sie besuchten die Mutter meines Cousins: Auf die Art durchquerten sie ganz Butera. Mich und Angela trösteten sie: Erst sollte meine Schwester heiraten, dann könnte sich mein Vater auf mich konzentrieren. Ich glaubte das nicht, aber mir blieb ja keine andere Wahl als nur zu hoffen. Er hatte mich schon so oft enttäuscht – aber auf zu einer neuen Enttäuschung!

Meiner Mutter ging es gesundheitlich wieder besser. Sie hatte die Operation gut überstanden. Darum hinderte mich nichts daran, bei jeder Gelegenheit das Brautpaar auszuführen. Meinen gesamten Urlaub durfte ich die Herrschaften herumkutschieren. Der Pietro und seine Brüder haben mir zwar bei der Mandelernte und Traubenlese geholfen, aber Zeit für etwas Erholung hatte ich trotzdem nicht gehabt.

Meine Mutter versuchte die ganze Zeit, mich von dem Gedanken abzubringen, mich mit Angela zu verloben. Sie erzählte die tollsten Geschichten, was für ein schlechtes Mädchen die Angela sein sollte. Ich glaubte kein Wort, denn ich wusste, was sie wollte! Ich sollte eine Tochter von einem ihrer Cousins heiraten - mit viel Land und einem Haus. Sie sagte, ihre Rasse sei die beste in Butera!

Ich sagte der Angela, wir könnten uns das Jahr darauf verloben und wenn es nicht auf die anständige Tour klappt, dann würden wir was unternehmen. Der Urlaub war vorbei - wie immer! Ich konnte in Deutschland wieder die Geschichten erzählen, was ich alles erlebt hätte und was für tolle Strände wir in Sizilien hätten. Und was für tolle Hotels! Ich war schon so geübt im Geschichten Erzählen, dass ich manchmal sogar selbst daran glaubte. Geschichten, die ich im Radio oder Fernsehen gehört hatte über „Urlaub", die habe ich dann erzählt, als ob ich sie selbst erlebt hätte. Kein Mensch konnte sich vorstellen, dass ich nach einem Jahr schwerer Schichtarbeit selbst an Feiertagen nicht einen freien Tag haben könnte. Das Komische ist, ich war noch nicht mal stolz darauf, dass ich so viel arbeitete. Ich habe mich dafür geschämt! Und darum erfand ich lieber ein paar tolle Geschichten.

Bevor ich von Butera weg bin, fiel mir wieder ein: wir hatten keinen Plattenspieler. Es war nicht so toll, dass der Verlobte meiner Schwester mit seiner Familie kam und wir hatten noch nicht mal einen Plattenspieler! Außerdem wollte ich Musik hören, denn ich war stolzer Besitzer von ein paar Schallplatten. Aber mein Vater wollte wieder mal kein Geld ausgeben. Wie er sagte: Er hatte in Deutschland genug Musik! Ich entschloss mich trotzdem einen Plattenspieler zu kaufen - einen für diese Zeiten in Butera sehr modernen, wieder mit eingebauter Bar. Jetzt konnte ich meine Platten auflegen! Und zwar auf voller Lautstärke, damit die Nachbarn merkten: Die Brunos haben jetzt einen Plattenspieler.

### Corrado kommt mit

Ich nahm dieses Jahr Corrado, unseren Nachbarn mit nach Deutschland. Er stellte sich als ein großer Geizhals heraus - wie die anderen Mitfahrer auch. Ich tankte schon in Messina, damit ich in Kalabrien durchfahren konnte ohne anhalten zu müssen. Da zeigte sich der Corrado sehr großzügig und bezahlte das Benzin. Das war sehr intelligent und berechnend, denn in Messina war der Tank noch halbvoll. Und das war schon alles! Da gab es noch die Maut zu bezahlen und das Essen und noch vieles mehr, aber der Corrado dachte nicht daran, sich an den Unkosten zu beteiligen. Die ganze Fahrt haben wir uns über Sofia Loren unterhalten und der sagte mir auch, seine Frau, die Lina, hätte sich bei meiner Mutter das Geld geliehen, damit er nach Deutschland fahren konnte. Das waren ja interessante Neuigkeiten, die ich da erfuhr!

In Griesheim angekommen, brachte ich den Corrado auf mein Zimmer, denn es war Sonntag. Am Montag brachte ich ihn zum Personalbüro. Da gab es noch ein kleines Problem: Der Corrado hatte ein kürzeres und dünneres Bein und das hatte ich dem Chef im Vorgespräch verschwiegen. Der Chef durfte auf keinen Fall merken, dass der Corrado hinkt. Der Corrado sollte sich am besten während des Gesprächs hinter mir verstecken. Das machten wir auch so. Der Herr Mattes redete nur mit mir. Dann schickte er den Corrado zur Untersuchung, zu der ich ihn natürlich begleitet habe. Dort stellte der Arzt sofort die Behinderung fest und fragte mich, ob der Personalchef Bescheid wüsste. Ich sagte Ja. Da schüttelte der Betriebsarzt den Kopf und gab sein Okay. Der Corrado bekam seine neuen Arbeitsklamotten, ein Zimmer und Arbeit in meinem Betrieb beim Meister Spangler.

Nach ein paar Wochen rief mich der Personalchef zu sich und fragte, warum ich nicht gesagt hätte, dass der Corrado behindert sei: Das wäre nicht schlimm gewesen, wenn ich das gesagt hätte. Ich war überrascht! Auf den Meister Spangler konnte man doch wirklich zählen.

### Zwei Monate blind!

Ich war zu dieser Zeit voll im Betrieb „13" integriert und konnte mittlerweile alles bedienen. Das war außergewöhnlich: Normalerweise beschränken sich die Kenntnisse der Arbeiter auf eine bestimmte Aufgabe. Ich hatte so lange zugeschaut bis ich alle Prozesse verstanden hatte. In der 4. Etage mussten wir ACP einfüllen, immer zu 3000 Litern. Dieses Chlorid ist hochgiftig und vor allem für die Augen sehr gefährlich. Da es bei 15 Grad Celsius hart ist, mussten wir die Fässer mit Dampf aufheizen.

Bei einer Nachtschicht habe ich einen Luftschlauch gebraucht, um eine Leitung leer zu blasen. Da ich in unserem Betrieb keinen fand, bin ich mit meinem Schichtführer in den Nachbarbetrieb gegangen. Wir fanden einen Schlauch, der zugefroren war. Als ich ihn aber von seiner Halterung löste, bemerkte ich einen ätzenden Geruch. Und meine Augen! Die brannten plötzlich! Ich hatte zwar eine Schutzbrille auf, aber die half nicht. Meinem Schichtführer und mir war sofort klar: Jemand hatte den Schlauch nicht sauber gemacht und da es sehr kalt war, ist ein Rest ACP im Schlauch eingefroren. Meine erste Reaktion war, die Augen mit sehr viel Wasser zu reinigen. Bis jetzt verspürte ich keine richtigen Schmerzen in den Augen. Die kamen erst im Aufenthaltsraum durch die Wärme. Ich konnte meine Augen nicht mehr offen halten. Vielleicht würde es besser werden, wenn ich mich im Freien aufhielt und mir die Augen nochmal mit kaltem Wasser auswasche, hoffte ich. Aber es war nicht so. Anscheinend hatte ich zuviel von dem Gas abbekommen. Sie brachten mich nach Höchst in die Augenklinik. Im Krankenwagen konnte ich noch ganz gut sehen, weil es dort ziemlich kühl war, aber in der Klinik wurde es schlimm. Ein farbiger Arzt untersuchte meine Augen. Er sagte, ich müsste stationär bleiben. Dann gab er mit zwei Spritzen, eine pro Auge direkt in die Pupillen hinein. Noch nie hatte ich so eine Angst verspürt, als ich die langen Nadeln sah – nicht mal vor meinem Vater!

Nach diesen Spritzen bin ich blind geworden. Ich bekam die Augen verbunden und wurde in ein Zimmer geführt. Alles um mich herum war schwarz! Man sagte mir, mein Bett stehe links vom Fenster und neben mir lag ein gewisser Hans. Der hatte einen Autounfall gehabt und erzählte mir, er hätte im Moment keine Augen, weil sie im Labor von den Glassplittern befreit werden müssten. Das machte mir große Angst. Was, wenn ich blind würde? Ich weinte unter meinem Verband, es konnte sowieso keiner sehen.

Am nächsten Tag brachte uns die Schwester das Frühstück. Ich hatte jetzt schon mein Zeitgefühl verloren, weil es für mich immer dunkel war und ich die ganze Nacht nicht geschlafen hatte. Die Schwester versuchte mich zu füttern. Ich habe in diesem Augenblick eine unerklärliche Scham empfunden, die ich mir heute noch nicht erklären kann! Ich fuhr die Schwester an, ich wäre erwachsen und wohl noch im Stande allein zu essen und zu trinken! Da legte sie mir mein Frühstückstablett auf die Beine: Ich könnte gerne auch alleine essen. Ganz langsam tastete ich mich vor zur Tasse und dem Brot. Aber oh nein! Mit nur einer Handbewegung habe ich alles vom Bett geworfen. Ich hörte, wie es schepperte. Da fing die Schwester an zu lachen. Ob ich jetzt einsähe, dass sie mich füttern müsse. Ich musste kleinlaut beigeben und entschuldigte ich mich für meine Sturheit und für die Schweinerei, die ich mit Sicherheit angerichtet hatte. Da lachte die Schwester wieder: Das Essgeschirr war aus Plastik und obendrein auch noch leer! – Mir ist ein Stein vom Herzen gefallen. Aber geschämt habe ich mich trotzdem! Da tröstete mich die Schwester: Alle Patienten würden so wie ich reagieren. Es sei nicht leicht mit der Hilflosigkeit und der Behinderung zurechtzukommen. Ich sollte mir keine Sorgen machen und den Hans fragen. Dem war es genau wie mir ergangen. Von da an ließ ich mich füttern.

Dann bekam ich meinen ersten Besuch: von meinem Vater. Wie nicht anders erwartet, konnte er einfach nicht glauben, dass ich so dumm sein könnte mir die Augen zu ruinieren. Bei der Höchst AG arbeiten so viele Leute, aber ausgerechnet mir passierte so was! Dann versuchte er wieder, mich von Angela abzubringen. Wenn man glaubte, was meine Mutter schrieb, kokettierte sie ständig mit anderen Jungs. Und dazu dieses Hochitalienisch! Mein Vater machte mich so verrückt, dass ich ihn schließlich bat, er solle mich in Ruhe lassen und nicht mehr in die Klinik kommen. Ich denke, das kam ihm sehr gelegen, denn er ließ sich tatsächlich nicht mehr blicken.

Ansonsten besuchte mich nur die Gabriele mit ihrem Sohn. Ich war sehr froh, denn ohne sie hätte ich niemanden gehabt, der sich ein bisschen um mich kümmerte. Sie betreute mich mit allem, was man im Krankenhaus so braucht. Der Corrado, den ich nach Frankfurt gebracht hatte, hatte leider keine Zeit mich zu besuchen. Er hatte sich eine Freundin zugelegt. Das hat mich nicht weiter gestört. Aber er hätte sich sparen können, seiner Frau irgendwelche tollen Geschichten über meinen Vater und mich zu erzählen. Wir hätten angeblich nichts anderes in Deutschland zu tun als „herumzuweibern“, während er selbst sozusagen ein Heiliger war. Seine Frau lief natürlich sofort mit den Briefen zu meiner Mutter und erzählte ihr alles brühwarm. Ich merkte bald: Sie wusste besser über uns Bescheid als wir selbst. Ich stellte den Corrado auch meiner Freundin vor. Sie muss wohl gemerkt haben, was für ein armer Hund er war, denn sie schenkte ihm eine Bratpfanne und mein einziges Paar Hausschuhe! Der Corrado konnte immer so schön Theater spielen. Eines Tages erfuhr ich nämlich: Er hatte meine Schuhe und die Bratpfanne an seinen Schwager verkauft, der mittlerweile auch in Deutschland lebte!

### Bin ich nun verlobt?

Als wir 1972 nach Butera fuhren, stand uns die Hochzeit meiner Schwester bevor. Erst mal erwarteten uns aber jede Menge Probleme. Die katholische Kirche machte Schwierigkeiten, weil mein zukünftiger Schwager in Cerda heiraten wollte. Dort war es billiger, weil sein Bruder das Hotel gepachtet hatte.

Ich bestand darauf, meine Verlobung mit Angela offiziell bekannt zu geben – vor der Hochzeit meiner Schwester! So geschah es auch. Angela und ich hatten gewonnen! Ich bemerkte aber die Feindschaft, die meine Eltern dem Mädchen entgegenbrachten. Sobald sich eine Gelegenheit bot, prügelten sie auf mich ein. Ich hatte keine ruhige Minute mehr. Außerdem ging jetzt das Hin- und Herfahren zwischen Butera und Cerda wieder los. Oft mussten wir auch zum Bischof nach Piazza Almerina bei Palermo fahren. Meine Schwester brauchte eine besondere Genehmigung, um außerhalb des eigenen Geburtsortes heiraten zu können! Der Gipfel war, wir mussten dreimal Kirchengebühren bezahlen: einmal in Butera, obwohl in Butera keine Hochzeit stattfand, einmal in Cerda, weil dort gefeiert wurde und noch mal in Cefalù, da dort die Trauung zelebriert wurde. Beim Bischof in Piazza Almerina und in Palermo verlangte man uns auch noch Gebühren ab. Und wie immer hatte mein Vater seine Brieftasche zufällig nie dabei, wenn es ums Bezahlen ging! Es wurde mal wieder ein teurer Urlaub für mich.

Zwei Wochen vor der Hochzeit war es Zeit die Möbel zu bestellen. Entsprechend der Sitte sind wir zu einem Möbelgeschäft im Nachbarort von Cerda gefahren. Beide Familien waren anwesend: Nun musste der Pietro zeigen, dass er nicht geizig war. Meine Schwester durfte sich alle Möbel aussuchen, ohne auf den Preis zu achten. Sie stellte sich das Schlaf- und Wohnzimmer zusammen, wie es in Sizilien üblich war: ohne Sessel und ohne Couch, aber alles echt Holz! Mein zukünftiger Schwager wollte sich bei der Gelegenheit auch seinen Friseursalon neu einrichten. Er machte gut drei Millionen Lire Schulden! Wir gingen davon aus, diese Schulden werde Pietros Familie tragen. Aber nach der Hochzeit mussten wir feststellen: Es kam doch nicht wie abgesprochen. Das frischgebackene Hochzeitspaar stand mit einem Haufen Schulden da! Es fehlte an allen Ecken und Enden. Nicht mal eine Wohnung hatten die beiden.

Eines Tages mussten mein Vater und ich mal wieder nach Cerda fahren, um den Pietro nach Butera zu holen. Er brauchte ein Dokument, damit die Kirche endlich die Hochzeit in Cefalù ermöglichte. Bei Caltanissetta ist der Pietro eingeschlafen, was ich sehr gut verstanden habe, denn die gesamte Angelegenheit war sehr nervenaufreibend gewesen. Mein Vater erzählte irgendetwas und bekam plötzlich keine Antwort mehr. Da wurde er sehr wütend. Der arme Pietro konnte ja nicht ahnen, was für ein verdammter Teufel mein Vater war. Dem saß die Hand mal wieder sehr locker. Noch bevor ich reagieren konnte, drehte er sich um und verpasste dem Pietro eine Backpfeife, die sich gewaschen hatte.

Der wusste gar nicht, wie ihm geschah! Es war unglaublich. Wie konnte sich mein Vater das Recht herausnehmen, einen erwachsenen und dazu beinah fremden Menschen einfach zu verkloppen!

Das Hin- und Herfahren nahm kein Ende mehr. Meine Mutter und meine Schwester logierten im Hotel in Cerda. Dort fühlten sie sich wohl. Für mich war es aber denkbar unpraktisch, denn für alle Erledigungen musste ich nun erst nach Cerda fahren. In diesem Urlaub habe ich es auf immerhin 8500 Kilometer gebracht – und das nur auf Sizilien! Die Hin- und Rückfahrt nach Deutschland betrug noch mal 5000 Kilometer zusätzlich. Das war sicher eine gute Übung für meine Fahrpraxis. Ich hatte über 10 000 Kilometer zurückgelegt und alles für die Katz!

Angela und ich wollten allen in Cerda und in Butera zeigen, dass wir verlobt waren. Jeder sollte sehen: Der Pino hat sich von seinen Eltern befreit!

Als ich einmal Pietro, meine Schwester und Angela nach Butera fahren musste, hoffte ich sehr, die Eltern würden uns allein fahren lassen. Dann, dachte ich, könnte ich meinen zukünftigen Schwager, der ohnehin keine Leuchte ist, ablenken und mit Angela allein bleiben. Aber es war nicht so. Pietros jüngerer Bruder, der Ivano hat uns angeboten, uns mit seinem Auto zu fahren. Es war ein alter olivgrüner Renault, der nur fuhr, wenn er Lust hatte! Ich hoffte, das Auto springt an diesem Tag nicht an. Aber leider hatte ich Pech.

In Butera waren Angela und ich nicht einen Moment allein: Die alten Frauen von der Via Scuzzarella – ich nannte sie immer „Krähen" – besuchten uns. Sie waren alle schwarz angezogen und versteckten ihre Gesichter hinter schwarzen Tüchern. Die lauerten hinter den Türen, damit ihnen bloß nichts entging. Du ahnst nichts Böses und plötzlich waren alle da – jede mit einer Ausrede! Eine hatte kein Salz die andere kein Öl. Dabei wusste jeder, die Tante Annuzza lagerte mindestens 5000 Liter Olivenöl in ihrem Keller. Die Tante Agnese kam mit einem verschmutzten Glas und bat um etwas Essig – dabei ergab ihr Most, den sie am Sankt-Martins-Tag anzapfte nichts anderes als Essig. Die musste mindestens 10 000 Liter davon im Stall haben! Aber nein, die wollten mit eigenen Augen sehen, ob wir jungen Leute nicht eine Orgie feierten! Alle meine Hoffnungen, endlich einen Augenblick mit der Angela allein zu bleiben, waren zerschlagen!

Da sagte mir eine der „Krähen", unser Mönch sei gestorben. Diese Nachricht hat mich sehr getroffen. Als Kind hatte ich ihm gern zugehört. Die Erwachsenen hatten ihn immer ausgelacht: Sie fanden den Mönch dumm und glaubten, er wäre schwul. Die verstanden den Sinn seiner Geschichten nicht. Dabei war er ein kluger Mensch gewesen, der auch viel Humor hatte. Einmal hatte er mich und den Giovannino reingelegt! Es war bei der Mandelernte, bei der wir Kinder einen ganzen Monat schuften mussten. Eines Abends, als wir spät beim Mandelnschälen saßen, machte der Mönch uns weis, er könnte uns Jungs zu zehn Bündeln gebunden tragen. Wir wollten das sehen und ließen uns fesseln. Aber da warten wir heute noch drauf, dass der Mönch uns hoch hebt! Stattdessen kam ein anderer Mann und beschmierte unsere Gesichter mit Ruß und Wagenfett. Die gesamte Mannschaft lachte sich kaputt über unsere Dummheit.

Dieser Mönch wohnte in einem Kloster bei Ragusa. Und wenn er heim nach Butera kam, erzählte er schöne Geschichten. Zum Beispiel von einem Mädchen, das Ziegenmilch verkaufte. Denn in Butera verkauften die Schäfer die Milch ja vor den Türen. Zum Ostermontag war sie zum Picknick eingeladen worden. Das gesamte Dorf folgte diesem Brauch. Das Mädchen wollte sich einen neuen Hut für diesen Tag kaufen, aber dafür brauchte sie viel Geld! Da kam sie auf die Idee, die Milch mit Wasser zu mischen: Zu jedem Liter Milch gab sie einen Viertelliter Wasser. Bald hatte sie das Geld für den Hut zusammen, ohne dass Vater oder Mutter etwas gemerkt hatten. Da kaufte sie sich einen wunderschönen rosa Hut, mit Blumen besetzt.

Am Ostermontag packten die Leute ihre Körbe voll Wein, Obst, Brot und viel Fleisch. Alle sangen und tanzten vor Freude über die blühende Natur. Bald, im Mai würde alles wieder vertrocknet sein. Man hat an Ostern das Gefühl, jeder Strauch will sich ein letztes Mal in seiner ganzen Pracht zeigen. Der Weg führt lange an unserem Bach entlang. An einer Stelle schließlich konnte man ihn überqueren. Da lagen ein paar Steine im Flussbett, auf die man springen konnte. Im Augenblick, als die Schäferin über die Steine hüpfte, kam ein kleiner Windstoß, der ihr den schönen Hut davontrug! Er flog ins Wasser und ganz langsam schwamm er fort in Richtung Meer. Das Mädchen blieb stehen und sah dem schönen Hut hinterher, den es sich mit so vielen Mühen erarbeitet hatte. Ein paar Tränen kullerten über ihre Wangen, so traurig war sie. Aber dann tat sie was Wunderschönes und sehr Kluges: Sie winkte dem Hut nach und sagte: „Ja, mein lieber Hut, vom Wasser bist du gekommen und mit dem Wasser gehst du wieder!"

Da der Hut gestohlen war, konnte die Schäferin keine Freude an ihm haben. Die Geschichte hatte mich damals sehr beeindruckt. Und noch eine Geschichte fiel mir ein, die ich unbedingt aufschreiben möchte! Im Kloster des Mönchs war der Koch auch aus Butera. Eines Tages kam der Bischof zu Besuch. Und da es in den Klöstern wie in der Politik zugeht, musste er besonders gut bedient werden. Der Abt trug dem Koch auf, er solle Frikadellen machen – extra für den Bischof! Da machte sich der Mönch an die Arbeit. Leider wurden die Frikadellen so lecker, dass er sie etwas öfter als sonst probierte. Er wollte sich gerade noch eine in den Mund stecken, da kam der Abt mit dem Bischof in die Küche! Der Koch versuchte, die Frikadelle schnell in der Kapuze seiner Kutte zu verstecken, aber er verfehlte sie. Die Frikadelle rutschte in sein Unterhemd! Zu allem Unglück war sie auch noch heiß: Der Mönch musste sich immer wieder schütteln, um die heiße Frikadelle zu verlagern. Der Bischof fragte, ob dem Bruder was fehle. Da fiel unserem buterischen Mönch nichts Besseres ein als zu sagen, er schüttelte sich, weil er sich freue, dass der Bischof endlich den Weg zu diesem armen und ehrlichen Kloster gefunden hatte! Der Bischof war natürlich beeindruckt über so viel Ergebenheit – aber nicht lange. Denn man servierte ihm eine sehr kleine Portion Frikadellen. Er wurde misstrauisch und ließ den Koch durchsuchen: da kam die Frikadelle unter der Kutte zum Vorschein. Der Mönch wurde auf der Stelle entlassen – und fand in Butera Arbeit. Er wurde Totengräber auf unserem Friedhof.

Diese Geschichten gingen mir im Kopf herum, als die Tanten mir erzählten, dass der Mönch gestorben war. Ich wurde sehr traurig und konnte mich wie immer niemandem anvertrauen.

Wir sind am gleichen Tag nach Cerda zurückgefahren. Ich hatte auf meine Schwester aufpassen sollen, aber am Ende passte meine Schwester auf mich auf. Ich wollte die Angela mit nach Deutschland nehmen. Aber wann hätte ich das mir ihr besprechen sollen? Und dann diese verdammten alten Frauen! Das waren nicht nur Krähen – das waren Geier! Die musterten mich und die Angela, als ob wir auf dem Viehmarkt zum Verkauf stehen würden. Vielleicht hatte man sie sogar beauftragt uns zu überwachen. Auf meine Schwester brauchten sie ja nicht mehr aufzupassen, denn die sollte in drei Tagen heiraten. Als wir abends ziemlich spät zurück nach Cerda gefahren sind, mussten wir getrennt sitzen. Es kam mir alles so lächerlich vor, ich wurde immer wütender.

### Familienfest mit Schönheitsfehlern

Am Hochzeittag stand Pietro um sieben Uhr morgens auf. Als er sich fertig angezogen hatte, stellten die Weiber fest, er hatte keine Schuhe zum Heiraten! Das einzige Paar, das er hatte, war nicht nur völlig aus der Mode, sondern auch so abgelaufen, dass die linke Sohle ein Loch hatte. Die Zeit drängte. Es waren 450 Gäste geladen!

Die Hochzeitsmesse war für 10 Uhr bestellt und Cefalù ist immerhin 25 Kilometer von Cerda entfernt. In diesem Kaff fanden wir auf die Schnelle wir keinen Schuster und das Schuhgeschäft hatte noch zu! Da kamen die Weiber auf die Idee, der Pino könnte schnell nach Termine Imerese fahren und für Pietro Hochzeitsschuhe kaufen. Es blieb mir keine andere Wahl, als wieder ins Auto zu steigen! Der Pietro sollte da bleiben – er wurde ja in Cerda gebraucht. Ich holte drei Paar Schuhe um sicher zu sein, dass auch welche passen. Schon um 8.45 Uhr war ich wieder in Cerda – also gerade rechtzeitig. Der Pietro probierte die Schuhe an und entschied sich für zwei Paare. Ich sagte nichts vom Preis, denn in solchen Situationen spricht man nicht über Geld. Wir sind dreißig Minuten zu spät am Dom von Cefalù angekommen. Ein Glück, dass die Butereser alle zu Hause geblieben waren wegen der langen Anreise!

Dem Priester kam unsere Hochzeit sehr ungelegen: Der Dom war schon für eine andere, viel wichtigere Hochzeit geschmückt worden. Er brachte sie schnell über die Bühne und meine Schwester und wir alle profitierten von der schönen Dekoration im Dom. Die folgende Hochzeit war allerdings etwas Besonderes: Es handelte sich um eine bestimmte „Familie" aus Palermo. Um den Dom herum patrouillierten jede Menge Polizisten, mit denen die Gäste Katz und Maus spielten. Fast alle trugen Waffen unter ihren Jacken – die Autos waren alle gepanzert. Darum war die Kirche so toll dekoriert und der Priester so nervös gewesen! Denn obwohl er sich beeilte, mussten die hoch geachteten Herrschaften fast eine halbe Stunde warten. Es war sehr interessant zu beobachten, wie sich unsere Gäste vor Angst und Respekt fast in die Hosen machten, als sie das erfuhren. Nach der Hochzeitsmesse stellte mir mein Schwager einen Bekannten aus Cerda vor, der zu der anderen Hochzeit gehörte. Er hatte graue Haare und guckte ziemlich feierlich drein. Die Leute sprachen ihn mit „Don" an. Ich war sehr überrascht: Man konnte alles meinen, nur nicht, dass dieser eher unscheinbare und gütig aussehende Herr ein Mafiaboss war!

Mein Vater kannte diesen Mann schon aus dem Salon meines Schwagers. Da saß der Herr fast jeden Abend und ließ sich mit Handküssen begrüßen. Er genoss es sichtlich, wenn sich die Leute sich vor ihm verbeugten und winselten.

Ich habe mir vorgenommen besser hinzuschauen. In Deutschland hatte ich von der „Mafia" gehört. Ob diese wilden Geschichten, die man hörte, wohl stimmten? Nach der Trauung sind wir – die gesamte Gesellschaft – an den Strand gefahren, damit der Fotograf seine Arbeit erledigen konnte. Der blitzte nur so in der Gegend herum und lichtete alles ab, was sich bewegte. Das machte sich auch bei der Rechnung bemerkbar: Diese Fotos kosteten um vieles mehr als die gesamte Einrichtung meines Schwagers.

Zurück in Cerda ging es im Hotel mit Essen und Musik weiter. Pietros Bruder hatte ein Quartett bestellt - angeblich für 500 000 Lire. Es wurde getanzt und natürlich sehr viel gegessen. Meine Mutter machte mich darauf aufmerksam, die Angela würde immer in meiner Nähe sitzen und bei jedem Foto an meiner Seite stehen. Ich erwiderte nur, das sei völlig normal - schließlich waren wir ja verlobt. Da glotzte sie mich mit ihren Rattenaugen an und ihre Blicken durchbohrten mich förmlich. Ich sei sehr dumm, wenn ich nicht merkte, was für eine kleine „Nutte" die Angela sei. Was erlaubte sich meine Mutter? Das einzige Druckmittel, das mir blieb, war mit Angela nach Deutschland durchzubrennen. Davor hatten meine Eltern Angst.

Nach dem Essen ist das Brautpaar zur Hochzeitsreise aufgebrochen, nach Turin. Es wurde sehr nüchtern, weil es nun ums Bezahlen ging. Mein Vater wollte nach Möglichkeit gar nichts auf sein Konto übernehmen, drum hatte er vorsorglich kaum Geld einstecken. Jetzt verstand ich: Mein Vater wollte die Hochzeit seiner Tochter zum Nulltarif haben!

Meine Mutter setzte sich in meine Nähe und ließ mich und die Angela nicht mehr aus den Augen. Angelas Mutter tat das gleiche: Wir wurden wie zwei Verbrecher überwacht. Es war mir sehr unangenehm. Bei jeder Gelegenheit, die Mama mit mir allein war, musste ich mir anhören, die Angela sehe wie eine kleine Maus aus, sei faul, kokettiere immer nur herum und spiele die feine Dame. Sie machte mich vor den Leuten lächerlich und ich konnte mich nicht zur Wehr setzen.

Das merkte auch die Angela und fragte, was los sei. Ich sähe so böse aus und hätte angeblich rote Augen. Meine Scham und meine Wut, die ich in mich hineinfraß, standen mir wohl im Gesicht geschrieben. Dann, spät abends, ist mein Vater zu mir gekommen, vor Wut schäumend. Er hatte geglaubt, mit einer Million davonzukommen. Die Rechnung betrug aber mehr als zwei Millionen durch die vielen Unkosten. Wie immer musste ich dran glauben! Ich gab eine Million dazu und die Hochzeit war bezahlt.

Vor meiner Abfahrt sagte ich der Angela, sie könnte nach Deutschland kommen, sobald ich eine Wohnung gefunden hätte, wenn sie das wollte. Als ich diesmal abgefahren bin, spürte ich: Meine Eltern freuten sich über meine Abreise.

## Ich werde zwangsentlobt

In Deutschland angekommen, stürzte ich mich wie ein Besessener auf die Arbeit. Ich wollte unabhängig werden und nur noch mein eigener Herr sein. Ich war nicht mehr der dumme Junge, für den sie mich hielten. Und auch wenn ich es noch nicht wahr haben wollte, wusste ich bereits: Ich musste von Butera und den dortigen Sitten loskommen, wenn ich glücklich werden wollte. In Deutschland hatte ich gesehen, es kann zwischen Männern und Frauen auch anders laufen: freier und offener. Und man kann unabhängiger von seiner Familie leben. Vielleicht meldete ich mich deshalb auch bei Gabriele wieder - vor allem wegen der Wäsche, redete ich mir ein. In Wirklichkeit suchte ich einen vertrauten Menschen, der mir bei meiner Entscheidung helfen konnte.

Als ich dort ankam, fand ich das Haus voller Leute, von denen viele Amerikanisch sprachen. Ich bin mitten in einer Party gelandet und dreiviertelbetrunken war die Meute auch. So eine Enttäuschung! Für mich, der gerade aus dem tiefsten Sizilien zurückkam war klar: Eine Frau, die so viele betrunkene Männer in ihrer Wohnung hat, kann keine ehrliche Frau sein. Sobald die Gabriele mich sah, veranstaltete sie ein großes Theater. Sie hatte gedacht, ich hätte sie verlassen und spielte das arme Opfer! Sie beendete sofort die Party und scheuchte die Leute raus. Es stellte sich heraus, die Amerikaner waren alle Soldaten von den Gips-Kasernen gegenüber.

In der Wohnung war kaum Platz. Der Sohn lag im Kinderzimmer und das Schlafzimmer hatte ein Paar belegt, das ich durch die Gabi kannte: die Christine und ihr Amerikaner. Wie war das möglich? Eine verliebte Frau würde doch nicht solche wilden Partys bei sich veranstalten, dachte ich. Anscheinend hatte sie alles nur vorgetäuscht! Aber ich bin doch geblieben. Sie beruhigte mich, es sei nur eine Party und weiter nichts gewesen.

Am Tag darauf - es war Samstagabend - schellte es an der Tür. Ich machte auf und da stand ein hellblonder Mann vor mir. Der fragte, ob die Dame des Hauses da ist. Da kam Gabi angelaufen, während ihr Sohn mir sagte, er kenne den Mann. Der hätte mit der Mama im Bett geschlafen. Die Gabi stritt das sofort ab. Aber am Sonntagnachmittag schellte es wieder an der Tür. Da stand wieder jemand in der Tür: Der brachte Wäsche! Gabi erklärte mir, dieser Herr hätte ihr bei der Party aufs Bett gebrochen und bringe nun die gewaschenen Laken zurück. Was für einen kalten Kaffee sie mir da erzählte! Ich habe dann mit Gabrieles Freundin Christa gesprochen, die ich kannte, seit ich die Gabi bei der 50-Mark-Wette „gewonnen" hatte. Ich fragte sie, ob es normal sei, wenn eine Frau so viele Freunde hätte, die alle ohne Ausnahme in der Wohnung ein- und ausgingen! Da sagte die Christa, bei Frau Gabi sei das doch nichts Besonderes. Einerseits gab mir das zu denken, aber andererseits dachte ich: „Das ist mir doch egal!" Ich wollte diese Frau ja nicht heiraten und von daher konnte sie tun und lassen, was sie wollte! Ich nahm mir trotzdem vor, endgültig Schluss zu machen, um diesem Ärger zu entgehen. Ich bin wieder nach Griesheim zurück – mit sauberer Wäsche, versteht sich.

Nach zwei Wochen kam dann mein Vater von Butera zurück. Er besuchte mich gleich frühmorgens. Ich kam von der Nachtschicht und war entsprechend müde. Es kam zu der berühmten Begrüßung, die war wie immer eiskalt, ohne Umarmung oder einen Kuss. Mein Vater setzte sich auf mein Bett und fing an mich von neuem zu bearbeiten: Ich sollte um Himmelswillen endlich die Finger von Angela lassen. Ich hörte mir das bis fast 9 Uhr an. Dann musste ich ihn rauswerfen, weil ich schlafen musste! Abends hatte ich ja wieder Nachtschicht. Aber so leicht ließ er sich nicht abwimmeln. Am nächsten Morgen blieb er bis 11 Uhr. Er wollte mich systematisch fertig machen, indem er mich nicht mehr schlafen ließ. Ich überlegte, ob ich ihn nicht mehr reinlassen sollte. Aber was würden dann die Leute sagen? Ich wollte meinen Ruf in der Firma und in der Unterkunft nicht ruinieren.

Nach eine Woche habe ich die Geduld verloren.

Ich war völlig übermüdet und konnte nur noch ans Schlafen denken. Ohne zu überlegen, was ich da sagte, sagte ich zu meinem Vater, er kann von mir aus nach Cerda schreiben, was er will! Hauptsache, er ließ mich jetzt in Ruhe schlafen, damit ich auf der Arbeit keine Fehler mehr machte. Denn das war mir diese Woche schon zweimal passiert. Ich hatte vergessen, eine Pumpe abzustellen, weil ich im Stehen eingeschlafen war. Dadurch sind über 1000 Liter Essigsäure über das Dach vom Betrieb gelaufen. Und ein anderes Mal habe ich das Abwasser voller Tihodan nicht rechtzeitig abgeleitet: Dadurch sind im Main sicher viele Fische gestorben. Ich hatte natürlich sehr viel Ärger bekommen. Aber natürlich konnte ich niemandem erzählen, im Grunde sei mein Vater an allem schuld, weil er mich nicht schlafen ließ! Dieser Streit hatte das Fass zum Überlaufen gebracht. Ich mochte die Angela immer noch, aber würden wir mit unseren Familien am Hals glücklich werden können? Ich war sehr niedergeschlagen und gestand mir ein: Heiraten in Sizilien, das war für mich erstmal gestorben. Ich wollte meine Ruhe vor diesen verrückten Verwandten haben und musste meine eigenen Wege gehen. In Deutschland hatte ich andere Sitten kennen gelernt - Sizilien, das passte nicht mehr in meine Vorstellungen von Familie und Ehe. Ich war wieder oft bei Gabi: Wegen ihr schimpfte mich keiner aus.

Nach etwa zwei Wochen bekam ich einen Brief von meiner Schwester, die mittlerweile von der Hochzeitsreise zurückgekommen war. Sie schrieb mir nicht ohne Stolz, dass mich Angela als „Bauer" tituliert hatte - mit Recht, denn mein Benehmen ihr gegenüber war nicht fair gewesen. Ich hatte sehr viel versprochen und mein Wort nicht gehalten! Vor lauter Scham stürzte ich mich in die Arbeit. Ich arbeitete fast acht Monate durch, bis ich von der Firma gezwungen worden bin, endlich zwei freie Tage einzulegen.

### Perspektiven im Handel

Zu dieser Zeit arbeitete Gabriele im „Selmihaus" im Oeder Weg. Es war eines der ersten Hochhäuser in Frankfurt. Es gab noch eines, am Platz der Republik. Sie bekamen ihren Namen nach dem Bauherrn Selmi, einem gebürtigen Perser. Dort also holte ich Gabi nach der Frühschicht immer ab. Eines Tages entdeckte ich genau gegenüber einen Blumenladen, der sich „Blumenhaus Italia" nannte. Das waren Italiener! Ich freundete mich mit dem Ladenbesitzer absichtlich etwas an: Auf die Art würde ich keine Parkprobleme mehr haben. Der Mario stammte aus Mailand, seine Frau Heidi war Deutsche. Ich war nun oft nach der Arbeit im Blumenladen und schaute zu, wie der Mario Geld verdiente, ohne Nachtschicht schieben zu müssen. Das hat mir sehr imponiert.

Neben dem Blumenladen war eine Obstsafterei, die „Naturbar", deren Besitzer auch ein Italiener war. Der Andrea war wohl der Erste, der in Frankfurt so einen Laden hatte. Er wollte mir unbedingt beibringen, wie man Säfte presst, aber ich sah damals in Naturbars keine Zukunft. Schade, vielleicht wäre ich damit reich geworden! Ich brachte dem Andrea lieber bei, wie man in Butera Gemüsetaschen macht. Es war natürlich das Rezept meiner Mutter - eines der wenigen, das schmeckte. Für die Teilchen machte sie einen ganz normalen Brotteig, den sie sehr dünn ausrollte, wie für eine Pizza. Dann belegte sie ihn mit ihrem ungewaschenen Gemüse und machte Taschen daraus. Das Ganze wurde in den Backofen geschoben. Mama steckte versteht sich alles rein, was nur ein bisschen grün war - mal Broccoli, mal Blumenkohl, oder was sie sonst auftrieb. Diese Backkünste brachte ich dem Andrea bei - und siehe da: Es wurde ein voller Erfolg! Der Umsatz ist um 40% gestiegen. Ich freute mich darüber, auch wenn ich keine Ahnung von Prozent und Umsatz hatte. Ich schaute lieber zu, wie man Blumen bindet, denn das entsprach schon eher dem, was ich von Butera her konnte. Schließlich hatte ich seit meinem achten Lebensjahr mit der Sense gearbeitet! Ich merkte, vieles, was ich im Laden sah, konnte ich im Grunde schon. Das hat mich so begeistert, dass ich mir vorgenommen habe Blumenbinderei zu lernen! Ich erzählte sofort Mario, dem „Mailänder", von meinen Plänen. Der wollte mir gerne alles beibringen. Nach ein paar Wochen konnte ich schon Sträuße binden und Gestecke anfertigen. Der Mario gab mir Bücher mit, die ich während der Nachtschicht auf der Arbeit durcharbeitete. Ich hatte nämlich immer lange Pausen, während denen ich lesen konnte. Die Blumenbücher waren bestimmt interessanter als die Pornohefte, die sich meine Kollegen reinzogen. Für solche „Literatur" waren mir meine Zeit und meine Fantasie schon immer zu schade gewesen!

Wie erwähnt, holte ich immer die Gabi von der Arbeit ab und von dort holten wir den Sohn vom Kindergarten ab. Bald merkte ich, sie kam mit dem Geld, das sie verdiente, nicht zurecht. Es war ja auch nicht so einfach mit einem Kind und einem kompletten Haushalt! Da fühlte ich mich auch ein bisschen verantwortlich. Ich nahm mir vor etwas zum Haushalt beizutragen – schließlich wusch sie mir immer treu die Wäsche.

Mein Vater hielt sich im Hintergrund. Er hatte erreicht, was er wollte: Die Verlobung mit Angela war auseinander gebrochen. Und solange ich brav mein Geld in das Fass ohne Boden nach Butera schickte, war ihm der Rest egal.

Mein Vater war froh, dass meine Schwester geheiratet hatte. Jetzt konnte meine Mutter, wenn sie wollte, nach Cerda fahren und dort ihre Unordnung verbreiten. Nie wäre er mehr auf den Gedanken gekommen, seine Frau nach Frankfurt zu holen. Ich für meinen Teil hatte es fürs Erste aufgegeben, mir ein Mädchen aus Butera oder überhaupt aus Italien zu suchen. Schuld daran trugen mein Vater, meine Mutter, meine Schwester – und überhaupt die veralteten Sitten in unseren sizilianischen Dörfern.

Diesen Sommer vertraute mir der Mario sein Geschäft für ein paar Wochen an. Er war der Meinung, ich hätte genug über Blumen und Pflanzen gelernt, um ihn während seines Urlaubs zu vertreten. Das machte mich sehr stolz! Ich konnte sogar schon viele Namen auf Latein – als Italiener ist mir das ziemlich leicht gefallen. Außerdem machte es mir großen Spaß die Kunden zu bedienen – und zu beschwätzen!

Von da an schlug ich einen neuen Weg ein. Wer hätte gedacht, dass ich noch mal Blumenhändler würde! Auch nach Marios Urlaub bin ich jeden Tag im Blumenladen gewesen und schaute interessiert zu, wie man Blumen bindet und Kunden reinlegt – denn auch das musste unbedingt geübt werden! Der Mario nahm mich immer öfter in die Großmarkthalle mit, was mir sehr gefiel. Ich mochte es, morgens den vielen Leuten beim Feilschen zuzusehen. Wie leicht hier Geld von einer Hand in die andere lief! In der Großmarkthalle waren 100 Mark gar keine nennenswerte Summe. Als Händler konnte man mit etwas Geschick leichter Geld verdienen als in der Fabrik, dachte ich mir. So verging die Zeit. Gabi arbeitete weiterhin im „Selmihaus“ und ich verliebte mich mehr und mehr in die Floristik und die Botanik. Jetzt wurden auch meine Eltern misstrauisch. Natürlich fand es mein Vater „total bescheuert“, dass ich mich mit Blumen abgab. Keiner konnte so viel Dummheit nachvollziehen. Aber es gab auch Menschen, die mich verstanden: Mein damaliger Schichtführer, der Potshauser, war ein sehr netter Mann, der von der Idee mit der Floristik und allem, was damit zusammenhing, begeistert war. Bei Höchst klappte übrigens alles bestens. Den Tihodan-Betrieb bediente ich mittlerweile fast immer allein.

### Entscheidung für mein Kind

Mittlerweile wohnte ich mehr bei meiner Freundin als bei mir in Griesheim, was dem Massimo gar nicht gefiel: Diese Frau würde mich doch noch zum Altar bekommen! Ich lachte ihn aus. Aber dann, im Januar kam die Gabriele zu mir und sagte, sie sei schwanger. Sie hätte die Pille vergessen. Ich wusste nicht, was ich denken sollte. Der Gedanke, mit einer deutschen Frau zusammenzuleben, gefiel mir. Aber es bedeutete auch, meine früheren Wünsche, eine kleine Italienerin zu heiraten, endgültig aufzugeben. Ich beschloss, mein Leben selbst in die Hand zu nehmen: Ich würde das tun, was ich allein für richtig hielt! Ich machte Meldung nach Butera, meine deutsche Freundin sei schwanger und ich wollte sie darum heiraten. Dabei stellte ich sofort klar: Ich würde mir nicht mehr reinreden lassen – von niemandem mehr, und am wenigsten von dem Generalkommando in Butera!

Da ging aber die Post ab! Das Telefon klingelte ununterbrochen und eine Flut von Briefen überschwemmte meinen Briefkasten. Ich sollte die Finger von den schlechten deutschen Frauen lassen und sofort nach Hause kommen! Ich sei eine Schande für ganz Butera! Meine Mutter werde mir eine Frau finden, die zu unseren Ländereien und zu unserem Stand passt. Ich sollte diese Deutsche und ihr Kind stehen lassen:

Giuseppe mit Tochter

„Es gibt so viele Kinder ohne Väter auf der Welt, da kann auch dieses Kind ohne Vater aufwachsen!" Das waren unglaubliche Gemeinheiten, die sie mir da an den Kopf warf. Ich schaltete auf stur und dachte mir: „Jetzt erst recht!" Ich entschied mich für das Kind und gegen die „moralischen" Vorstellungen meiner Eltern. Meine Entscheidung machte mich stolz: Endlich machte ich das, was ich wollte – ob es meinem Vater und meiner Mutter nun passte oder nicht. Aber es war kein leichter Schritt für mich. Ich musste noch viel lernen und vor allem meine innere Einstellung zu Frauen ändern. Mit meinem wilden Leben war es nun vorbei! Ich würde Verantwortung übernehmen: für Gabriele, ob ich sie nun liebte oder nicht und vor allem für das Kind, das kommen sollte. Hoffentlich schaffte ich das alles! Ich hatte Angst.

Ich schickte immer noch mein Geld nach Butera – es war eine schlechte Gewohnheit geworden. So ganz konnte ich mich doch nicht ablösen. Über kurz oder lang musste ich mich ja mit dieser Bande von Gemüsefressern in Butera arrangieren. Ich unternahm einen letzten Versuch meine Mutter zu überzeugen, es sei im Grunde besser, wenn ich eine deutsche Frau heirate. Erstens sei ich reif zum Heiraten und zweitens könnte ich mit meinen neuen Gewohnheiten sowieso nicht mehr in Sizilien leben. Der dritte Punkt war der wichtigste: Ich stellte mir das Kind unbedingt mit einem Vater vor!

Im Frühjahr wollte ich meinen Eltern meine zukünftige Frau vorstellen. Als ich das ankündigte, merkte ich: Sie begannen zu wackeln! Jetzt ließ ich erst recht nicht mehr locker! Meine Mutter konnte jammern wie sie wollte.

Gabriele und ich haben im Juni 1973 geheiratet. Zwei Monate später kam meine Tochter auf die Welt – und mein Leben änderte sich mit einem Schlag. Ich stellte verwundert fest, Liebe ist kein anderes Wort für Sex, wie ich es schon als kleiner Junge in Butera gelernt hatte. Es ist ein Gefühl von Zärtlichkeit, das jetzt in mir wuchs. Es kam vom Herzen, nicht vom Unterleib. Mit der Zeit habe ich gelernt, Verantwortung für einen anderen Menschen zu tragen und mich von meinen „bösen Geistern" – sprich den Eltern und meinem Heimatdorf zu befreien. Ich wuchs praktisch geistig mit meiner Tochter auf und versuchte ihr alles zu geben, was ich so gerne in meiner Kindheit gehabt hätte: Liebe, Geborgenheit und Mut, das eigene Leben selbst zu bestimmen. Sie sollte lernen sich selbst zu verwirklichen. Ich ließ sie spüren, wie stolz ich auf sie war – und bin!

*Anmerkungen*

1 Damals waren Dieselloks noch selten.
2 Limes, ein Ortsteil von Schwalbach, wurde damals neu angelegt.
3 Borgward Isabella Coupé – ein Luxussportwagen
4 Auf Deutsch: „Österchen"
5 Italienischer Freiheitskämpfer in der Risorgimento-Bewegung. Er legte im Mai 1860 mit 1000 Mann in Sizilien an und brachte dort die bourbonische Herrschaft zu Fall.
6 Von 1960 bis 1970 waren wir „Gastarbeiter", von 1970 bis 1980 „ausländische Arbeitnehmer" und seit 1980 sind wir „ausländische Mitbürger".

## Schlusswort

So wie ich es hier niedergeschrieben habe, erlebten nicht nur ich, sondern viele „Gastarbeiter" ihre ersten Jahre Deutschland. Wir kamen aus den entlegensten Dörfern Süditaliens, Spaniens oder der Türkei und alles war neu für uns. Wir waren auch sehr jung und haben uns viele Freiheiten raus genommen, die zu Hause tabu waren. Und - glauben Sie mir! - ich war kein Einzelfall. So wie ich gelebt und „geliebt" habe, taten es viele Gastarbeiter. Manche sind in Deutschland geblieben und viele sind wieder zurückgegangen. Der Massimo zum Beispiel hat sich später als Dolmetscher in Frankfurt niedergelassen. Armando wurde einem italienischen Mädchen vorgestellt und nach italienischem „Muster" mit ihm verheiratet. Er ging mit seiner Frau in sein Dorf nach Italien zurück und machte sich dort mit einem Eisenwarenladen selbständig.

Kaum einer von uns hatte eine richtige Schulbildung bekommen und darum schreiben nur wenige von damals, aber denken! - denken tun sie immer noch daran.

*Inhalt*

Vorwort

5

Bis das Muli vor Kummer starb ...
Kindheit und Jugend in Butera

7

Anmerkungen

92

Wanderjahre

93

Anmerkungen

216

Schlusswort

217